Es ist der Hamburger Kunsthistoriker Aby Warburg gewesen, der meinte, daß sich Zeitströmungen nicht nur in Schlagworten, sondern auch in »Schlagbildern« dokumentieren. Auf der Spur dieser Beobachtungen untersucht Michael Diers die Bildwelten unserer Gegenwart. Seine Texte zeigen, wie sich kunstwissenschaftliche Methoden und Einsichten für die Analyse öffentlicher Bilder und medialer Inszenierungen fruchtbar machen lassen. Sei es nun mit Blick auf die bildgesättigten Inszenierungen politischer Ereignisse, auf die Bilder, mit denen sich die Bundesrepublik im Übergang vom Bonner zum Berliner Gemeinwesen Anschauung ihrer selbst verschafft, auf die Bildersprache der Werbung oder die politische Ikonographie des Denkmals. Indem der Autor vor Augen führt, auf welche Weise Bilder ihre symbolische und politische Prägekraft entfalten, sind seine Untersuchungen auch Analysen des heiklen Verhältnisses zwischen medialen Bildern und demokratischer Öffentlichkeit.

Michael Diers Studium der Kunstgeschichte, Literaturwissenschaft und Philosophie in Münster und Hamburg. Promotion 1990 mit einer Studie über Aby Warburg. Von 1990 bis 1992 Wissenschaftlicher Mitarbeiter am Kulturwissenschaftlichen Institut des Wissenschaftszentrums Nordrhein-Westfalen in Essen, anschließend Wissenschaftlicher Mitarbeiter am Kunstgeschichtlichen Seminar der Universität Hamburg; dort Habilitation 1994. Seit Ende 1994 lehrt er als Kunsthistoriker an der Friedrich-Schiller-Universität Jena.

Wichtige Buchveröffentlichungen: *Warburg aus Briefen. Kommentare zu den Kopierbüchern der Jahre 1905 bis 1918* (1991); *Aby Warburg. Akten des internationalen Symposiums Hamburg 1990* (1991, hrsg. zus. mit H. Bredekamp u. a.); *MO(NU)MENTE. Formen und Funktionen ephemerer Denkmäler* (1992, Hrsg.); *Porträt aus Büchern. Bibliothek Warburg und Warburg Institute, Hamburg – 1933 – London* (1993, Hrsg.).

Seit 1991 ist Michael Diers Herausgeber der Reihe »kunststück« im Fischer Taschenbuch Verlag; ferner ist er Mitherausgeber der geplanten Ausgabe der »Gesammelten Schriften« Aby Warburgs.

Michael Diers
Schlagbilder
Zur politischen
Ikonographie
der Gegenwart

Fischer
Taschenbuch
Verlag

Martin Warnke zum 12.Oktober 1997

Originalausgabe
Veröffentlicht im Fischer Taschenbuch Verlag GmbH,
Frankfurt am Main, Oktober 1997

© 1997 Fischer Taschenbuch Verlag GmbH, Frankfurt am Main
Gesamtherstellung: Clausen & Bosse, Leck
Printed in Germany
ISBN 3-596-13218-5

Inhalt

Vorwort 7

Das öffentliche Bild
Annäherung an eine Kunstgeschichte im Medienzeitalter 17

Kunst im Kanzleramt
oder »Arbeitende Bauern auf burgundischen Teppichen« 51

Ewig und drei Tage
Erkundungen des ephemeren Denkmals 66

Nagelmänner
Propaganda mit ephemeren Denkmälern im Ersten Weltkrieg . 78

Politik und Denkmal
Allianzen / Mesalliancen 101

Die Mauer
Notizen zur Kunst- und Kulturgeschichte eines
deutschen Symbol(l)werks 121

Volk im Schafspelz
Propaganda in der Werbung oder
Montage als (Gebrauchs-)Kunstprinzip 142

Schwarz, Weiß, Rot und Gelb
Aus der politischen Farbenlehre der Werbung 157

Handzeichen der Macht
Anmerkungen zur Bildrhetorik politischer Gesten 179

Einbandlektüre
Zu Walter Benjamins Briefsammlung *Deutsche Menschen* 203

Melancholie nach Tschernobyl
Statt eines Nachworts 220

Drucknachweise 222

Bildnachweise 223

Vorwort

Die hier versammelten Aufsätze sind, mit wenigen Ausnahmen,[1] im Kontext zweier kunsthistorischer Forschungsprojekte entstanden, deren Schwerpunkt die politische Ikonographie war.[2] Sie widmen sich folglich der Frage nach der Funktion von Bildern in politischen Zusammenhängen und nach den politischen Formen symbolischer Praxis. Das Interesse gilt dabei vorrangig dem Übertritt des Bildes in die Sphäre des politischen Alltags sowie der Ikonographie dieser Alltagsbilder, die als *öffentliche Bilder* oder – mit einem treffenden Wort Aby Warburgs – als *Schlagbilder* apostrophiert werden.[3]

Unter Schlag*worten* versteht die Fachliteratur »Ausdrücke und Wendungen (…), denen sowohl eine *prägnante Form* wie auch ein *gesteigerter Gefühlswert* eigentümlich ist, insofern sie nämlich entweder einen bestimmten Standpunkt für oder wider ein Streben, eine Einrichtung, ein Geschehnis nachdrücklich betonen oder doch wenigstens gewisse Untertöne des Scherzes, der Satire, des Hohnes und dergleichen deutlich mit erklingen lassen.«[4] Dem Schlagwort, das nicht selten eine Zeit oder Zeitströmung auf einen stimmigen, mitunter auch polemischen Begriff zu bringen vermag und in aller Munde ist, antwortet mit dem Schlag*bild* in ähnlicher Funktion eine ubiquitäre, ganz auf Wirkung verlegte, eindrückliche Darstellung, seien es z. B. Spott-, Reklame- oder Pressebilder. Die Angriffslust, die als Assoziation in dem einen wie dem anderen Begriff mitschwingt, erwächst aus dem historischen Kontext, dem Gebrauch der Hieb- und Stichwaffen auf der Bühne, wo das Schlagwort seit dem 18. Jahrhundert in synonymer Verwendung mit der Bezeichnung *Stich*wort seinen Ort hat. Möglich im übrigen, daß Warburgs während des Ersten Weltkrieges geprägte Schlag*bild*-Formel überdies auf den Ausdruck Schlag*zeile* im Sinne des ›Aufmachers‹ der Titelseite einer Zeitung bezogen ist; damit wäre der spezifische Zusammenhang des Begriffs mit einer politischen Ikonographie als der Erforschung von Bildparolen aufs engste hergestellt.

Mag die Prägung *Schlagbild*, die sich über Wendungen wie Anschlagbild oder Bildschlagzeile leichterdings dem vielseitigen Gebrauch empfiehlt, angesichts des schier unerschöpflichen Bilderkosmos unserer Tage mit der Supposition des Einzelbildes vielleicht etwas verstaubt erscheinen, so genügt ein Blick historisch zurück und ein anderer voraus, um die Tragfähigkeit des Konzeptes, das mit dem Begriff »Schlagbild« aufgerufen ist, zu erweisen.

In ihrer Studie über die klassische Gedächtniskunst hat Frances A. Yates auch an jenes Rhetorik-Lehrbuch eines anonymen Autors aus dem ersten Jahrhundert v. Chr. erinnert, das unter dem Titel »Ad Herennium« in die Literatur Eingang gefunden hat.[5] In den der *ars memorativa* gewidmeten Abschnitten seines Buches handelt der Verfasser von den Gedächtnisorten und der Rolle der Bilder, die das Wortgedächtnis stützen sollen, und erläutert dem Leser, wie die für die Mnemonik tauglichen Bilder auszusehen haben und wie diese wirken: »Sehen wir im Alltagsleben unbedeutende, gewöhnliche und banale Dinge, dann können wir uns in der Regel nicht an sie erinnern, denn unser Verstand wird nicht durch jedes beliebige Neue oder Wunderbare angeregt. Wenn wir aber etwas besonders Gemeines, Niederträchtiges, Ungewöhnliches, Großes, Unglaubwürdiges oder Lächerliches sehen oder hören, werden wir dessen wahrscheinlich lange gedenken. (…) Wir sollten also solche Bilder aufstellen, die möglichst lange im Gedächtnis haften. Dies wird geschehen, wenn wir möglichst auffällige Gleichnisse wählen; wenn wir Bilder herstellen, die nicht nichtssagend und undeutlich, sondern aktiv sind (*imagines agentes*); wenn wir ihnen außerordentliche Schönheit oder einzigartige Häßlichkeit beilegen; wenn wir manche von ihnen besonders ausschmücken etwa mit Kronen oder Purpurmänteln, so daß das Gleichnis für uns auffälliger ist; oder wenn wir sie irgendwie entstellen, indem wir ein blutbeflecktes oder mit Lehm beschmiertes oder mit roter Farbe bestrichenes Gleichnis einführen, damit die Gestalt mehr hervorgehoben wird, oder indem wir unseren Bildern komische Wirkungen beilegen, weil auch das gewährleisten wird, daß sie unserer Erinnerung zur Verfügung stehen.«[6]

Der Theorie von den zur Unterstützung des Gedächtnisses in der Phantasie, also in den Bezirken des Inneren aufgestellten *handeln-*

den, agierenden, aktiven Bildern (*imagines agentes*) korrespondiert mit den *Schlagbildern* seit Jahrhunderten eine vielfältige Praxis in den Außen-Bezirken. Nicht erst die Anschlagtafeln, *billboards* und Videoscreens der Gegenwart sind Installationen, die den zeitgenössischen Varianten der antiken *imagines agentes* Platz einräumen, damit sie in verwandter ästhetischer und den Gesetzen der Wahrnehmungspsychologie folgender Gestalt ihre diversen Botschaften, seien sie politischer, seien sie werbewirtschaftlicher Natur publizieren können; historisch entsprechende Formen und Weisen der Bildpropaganda kennt bereits die Antike. Den (Gedächtnis-)Bildern im Kopf, den imaginierten und virtuellen Bildern folgen die nicht nur *auf-*, sondern zugleich *aus*gestellten Bilder dicht auf den Fersen. Und daß die moderne Theorie der Werbebotschaft an das propagierte Erfolgsrezept der römischen Antike angelehnt sein könnte, belegt ein Blick in die Literatur, wo es – diesmal in unverhohlen militant tönendem Fachjargon – unter dem Motto *Positioning* heißt: »In den siebziger Jahren (...) betonten (die Planer), daß Werbebotschaften einen Kampf im Kopf des Konsumenten austragen. Um erfolgreich zu sein, mußte eine Werbebotschaft eine Region im Kopf des Konsumenten erobern. Um dahin zu kommen (wurde) die Erstschlagtheorie (empfohlen). Die Werbebotschaft muß eine Region (...) als erste in Besitz nehmen, und dann muß sie sie gegen Angriffe verteidigen. Falls man es schafft, als erster und am auffälligsten den Anspruch auf Positionierung anzumelden und gleichzeitig alle Konkurrenten aussticht, hat man Erfolg. Dann gilt es, dieses Positioning, solange es relevant ist, durch Werbung aufrecht zu erhalten. (...) In großem Umfang dominiert die Positionstheorie immer noch das Denken in der Werbung.«[7]

Schlagbilderfindungen und Schlagbildern des 20. Jahrhunderts im konkreten wie – gelegentlich – im erweiterten metaphorischen Sinn des Ausdrucks auf kunsthistorischen Wegen nachzugehen ist Anliegen des vorliegenden Buches. Die (Bild-)Gegenstände der einzelnen Analysen entstammen vornehmlich der Gegenwart; dort, wo die Phänomene bisweilen historisch bis in die erste Jahrhunderthälfte zurückdatieren, sind sie durch Nachwirkungen oder Folgeerscheinungen weiterhin aktuell. Epochen des politischen Umbruchs sind gewöhnlich auch Zeiten einer politischen Zeichen- und Bilderkrise, allemal im Zeitalter der (Bild-)Information: Je nach Verfassung steht der überkommene Zeichenvorrat ganz oder zu Teilen zur Disposition, und der neue wird, sofern er nicht vorliegt, umgehend geschaffen. Auch das Beispiel der jüngsten deutschen Geschichte lehrt, daß den Zeichen, darunter vor allem der Klasse der Bilder, auf allen Seiten der politisch Handelnden weiterhin große Bedeutung zugemessen und demgemäß große Beachtung geschenkt wurde (und wird). Mit der »Wende« standen insbesondere auch die Zeichen auf Sturm: Mit dem Fall der Mauer als dem markantesten Bauzeichen der DDR hatten auch Paläste, Denkmäler und Bilder ihre Plätze zu räumen und neue oder erneuerte Stadtschlösser und Denkmäler (oder deren auf Zeit errichtete Außenbilder) traten an denselben symbolpolitischen Platz. Die Bilder an Ort und Stelle (oder jedenfalls Ruhe vor ihnen) zu bewahren oder zumindest zunächst die Leere zu wahren, verbietet ein politischer *horror vacui*, der mit dem auf öffentliche Bilder angewiesenen staatlichen System der Repräsentation verknüpft ist. Unter anderem aus diesem Fundus staatlicher Selbstdarstellung schöpft als Quellenmaterial dieser Band.

Den landläufigen Gattungen nach handelt es sich bei den herangezogenen Objekten um Beispiele aus den Gebieten Graphik und Skulptur, Architektur und Kunstgewerbe, den Medien nach um Postkarten, Plakate, Pressefotografien, Anzeigen, Wandteppiche, Bucheinbände und Denkmäler – nur bedingt also um die sogenannte Hoch-, vielmehr hauptsächlich um Niedrig-, bisweilen auch Trivialkunst. Auf den Allgemeinbegriff des Bildes gebracht, geht es um Werbe- und Wandbilder, Stadt- und Standbilder, Zeitungs- und Schriftbilder.

Die Befassung mit dem Thema erwächst aus dem Aufgabenfeld einer Kunstgeschichte, der nicht nur innerhalb der traditionellen Grenzen des Faches, sondern gerade auch im Blick darüber hinaus die Gegenstände und Themen in reichem Maße zufallen, zumal seit dem Beginn der massenhaft produzierbaren und reproduzierbaren Bilder, die ihrer Technik wie dem Status und der Ästhetik nach in Konkurrenz zu den herkömmlichen Medien der Kunst treten und dieser nach Verbreitungsmöglichkeit und Vielfalt der Funktionsbereiche den allgemeinen Geltungsrang abgelaufen haben. Das ist zunächst nur ein quantitativer Aspekt: Bilder werden jetzt massenhaft verbreitet und an ein Massenpublikum adressiert. Aber ein qualitativer Gesichtspunkt ist eingeschlossen: Die öffentlichen Bilder, indem sie häufig wie vordem die Kunst als Auftragsarbeiten entstehen, d. h. einem Programm folgen und gezielt verwendet werden, setzen jene Tradition der bestellten Werke fort, von der sich die Arbeiten der Avantgarde und Moderne weitgehend verabschiedet haben. Dabei kommen die neuen Bilder einerseits nicht ohne Rückbindung an den Inhalts- und Formenapparat der Kunstgeschichte aus, andererseits übersteigen oder unterlaufen – in jedem Fall aber: beeinflussen – sie diesen durch Invention und Innovation. Wie sich medientechnisch die Etappen der vervielfältigten Kunst historisch über Holzschnitt, Kupferstich, Lithographie, Holzstich hin zu Fotografie, Autotypie und elektronischem Bild abzeichnen und in der Gattungsordnung von Einblattdruck, Flugblatt, Karikatur, Bilderbogen, Plakat, Postkarte, Annonce, Film-, Fernseh- und Videobild im großen Bogen erfassen lassen, so gehört der Haushalt der öffentlichen Bilder eng in den Bezugs- und Zuständigkeitsbereich einer Kunstgeschichte als Bildgeschichte, einer Disziplin also, die sich nicht allein mit der Rolle einer Spezialistin für die Kunst bescheidet.

Gewiß würdigt das Fach diese Bilder gelegentlich eines forschenden Blickes, vielfach aber scheint es eher um Abgrenzung bemüht zu sein. So jedenfalls letzthin wieder Gottfried Boehm, der den der Frage »Was ist ein Bild?« gewidmeten Sammelband[8] mit der spätestens seit Anfang der sechziger Jahre (seit Marshall McLuhan) stereotypen Rede von der »Bilder- und Medienflut unserer Tage« zwar einleitet, sich dann aber, nicht ohne zuvor zwischen den »schwachen« und den »starken«, den »konventionellen« und den »poetischen«, zwischen den Ab-Bildern und den (eigentlichen) Bildern differenziert zu haben, ausschließlich den »Bildern im Sinne der bildenden Kunst« zuwendet. An den darüber hinaus am »Bild als kultureller Figuration« interessierten Leser ist wie zum Trost die Kurzmitteilung gerichtet, die Auswahl habe zwangsläufig aussparen müssen, was ohne Frage gleichermaßen Beachtung verdient hätte.[9]

Anerkennung als Forschungsfeld finden die »banalen« Bilder in den letzten Jahren vermehrt bei den Nachbardisziplinen, so bei der Publizistik, der Kommunikationssoziologie, der Literaturwissenschaft, der Geschichte oder der Politikwissenschaft. Auch hier geht man davon aus, daß »Visualität (längst) den Charakter der sozialen Welt (prägt) und das herrschende Medium ihrer Deutung« geworden ist, wie es bei Thomas Meyer heißt.[10] Vielfach jedoch steht in diesen Untersuchungen die neue Bildwelt, die meist nur als Totalität beschrieben, kaum im einzelnen und nur selten historisch untersucht wird, unter einem grundsätzlichen Verdacht, dem des Trugs: Sinneswahrnehmung und visuelle Eindrücklichkeit, so der zitierte Politologe, konkurrieren mit diskursiver Kommunikation und kritischem Diskurs, eine Opposition von Bild und Ratio, von bildhafter und erkenntnishafter Erfassung der Wirklichkeit, die bis zu Plato und dem Dialog zwischen Sokrates und Menon zurückdatiert und das große Thema der Bildgeschichte ist.[11] Unter diesem allgemeinen Vorbehalt, dem ein latenter Bilderstreit zugrunde liegt, gerät der genuine Beitrag der Bilder zur Weltdarstellung und -deutung nur getrübt in den Blick. So bleibt die Kunstgeschichte als Bildwissenschaft vorerst in der Pflicht, sich auch der *anderen* Bilder anzunehmen, die gegebenenfalls unerläutert, deren Geschichte ungeschrieben bliebe.

Im Fall der *öffentlichen Bilder* kommt als spezieller Aspekt hinzu, daß ihr Beitrag zum Prozeß der Herausbildung, der Bestimmung und Ausformung von Öffentlichkeit bislang kaum ausreichend gewürdigt worden ist. Die historischen und soziologischen Darstellungen behandeln das Medium allenfalls am Rande. Fragen danach, welche Vorstellung von Öffentlichkeit die Bilder verbreiten, welche Formen sie unterstützen, welchen sie opponieren; oder danach, was Bilder als Instanz öffentlicher Repräsentation, Akklamation oder Kritik leisten und wie sie dies tun – diese Fragen sind, sieht man einmal von einigen wichtigen kunsthistorischen Beiträgen etwa zur Bildpublizistik aus der Zeit der Französischen Revolution ab,[12] für viele Bereiche der Geschichte der anderen Bilder bislang unerörtert geblieben; und nur in Ansätzen freilich kann die eine oder andere hier bereits beantwortet werden.

Als *öffentliche Bilder* sind hier jedoch nicht nur jene qua Gattung explizit an die Öffentlichkeit adressierten Bilder angesprochen, sondern auch jene Produkte – gelegentlich auch konventioneller Medien –, über die in der Öffentlichkeit politische Vorstellungs- und Erscheinungs-Bilder geformt und propagiert werden, darunter z. B. die Klasse der Denkmäler. Es wird die Frage nach der rhetorischen, symbolischen, literarischen, technischen und historischen Verwendung der Bilder im Bereich der Öffentlichkeit gestellt und über Fallbeispiele beantwortet, um insbesondere auch der Wirkung der Schlagbilder als visuellen Manifestationen nachzuspüren, die sich mit Warburg in den universellen Kosmos eines Atlas der vorgeprägten und prägenden Leitbilder einfügen und mit Benjamin als Signatur einer Epoche verstehen lassen, die der Kunst(werk)geschichte mit der Bild(werk)geschichte neue Aufgaben gestellt hat.

Dabei könnte es aus kunsthistorischer Perspektive – irgendwann einmal – um eine Geschichte des Bildes im Medienzeitalter gehen, oder anders, in Abwandlung einer Formulierung von Hans Belting gesagt, um eine Geschichte des Bildes *nach* dem Zeitalter der Kunst.[13] Denn die Bezeichnung *öffentliches Bild*, die nicht als Gattungs-, sondern als Funktionsbegriff zu verstehen ist, spielt ja gerade an auf Bilder neben oder auch abseits der Kunst, auf die Produkte jener neuen Medien, die zunächst parallel zur Kunst, dann weitgehend unabhängig von ihr seit dem Ende des 18. Jahrhunderts ihren Aufschwung nehmen und sich in zahlreiche jener Funktionen teilen, die bis dahin der Kunst vorbehalten waren. Als ein Beitrag zu einer solchen bildhistorischen ›Grundlagen‹forschung möchten die folgenden Kapitel verstanden sein.[14]

Bleibt am Ende das Wichtigste, und zwar Dank abzustatten für Hinweise, Materialien, Kritik und Ermunterung bei Andreas Beyer, Florian Dering, Hans Dickel, Wolfgang Ernst, Monika Flacke, Uwe Fleckner, Hilmar Frank, Elisabeth von Hagenow, Bärbel Hedinger, Detlef Hoffmann, Hans-Ernst Mittig, Jürgen Müller, Marion G. Müller, Lutz Niethammer, Jan Rieckhoff, Petra Roettig, Charlotte Schoell-Glass, Ernst Seidl, Martin Warnke, Monika Wagner, Gerhard Wolf und schließlich bei den Studierenden in Jena, denen der hier dargelegte Gegenstand im Rahmen einer Vorlesung im WS 1994 bis

1995 zu kritischem Gehör gebracht worden ist; für bibliographische Hilfestellungen sei Gesine Worm und Brigitte Blockhaus, beide Bibliothek des Kulturwissenschaftlichen Institutes in Essen, sowie Silke Grob, Bibliothek des Kunsthistorischen Seminars der Friedrich-Schiller-Universität Jena, für redaktionelle Dienste Annette Krüger, für die reprofotografischen Arbeiten Barbara Niewiera, Fotostelle der Universität Hamburg, herzlich gedankt; nicht zuletzt gilt mein Dank den Verlagen, die freundlicherweise das Recht zum Wiederabdruck bereits publizierter Abschnitte eingeräumt haben, sowie dem Fischer Taschenbuch Verlag, namentlich Martin Bauer, Helmut Mayer und Sabine Behrends für die Arbeit an der Umwandlung des Manuskriptes in einen Text und der anschließenden Verwandlung in ein Buch.

Jena/Hamburg, im August 1996   M. D.

Anmerkungen

1 Das ist zum einen der Beitrag über Walter Benjamin (»Einbandlektüre«), der 1988, und zum anderen jener über Felix Droese (»Melancholie nach Tschernobyl«), der bereits 1986 entstanden ist.
2 Dies war zum einen die von Martin Warnke am Kulturwissenschaftlichen Institut des Wissenschaftszentrums Nordrhein-Westfalen in Essen geleitete Studiengruppe »Bildpropaganda im 20. Jahrhundert«, in welcher d. Vf. von 1990–1992 mitgearbeitet hat, und zum anderen die gleichfalls von Warnke gegründete Forschungsstelle Politische Ikonographie des Kunstgeschichtlichen Seminars der Universität Hamburg, an der d. Vf. bis 1994 tätig war.
3 Siehe zu Thema und Begriff als Rahmenerörterung den ersten Beitrag des vorliegenden Bandes (»Das öffentliche Bild«); zum Begriff »Schlagbild« bei Warburg siehe ferner die Ausführungen von Martin Warnke, Vier Stichworte: Ikonologie – Pathosformel – Polarität und Ausgleich – Schlagbilder und Bilderfahrzeuge, in: Werner Hofmann, Georg Syamken und Martin Warnke, Die Menschenrechte des Auges. Über Aby Warburg, Frankfurt/M. 1980, 53–83, hier 75 ff..
4 Otto Ladendorf, Historisches Schlagwörterbuch. Ein Versuch, Straßburg/Berlin 1906, VII (Hervorhebung im Original).
5 Frances A. Yates, *Gedächtnis und Erinnern. Mnemonik von Aristoteles bis Shakespeare*, Weinheim 1990, 13 ff..

6 *Ad Herennium* III, XXII, zit. nach Yates (Anm. 5), 17f.
7 *Max Werbejahrbuch 1994*, Hamburg 1994, 34.
8 Gottfried Boehm (Hg.), *Was ist ein Bild?*, München 1994.
9 Gottfried Boehm, »Die Wiederkehr der Bilder«, ebenda, 12.
10 Thomas Meyer, *Die Transformation des Politischen*, Frankfurt/M. 1994, 132.
11 Vgl. Rainer Zimmermann (Hg.), *Auf den Spuren des Bildes. Von der Höhlenmalerei zum Elektronenfoto*, o. O. u. J. (Hamburg 1961), 13.
12 Hingewiesen sei insbesondere auf die Untersuchungen von Klaus Herding und Rolf Reichardt, *Die Bildpublizistik der Französischen Revolution*, Frankfurt/M. 1989, von Brigitte Schoch-Joswig, »*Da flamt die gräuliche Bastille«. Die Französische Revolution im Spiegel der deutschen Bildpropaganda, 1789–1799*, Worms 1989, sowie von Christoph Danelzik-Brüggemann, *Ereignisse und Bilder. Bildpublizistik und politische Kultur in Deutschland zur Zeit der Französischen Revolution*, Berlin 1996.
13 Vgl. Hans Belting, *Bild und Kult. Eine Geschichte des Bildes vor dem Zeitalter der Kunst*, München 1990.
14 Den meisten Beiträgen liegen Vorträge oder Tagungsreferate zugrunde, die zuerst in Berlin, Essen, Hamburg, Leipzig und Mainz gehalten wurden (siehe auch die Drucknachweise); für den Wiederabdruck sind die Aufsätze hier und da geringfügig überarbeitet sowie der Abbildungsteil stärker gekürzt worden; wo es sich empfahl, wurde in die Anmerkungen auch jüngere Literatur aufgenommen, im übrigen aber dokumentiert der Wiederabdruck den Stand der Erstveröffentlichung.

Das öffentliche Bild
Annäherung an eine Kunstgeschichte im Medienzeitalter

1 »Ein historischer Augenblick«

»Gespräch über (...) Photographieren und Zeichnen
und das nervöse Zeitalter.«
Franz Kafka, Reisetagebuch Weimar – Jungborn, 30. Juni 1912

In den ersten Monaten des Jahres 1915 schreibt Franz Kafka die Fragment gebliebene Erzählung »Blumfeld, ein älterer Junggeselle« nieder.[1] Ihr Protagonist ist als Buchhalter in einer Wäschefabrik tätig. Zum Alltag dieses »vollständig einsamen Lebens« gehört es, am Abend müde »in seinen leeren Zimmern anzukommen, dort wieder förmlich im Geheimen den Schlafrock anzuziehn, die Pfeife anzustecken, in der französischen Zeitschrift, die er schon seit Jahren abonniert hatte, ein wenig zu lesen, dazu an einem von ihm selbst bereiteten Kirschenschnaps zu nippen und schließlich nach einer halben Stunde zu Bett zu gehn«. Von diesem strengen Ritual läßt Blumfeld auch nicht ab, als er eines Tages in seiner Wohnung auf unerwartete ›Gäste‹ trifft, zwei Zelluloidbälle, die auf dem Parkett lärmend auf und nieder springen und die sich von ihm nicht einfangen lassen, ja, ihn sogar zu verfolgen scheinen. So flüchtet sich der Held schließlich in seinen Sessel, um dort seiner allabendlichen Beschäftigung nachzugehen – dieses Mal, um sich bewußt abzulenken und den Nachstellungen seitens der Störenfriede zu entkommen.

An diesem Punkt der Geschichte läßt Kafka einen Einschub folgen, eine Parenthese, die – als einzige der gesamten Erzählung – eine Art Fenster zur Außenwelt öffnet: Blumfeld setzt sich nieder und liest, genauer, er betrachtet eingehend ein Bild. Via Bildbetrachtung hält für eine kurze Weile die Weltöffentlichkeit (und -geschichte) Einzug in die vier Wände des kleinen Angestellten. Die Passage lautet folgendermaßen:

»Über dem Tisch ist in Griffnähe an der Wand ein Brett angebracht, auf dem die Flasche mit dem Kirschenschnaps von kleinen Gläschen umgeben steht. Neben ihr liegt ein Stoß von Heften der französischen Zeitschrift. (Gerade heute ist ein neues Heft gekommen und Blumfeld holt es herunter. Den Schnaps vergißt er ganz, er hat selbst das Gefühl, als ob er heute nur aus Trost an seinen gewöhnlichen Beschäftigungen sich nicht hindern ließe, auch ein wirkliches Bedürfnis zu lesen hat er nicht. Er schlägt das Heft, entgegen seiner sonstigen Gewohnheit, Blatt für Blatt sorgfältig zu wenden, an einer beliebigen Stelle auf und findet dort ein großes Bild. Er zwingt sich es genauer anzusehn. Es stellt die Begegnung zwischen dem Kaiser von Rußland und dem Präsidenten von Frankreich dar. Sie findet auf einem Schiff statt. Ringsherum bis in die Ferne sind noch viele andere Schiffe, der Rauch ihrer Schornsteine verflüchtigt sich im hellen Himmel. Beide, der Kaiser und der Präsident, sind eben in langen Schritten einander entgegengeeilt und fassen einander gerade bei der Hand. Hinter dem Kaiser wie hinter dem Präsidenten stehen je zwei Herren. Gegenüber den freudigen Gesichtern des Kaisers und des Präsidenten sind die Gesichter der Begleiter sehr ernst, die Blicke jeder Begleitgruppe vereinigen sich auf ihren Herrscher. Tiefer unten, der Vorgang spielt sich offenbar auf dem höchsten Deck des Schiffes ab, stehen vom Bildrand abgeschnitten lange Reihen salutierender Matrosen. Blumfeld betrachtet allmählich das Bild mit mehr Teilnahme, hält es dann ein wenig entfernt und sieht es so mit blinzelnden Augen an. Er hat immer viel Sinn für solche großartige Szenen gehabt. Daß die Hauptpersonen so unbefangen, herzlich und leichtsinnig einander die Hände drücken, findet er sehr wahrheitsgetreu. Und ebenso richtig ist es, daß die Begleiter – übrigens natürlich sehr hohe Herren, deren Namen unten verzeichnet sind – in ihrer Haltung den Ernst des historischen Augenblicks wahren.)«[2]

Ähnlich einem Chronogramm datiert das zitierte Illustriertenfoto[3] als ein *terminus post quem* die Entstehung der Erzählung und zugleich die erzählte Gegenwart der Geschichte in die Zeit der ersten Monate des Weltkrieges.

Am Montag, dem 20. Juli 1914, brach der französische Staatspräsident Raymond Poincaré in Begleitung seines Ministerpräsidenten René Viviani an Bord der »France« zu einem dreitägigen Staatsbesuch nach Sankt Petersburg auf, um am Vorabend des Krieges, drei Wochen nach der Ermordung des österreichischen Thronfolgers und in den Tagen der Julikrise, in Gesprächen mit der russischen Regierung das ins Jahr 1912 zurückgehende französisch-russische Militärbündnis zu bekräftigen. Bei seiner Ankunft in der Kronstädter Bucht bereitete Nikolaus II. dem französischen Gast einen Staatsempfang. Das Begrüßungszeremoniell ging an Bord der kaiserlichen Jacht vonstatten. In seinen Memoiren erinnert sich Poincaré: »Am Fallreep erwartet mich der Zar in Admiralsuniform mit weißem Rock und dem roten Ordensbande der Ehrenlegion. Er empfängt mich sehr huldvoll und schlicht mit einem Aufleuchten seiner hellen Augen, während der Geschützdonner ringsum anschwillt. Ich stelle ihm Viviani und die Personen unserer Begleitung vor. Er hat seinerseits Sergei Dimitriewitsch Sasonow, Iswolsky, Paléologue und den alten Baron Fredericks aus Peterhof mitgebracht. Ich schüttle ihnen rasch die Hand.«[4] Anschließend ging die gemeinsame Fahrt an Bord der »Alexandria« Richtung Peterhof, zur kaiserlichen Sommerresidenz, wo die ersten diplomatischen Gespräche geführt wurden.

Poincarés russische Staatsvisite ist bestens dokumentiert; sie vollzog sich unter den Augen der Weltöffentlichkeit. Bis heute gehören die Fotografien dieser Begegnung zum Fundus jener Bilder, aus dem die Epoche in den Geschichtsbüchern und Chroniken illustriert zu werden pflegt (Abb. 1).[5]

Kafkas lesender Held nimmt an dieser historischen Stunde, in der es laut Pressekommuniqué »um die Sorge um den allgemeinen Frieden und das europäische Gleichgewicht der Mächte«[6] ging, als Zeitgenosse teil. Das Abonnement des namentlich nicht genannten französischen Magazins, dessen neueste Ausgabe er eben vor sich hat (»gerade heute ist ein neues Heft gekommen«), gewährleistet diese Form der beobachtenden Teilnahme an einer für ihn als Leser nur wenige Wochen zurückliegenden »großartigen Szene«, die er am Ende seiner Bildlektüre als »historischen Augenblick« wertet.

Abb. 1 Während seines Staatsbesuches in Rußland (21.–23. Juli 1914) schreitet Poincaré (in Zivil) an der Seite des Zaren in Reval eine Front der Ehrenkompanie ab.

Durch das Pressefoto ist er – wie die zu Beginn des Jahrhunderts in militärischen Kreisen aufkommende Redewendung lautet – ›im Bilde‹.[7] Es informiert ihn über das Ereignis, indem es ihn zunächst der Sache nach ›ins Bild setzt‹, ein Vorgang, der gleich anschließend dazu führt, daß er ›sich (selbst) ein Bild macht‹ und das Gesehene seiner Bedeutung nach würdigt.

Kafka läßt Blumfeld zufällig auf das Foto stoßen; dieser schlägt (»entgegen seiner sonstigen Gewohnheit, Blatt für Blatt sorgfältig zu wenden«) wie in einem Losbuch-Verfahren, das über Zukunft, Glück oder Unglück Auskunft geben soll, die Zeitschrift »an einer beliebigen Stelle auf«. Dort trifft er auf ein »großes Bild«, das ihm eine gründliche Betrachtung gleichsam abverlangt, eine Ansprache, der Blumfeld zunächst durch eine beschreibende Lektüre nachkommt, durch die er sich den Sachverhalt klarlegt. An diesen ersten Durchgang durch das Bild schließt sich dann (»allmählich«) ein Studium »mit mehr Teilnahme« an. Die Illustrierte wird jetzt ein wenig weiter abgerückt und das Foto aus »blinzelnden Augen« anvisiert – ein Verfahren, sich durch Eingrenzung des Blickfeldes in das Bild gewissermaßen hineinzubegeben und es für diesen zwinkernden Augen-Blick in seiner bloß berichterstattenden, dokumentierenden Funktion aufzuheben, es zu aktualisieren und im simulierenden Nachvollzug nochmals Gegenwart und den Zeitschriftenleser zum realen Augenzeugen werden zu lassen. Für diesen einen Moment sind Raum und Zeit aufgehoben, der Betrachter ist ›im Bild‹, er wohnt dem Geschehen bei.

Die Intensität, mit der Kafka seine literarische Figur die Historienszene vom Typus einer »Herrscherbegegnung« lesen läßt, spricht nicht nur von der Suggestivkraft eines bestimmten Bildes, sondern handelt darüber hinaus auch ganz allgemein von der neuen Funktion der neuen Bilder und von ihrem spezifischen Einsatz, dem Gebrauch im Alltag. Mit der Pressefotografie und den drucktechnischen Möglichkeiten ihrer Nutzung und massenhaften Verbreitung durch Zeitung und Zeitschrift ab etwa 1880[8] ist das Foto als veröffentlichtes Bild zu einer Instanz geworden, die diesem Medium eine bis dahin nicht gekannte Rolle im Rahmen der gesellschaftlichen Kommunikation zuerkennt. Mittels Bild (und dem als Unterschrift beigeordneten Wort) kann die sichtbare Wirklichkeit qua fotografischer Objektiv-Technik in beglaubigter Kopie reproduziert und vor Augen gestellt werden. Zugleich beglaubigt die Fotografie die Wirklichkeit, indem sie vergangenes Geschehen als Realität ausweist. Was für den Beispielbereich des Historienbildes bis dahin die Kunst – Zeichnung, Malerei, Druckgraphik – zu leisten und zu gewährleisten hatte, ging als Aufgabe einer wesentlichen Funktion nach an die Pressefotografie über, eine Institution, die ein neues Zeitalter, das des öffentlichen Bildes einleitete. Die schier unbegrenzte Möglichkeit der technischen Reproduzierbarkeit der Apparat-Bilder im Verein mit der scheinbar untrüglichen Objektivität des neuen Aufzeichnungsmediums begannen das Wirklichkeitsverständnis zu verändern. Das Geschehen selbst ließ sich jetzt, und zwar im Augenblick seines Ablaufes, seiner Außenseite nach authentisch – und damit frei von künstlerisch-subjektiver Einschätzung – im Bild festhalten. Die Fotografie dokumentierte und wurde zugleich selbst als Dokument erachtet, sie trat als Bild in den Status eines Augenzeugenberichtes ein, an dessen Sach- und Wahrheitsgehalt nicht zu zweifeln war.

Kafkas Erzählung handelt in dem zitierten Abschnitt von diesem neuen Rang des fotografischen Bildes.[9] Blumfeld wendet sich dem frei Haus gelieferten Illustriertenfoto mit einer Aufmerksamkeit zu, die dessen Lektüre zu einer Andachtsübung werden läßt. Sein besonderes Interesse, das einem anfänglichen Gelangweiltsein weicht, gilt dabei der »großartigen Szene«, dem Begrüßungszeremoniell und Gestenaustausch der Politiker. Was Poincaré in seinen Erinnerungen mit wenigen Worten abtut (»Ich schüttle ihnen rasch die Hand«), ist für Blumfeld ein erhebender, »historischer« Moment, der es verdient hat, im Bild festgehalten worden zu sein. Die Bedeutung des Fotos als Reportage steht außer Frage: Sie leitet sich ab aus dem Gewicht des Geschehens, das sie zugleich im parallel verlaufenden Akt der Dokumentation und im Wechselverhältnis mit dem Ereignis erzeugt. Die Fotografie übersetzt die politische Inszenierung, die im Ablauf des Zeremoniells selbst bereits wie ein Tableau vivant arrangiert ist, ins Bild und nobilitiert diesen Akt, indem es ihn festschreibt, um ihn gleich danach zu veröffentlichen. Erst der Vorgang des Fotografierens verleiht dem Gestenverkehr der Diplomaten einen Teil jener Bedeutung, die Kafkas Junggeselle als eminenten Sinn in seiner Betrachtung herausstellt. Und im Akt der intensiven Bildlektüre (re-)generiert Blumfeld nach Maßgabe seiner eigenen Zeichendeutung neuen, zusätzlichen Sinn. Bild und Politik verschränken sich zu einem Kommunikationsverbund, den der Betrachter nachvollzieht. Das offizielle Pressefoto verlautbart gleich einem Kommuniqué Politik in Form eines Bildes, und als eine Presseerklärung wird es auch gelesen.

Blumfeld nimmt bei Kafka das vor ihm aufgeschlagene Foto regelrecht unter die Lupe und analysiert es seiner Ikonographie nach. Im beschreibenden Durchgang durch das statische Bild wird es geradezu verlebendigt, indem es in seiner Verlaufsform, als Bild einer Handlungssequenz gesehen/gelesen und erlebt wird: »Beide (...) sind *eben* in langen Schritten einander entgegengeeilt und fassen einander *gerade* bei der Hand.« Diese Handreichung als erster Höhepunkt des Empfangs bildet das Zentrum der Fotografie, alles übrige ist dieser Szene als arrangierter Rahmen bei- oder untergeordnet. Blumfelds Hauptaugenmerk gilt denn auch dem Austausch der Gesten, der Körpersprache der handelnden Personen, ihren Haltungen, ihrem Mienenspiel und dem Blickwechsel: Die Matrosen salutieren formell, Zar und Präsident blicken einander freudig an, und die jeweiligen Begleiter machen ihrer Rolle gemäß ernste Gesichter. Aus dem Zeremoniell der politischen Gesten, das den »Ernst des historischen Augenblicks« wahrt, zieht Blumfeld vor allem psychologische Schlüsse: »Daß die Hauptpersonen so unbefangen, herzlich und leichtsinnig einander die Hände drücken, findet er sehr wahrheitsgetreu.« Mit dieser Einschätzung ist die Fotografie (und mit ihr die bildlich vorgestellte Politik) an ihrem Ziel angelangt. Die diplomatische Quintessenz des politischen Bildes (zumal im Kontext seiner Veröffentlichung in einer französischen Zeitschrift) lautet »freundliches Einvernehmen«. So hat auch Poincaré persönlich empfunden, wenn er sich an einen »huldvollen und schlichten« Empfang und an das »Aufleuchten der hellen Augen« seines Gegenübers erinnert.

Eben diesen Augenblick überliefert auch das von Kafka seiner Erzählung zugrunde gelegte Illustriertenfoto. Sein Held vollzieht dessen Dramaturgie nach und bescheinigt ihm »Wahrheitstreue« – nicht nur in einem bloß faktischen, sondern sehr wohl auch in einem emphatisch-symbolischen Sinne. Damit ist das Bild mit seiner politischen und ästhetischen Aussage als Botschaft auch beim Adressaten angekommen und dort verstanden worden.

Das öffentliche Bild hält via Magazin Einzug in den Bereich des Privaten. Auf dem Weg über die Zeitschrift gelangt es unter anderem ins sechste Stockwerk jenes Hauses, in dem Blumfeld sein Zimmer hat. Dort wird es in lesender Betrachtung seinem Gehalt nach entfaltet. Das Zeremoniell an Bord der »Alexandria« im fernen Rußland erreicht, tausendfach vervielfältigt und nur um einige Wochen zeitversetzt, schließlich selbst den Fabrikangestellten, der als Akt der Zerstreuung über die Begegnung der »hohen Herren« in der Newa-Bucht nachsinnt. Anders als ein journalistischer Bericht re-präsentiert das Foto als Bild das Geschehen (und Geschichte). Es gestattet dem Betrachter, sich dem Ereignis gegenüber scheinbar gegenwärtig zu erachten und sich als Augenzeuge ein eigenes Urteil zu bilden.

Als Fotografie eines öffentlich vollzogenen politischen Ereignisses und als veröffentlichtes Bild handelt es sich um ein öffentliches Bild. Als Bild ist es ästhetisch organisiert; es verhilft der Politik zu weitreichendem öffentlichen (Selbst-)Ausdruck, der nicht nur Zeichen, sondern auch Symbole einschließt. Die Fotografie als den Gesetzen der Ästhetik verpflichtetes Bild arrangiert somit auch Politik nach ästhetischen Kriterien. Die Pressefotografie als Organ legt den Politikern bildadäquates Handeln nahe. In dem Maße, in dem die Pressefotografie institutionalisiert wird, geht Politik auf deren Bedingungen ein und entwirft sich in vielen Teilen bildmäßig und bildgemäß. Dies betrifft neben spezifischen Arrangements der jeweiligen Topographie und Ausstattung (als Dekor und Hintergrund) insbesondere den Bereich der Gestenkommunikation. Denn Gesten ›sprechen‹ auch im Bild, sie verhelfen dazu, die stummen Bilder beredt zu machen. So ist es kaum verwunderlich, daß noch am Ende des 20. Jahrhunderts ähnlich gestaltete Begegnungsszenen, wie die von Kafka geschilderte, das öffentliche Bild der Politik bestimmen.[10]

Politik, so scheint es, gilt im Zeitalter der Visualisierung im Hinblick auf ihr Publikum dem Selbst- und Medienverständnis nach zunehmend in dem Maße als gelungen, wie sie ästhetisch gelingt und bildwürdig erscheint. Daß sie dabei vielfach auf Topoi zurückgreift, die dem Kanon der bildenden Kunst entstammen, ist leicht verständlich. Denn schließlich steht hier ein Bildvorrat zur Verfügung, der einerseits durch seine Kunstwerk-Verfassung höchst nobilitiert und dessen Sprache andererseits oft bereits geläufig und daher verständlich und also an eine breite Öffentlichkeit zu vermitteln ist. Das von Kafka herangezogene Bildbeispiel belegt dies. Es knüpft an die große Reihe jener Begegnungsszenen an, die in der Historienmalerei beinahe stereotyp die Herrscherikonographie begleiten[11] und den Betrachter als Zuschauer zur Identifikation einladen. Offenbar auch aus diesem Grund hat Kafka das betreffende Foto für seinen Helden Blumfeld als Vorlage gewählt.

Der Buchhalter jedenfalls vergißt über seiner Übung vor dem Bild der politisch-diplomatischen Eintracht jene Eindringlinge, die wie »Trommler« mit »klapperndem Geräusch« auf dem Holzfußboden oder mit »schwachem, aber förmlich kriegerischem Klopfen« auf dem Teppich agieren und seine Ruhe stören. Diese – wie es eingangs der Erzählung heißt – »weißen blaugestreiften Zelluloidbälle«, deren Lärm Blumfeld Zuflucht bei der Zeitschrift suchen läßt, erinnern dem Muster und den Farben nach möglicherweise kaum zufällig an jene der russischen Kriegsflagge, die kurz nach dem im betrachteten Foto angezeigten Termin gehißt wurde, da alle Verhandlungen gescheitert waren und der Krieg begann – ein Krieg, dessen Lärmen auch vor Blumfelds Wohnungstür nicht haltmacht, während dieser sich eben, gebeugt über die Illustrierte, die Vor-Zeit, die letzten Friedenstage in Erinnerung ruft.[12]

2 »Bildgeschichte«

»(…) sagte zu ihm: ich sei Bildhistoriker, kein Kunsthistoriker.«
Aby Warburg, Tagebuchnotiz vom 12. Februar 1917

Während Kafka im Februar 1915 in Prag das literarische Porträt des Junggesellen Blumfeld vor der Folie des Weltkrieges skizzierte, versuchte gleichzeitig in Hamburg der Kunsthistoriker und Privatgelehrte Aby Warburg mit den Mitteln der Wissenschaft den Anforderungen nachzukommen, die der Krieg seiner Überzeugung nach auch an ihn und seine Arbeit stellte. Der Krieg, der auch ein Kampf der Bilder und Medien war, bestärkte ihn in der Auffassung, die Aufgabenbestimmung und das Bildverständnis seines Faches entschieden zu erweitern. Wo der Erzähler Kafka wie im Nebenbei das Gebiet des öffentlichen Bildes betreten und als Schriftsteller über dessen Funktion und Wirkung unterrichtet hatte, da sollte Warburg als Wissenschaftler der Frage nach dem Status jener Bilder, die hier als öffentliche Bilder angesprochen werden, gezielt nachgehen. Auf diesem Weg einer als dringend notwendig erkannten Auseinandersetzung mit den aktuellen Bildern vollzog sich definitiv die Wandlung Warburgs vom *Kunst*historiker zum *Bild*historiker.

Presse- und Bildkampagnen zuvor nicht gekannten Ausmaßes – nach einem Wort Warburgs: »Bilderpressefeldzüge«[13] – begleiteten den Ersten Weltkrieg. Im Namen der Propaganda schienen sich alle Medien – und dies, wiewohl zunächst nur bedingt staatlich gelenkt – zu einem einzigen Kartell verbunden zu haben, um die militärischen Aktionen auf den Schlachtfeldern kommentierend zu begleiten und die jeweilige Front ideologisch zu stärken. Sämtliche Bildmedien rückten ein in den »vaterländischen Dienst«: Das Kino reagierte mit entsprechenden Dokumentar-, Propaganda- und Spielfilmen; die Fotografie diente zur Kriegsberichterstattung; die zuvor fast ausschließlich für Kommerz-Reklame eingesetzten Plakate machten jetzt unter anderem Werbung für Kriegsanleihen; die Postkartenindustrie verlegte sich auf die Verbreitung patriotischer Motive und Karikaturen des Gegners; die Verlage brachten Bücher und Broschüren heraus, deren Umschläge und Bildbeigaben sich der National- und Kriegs-Ikonographie verschrieben hatten; illustrierte Flugblätter verbreiteten Parolen und ›Schandbilder‹; Revers-Abzeichen zeigten nationale Gesinnung an; rasch errichtete Denkmäler förderten den ›Heimatfront‹-Gedanken, und die Zeitungen und Journale dokumentierten das Weltgeschehen aus parteilichem Blickwinkel. Sämtliche Bildgattungen und Medien – die traditionellen, hergebracht künstlerischen wie die technisch avanciert neuen – hatten teil an der Konstruktion und Konstitution des öffentlichen Bildes, das jetzt nach Maßgabe der Propaganda massenwirksam installiert wurde.

Warburg, der sich in seiner Arbeit als Gelehrter ähnlich wie Kafka als Schriftsteller angesichts der »pro patria« drängenden Aufgaben der Zeit »vollständig nutzlos«[14] vorkam und am Krieg persönlich nicht zuletzt dadurch litt, daß er nicht daran teilnahm,[15] entschloß sich in seinem Metier zur »Kriegsarbeit«[16]. Diese umfaßte – neben einem karitativen Engagement bei der »Hamburgischen Kriegshilfe« – vor allem drei Bereiche, die auf unterschiedliche Weise eng mit dem Phänomen der massenhaften Bildproduktion seiner Gegenwart verknüpft waren.

Zum einen entschied er sich dafür, seiner kunst- und kulturwissenschaftlichen Bibliothek eine Weltkriegssammlung anzugliedern, d. h. die Feindseligkeiten in Wort und Bild über Zeitungen, Zeitschriften, Broschüren, Bücher, Flugblätter und Postkarten zu dokumentieren und nach Schlag- und Stichworten gegliedert zu verzetteln – eine aufwendige und umfangreiche bibliographisch-bibliothekarische Sammel- und Dokumentationsarbeit, die nur durch den Einsatz von Hilfskräften zu bewältigen war. Dieses Archiv, das vorerst nur bedingt öffentlich zugänglich war, sollte in erster Linie dazu dienen, nach Beendigung des Krieges anhand von Quellen über die Zeit zu unterrichten.[17]

Zum anderen gab Warburg im Verein mit Kollegen in den ersten Kriegsmonaten eine für das damals noch neutrale Italien bestimmte Illustrierte heraus, die als Anthologie aus Presseberichten und -fotos »durch die Auswahl der Bilder einen unmittelbaren Eindruck von Deutschlands Kultur im Kriege geben«[18] und das Ausland zu einer »zu Gunsten Deutschlands veränderten Haltung«[19] bewegen sollte.

Warburg selbst war insbesondere für die Bildredaktion verantwortlich, eine Tätigkeit, die er penibel und gewissenhaft durchführte. Diese Einschätzung legen jedenfalls seine Handexemplare nahe, denen er nicht nur als handschriftlichen Anhang nach Rubriken gegliedert eine statistische Übersicht der Bildthemen anfügte, sondern die er auch mit kritischen Notaten zu einzelnen Fotos versah. Daß bei der Auswahl der Bilder irrtümlich auch gleichsam Konterbande, die der angestrebten »Aufklärungs«-Tendenz zuwiderlief, in das Blatt gelangt war, merkte Warburg bei seiner prüfenden Durchsicht peinlich genau und begleitet von Selbstvorwürfen an.[20] So waren ihm bei der Durchsicht der ersten Nummer auf einem der veröffentlichten Fotos (Abb. 2) weit im Hintergrund einer Schützengrabenszene zwei Bauern bei der Feldarbeit aufgefallen, die im Schußfeld deutscher Soldaten standen. Im Handexemplar markierte Warburg mit Hinweispfeilen dieses Detail, das erst der Revisions-Blick ausgemacht hatte. Die Marginalien im Unterrand der Abbildung suchen gewissermaßen händeringend, wie die Frage- und Rufzeichen ausweisen, eine Erklärung für diesen redaktionellen Lapsus: »Manöverbild? Arbeiter im Hintergrund im Schußfeld (!!).«[21] Das als ein »Punctum« (Roland Barthes) erfahrene Bilddetail kehrte die politische Intention in ihr Gegenteil: Die deutschen Soldaten operierten ohne Rücksicht auf die Zivilbevölkerung, eine Aussage, welche die Absicht, von »Deutschlands Kultur im Kriege« zu handeln, unmittelbar konterkarierte. Indem Warburg Zuflucht bei der Manöverbild-

Abb. 2 Foto aus *La Guerra del 1914*, H. 1 / 1914, 16; aus Warburgs Handexemplar mit Marginalien

These suchte, schloß er zwei andere Erklärungen aus: jene, daß sich die Kriegswirklichkeit möglicherweise nicht mit den eigenen Vorstellungen deckte, sowie jene, daß es sich eventuell um eine Fälschung, d. h. um eine Fotomontage und damit um gegnerische Bildpropaganda handelte. Die Kritik der *Realität* wurde offenbar durch das internalisierte Weltbild und die ideologische Selbstzensur verhindert, eine denkbare Kritik des *Bildes* unterblieb, weil die Objektivität des Mediums für ihn anscheinend außer Frage stand.

Die »Rivista illustrata« mit dem Titel »La Guerra del 1914/15« stellte schließlich bereits mit dem zweiten Heft das Erscheinen ein, da ihr unterdessen der Adressat abhanden gekommen war: Italien war inzwischen auf der Seite der Gegner in den Krieg eingetreten. Damit war ein Illustrierten-Projekt gescheitert, das sich im Zeichen national gesinnter Aufklärung der Propaganda verschrieben hatte, ein Terrain, auf das sich Warburg als Nicht-Fachmann begeben hatte, und ein Schritt, mit dem er die Position des professionellen Bild-Interpreten mit jener des dilettierenden Bild-Redakteurs und -machers getauscht hatte, ein Wechsel, der die Verantwortung von der Rezeptions- auf die Produktionsseite verschoben und vorverlegt hatte und ihm deutliches Kopfzerbrechen bereitete. Die einzige Rechtfertigung des Dilettantismus war laut Warburg der Umstand, daß er aus Not und Pflichtbewußtsein erwachsen war: »Das größte Opfer, das so ein Theoretiker wie ich bringen kann, ist, daß er sich pro patria auf Dinge einlassen muß, die er nicht gelernt hat (...).«[22]

War die Zeitschriftenredaktion wie die Archivdokumentation dem Bildmaterial der Gegenwart unmittelbar verpflichtet, so galt die im engeren Sinn kunsthistorische Forschung Warburgs in diesen Jahren den »Bilderpressefeldzügen« der Reformationszeit und war den Tagesfragen folglich nur auf dem Umweg über die Geschichte verbunden. Warburg erkundete die astrologische, religiöse und politische Bild- und Gedankenwelt der Flugschriften und Flugblätter, kurz, der »geistespolitischen Tendenzliteratur«[23] der Frühen Neuzeit, um über dieses bis dahin wenig beachtete, meist als Kuriosum eingestufte (»Urkunden-«)Material Aufschluß über die »tragische Geschichte der Denkfreiheit des modernen Europäers«[24] zu erhalten. Die Ergebnisse seiner historischen Forschungen, die Warburg vor dem Hintergrund der zeitgenössischen Erfahrungen unternahm, faßte er unter dem Titel »Heidnisch-antike Weissagung in Wort und Bild zu Luthers Zeiten«[25] zusammen und legte sie in Vorträgen der Öffentlichkeit dar. Blieb darin der Gegenwartsbezug auch unausgesprochen, so lag er unter der historischen Oberfläche dennoch recht offen zutage. Warburg selbst hat diesen Zusammenhang nicht nur durch die Themen-, Wort- und Begriffswahl anspielungsreich herausgestellt, sondern, etwa in Briefen, auf diesen Kontext ausdrücklich verwiesen, so wenn er an einen Kollegen schreibt: »Denn ganz abgesehen von dem Stück Aufhellung über Luther und seine Zeit, ist und bleibt ohne eine bildgeschichtliche Untersuchung des Monstra-Glaubens die Funktion der Greuelphantasie im jetzigen Kriege unfaßbar. Aber wer kann Journalisten von der Gegenwartsbedeutung historischer Psychologie überzeugen?«[26]

Die Gegenwart – zur Selbstorientierung und Kontrolle – reflektiert im historischen Rückspiegel zu betrachten, war eines der Ziele, die Warburg sich mit dieser Untersuchung gesetzt hatte. Darauf spielt deutlich auch das Goethe-Wort an, mit dem er seine Studie beschließt, wenn es dort von den abergläubischen Verirrungen und Mißgriffen in »dunklen Zeiten« resümierend heißt: »Denn wer kann sagen, daß er seine unerläßlichen Bedürfnisse immer auf eine richtige, wahre, untadelhafte und vollständige Weise befriedige; daß er sich nicht neben dem ernstesten Tun und Leisten, wie mit Glauben und Hoffnung, so auch mit Unglauben und Wahn, Leichtsinn und Vorurteil hinhalte?«[27] Das nachgestellte Zitat dient als Motto zur Rückführung der geschichtlichen Überlegungen ins Hier und Jetzt und verweist auf das nach Warburg historisch unerledigte Problem, wie sich der Mensch vor der Gefahr des Verlustes des eroberten »Denkraumes«[28] wappnen kann. Nicht selten sind es, so Warburgs Auffassung, gerade Bilder, die als Agenten der Unvernunft auf den Plan treten, besser, eingesetzt werden, um die Sinne, indem sie diese vollständig beanspruchen, zu verwirren.

In seinem Aufsatz ging es Warburg vor allem um das Studium der historischen Rolle und Funktion des Bildes, speziell um eine Angst und Schrecken verbreitende, die »Denkfreiheit« einschränkende Bildpropaganda, deren Wirkungskreis durch die neuen Medien

Holzschnitt und Kupferstich erheblich erweitert worden war. Damit war der Kunsthistoriker auf die Vorgeschichte des öffentlichen Bildes gestoßen, auf die Ära der »Bilderdruckkunst«, die in der Entwicklungsgeschichte der »reproduzierenden Bildverbreiter«[29] eine neue Stufe darstellte: »War schon durch den Druck mit beweglichen Lettern der gelehrte Gedanke aviatisch geworden, so gewann jetzt durch die Bilderdruckkunst auch die bildliche Vorstellung, deren Sprache noch dazu international verständlich war, Schwingen, und zwischen Norden und Süden jagten nun diese aufregenden ominösen Sturmvögel hin und her, während jede Partei versuchte, diese ›Schlagbilder‹ (wie man sagen könnte) der kosmologischen Sensation in den Dienst ihrer Sache zu stellen.«[30] »Schlagbilder« wie diese, deren massenhafte Verbreitung erst durch die technische Innovation möglich geworden war, liefen zuhauf auch in der Gegenwart um, in der die Techniken der Fotografie, der Autotypie und des Mehrfarbendrucks die Produktion, Umschlaggeschwindigkeit und Distribution von Bildern noch einmal um ein erhebliches Maß erweitert und beschleunigt hatten. Daß sich dabei aber die Funktionen und selbst die Inhalte nur wenig geändert hatten, mußte den Historiker überraschen, ging es doch nach wie vor unter anderem um die Instrumentalisierung von Greuelphantasien, um Völkerverhetzung und den Gegner diskriminierende Karikaturen. Solche Bilder aus dem »Beobachtungsgebiet der Kunstgeschichte« aufgrund ihrer mangelnden ästhetischen Anziehungskraft oder ob »ihrer seltsamen inhaltlich illustrativen Gebundenheit« auszugrenzen, hieß nach Warburg, sich der Möglichkeit zu begeben, den »eigentlichen Aufgaben der Kunstgeschichte« als einer Kulturwissenschaft nachzukommen.[31] Bereits im Jahr 1912 hatte er auf dem Kunsthistorikerkongreß in Rom eine Erweiterung des Gegenstandsfeldes seines Faches gefordert, im gleichen Zuge auch für einen neuen methodischen Zugang plädiert und sein Arbeitsgebiet als kunstgeschichtliche Kulturwissenschaft bestimmt. Es konnte laut Warburg nicht länger Aufgabe der Disziplin sein, ausschließlich die Werke der bildenden Kunst zu untersuchen, sondern es waren, weitergehend, sämtliche Äußerungsformen der Gattung Bild zu behandeln, als deren zweifellos nobilitierteste und elaborierteste, keineswegs jedoch vornehmliche, das Kunstwerk zu gelten hatte. In seinem »Laboratorium kulturwissenschaftlicher Bildgeschichte«[32], als das Warburg seine Forschungs- und Dokumentationsbibliothek ansah, begriff er sich seit den Kriegsjahren zunehmend als Bildhistoriker. »Jeder Tag«, so Warburg 1917, »den ich einem etwas havarierten Körper zum Arbeiten abstreiten kann, macht mich mehr und mehr zum Bildgeschichtler.«[33] Es ging um die Erforschung der Geschichte des Mediums »Bild« in all seinen Facetten und um die Darlegung der grundlegenden Orientierungsfunktion, die der »bildhaften Gestaltung«[34] der Welt innewohnte.

Es ist kein Zufall, daß der Erste Weltkrieg Warburg auf das Gebiet der politischen Bilder geführt hat, können doch diese Jahre als »Inkubationszeit« der politischen Bildpropaganda mittels der neuen Medien angesprochen werden.[35] Diese Epoche hat schließlich dazu geführt, daß die Gegenwart sich einer neuen, zweiten Wirklichkeit, einer simulierten Realität konfrontiert sieht, in der die öffentliche Bildproduktion anwachsend die Kommunikation und das gesellschaftliche Leben bestimmt oder gar beginnt, sich an dessen Stelle zu setzen. Mit seiner Reformations-Studie hat Warburg zu Beginn des Jahrhunderts einer Kunstgeschichte als Bildgeschichte die Programm- und Gründungsschrift geliefert und zugleich das Arbeitsfeld einer politischen Ikonographie bestellt,[36] der die Befassung mit den öffentlichen Bildern, kurz mit den *Schlagbildern* in Vergangenheit und Gegenwart ein zentrales Anliegen ist.

3 »Anschauungsunterricht« oder Das Bild auf der Straße

»... habe ich vor Planken und Annoncentafeln
kaum eine Lernstunde versäumt.«
Karl Kraus, Die Welt der Plakate, 1909

Die Kunst dem Leben, wörtlich zitiert: dem öffentlichen Leben, zurückzugeben – unter dieser Devise erging 1826 durch Ludwig I. an die Cornelius-Schule der Auftrag für den Freskenzyklus in den Münchner Hofgarten-Arkaden.[37] Die Wandbildfolge, eine gemalte Geschichtslektion aus Haupt- und Staatsaktionen der Wittelsbacher, wurde als Außen-Installation, als frühe Form einer »Kunst im öffentlichen Raum«, zwar nicht gerade auf der Straße, aber in einem dem »Volk« alias der Öffentlichkeit zugänglichen Park errichtet. Das »öffentliche Leben« und die Kunst, so läßt sich aus dem Diktum des bayerischen Königs folgern, hatten sich voneinander entfernt: Während jenes sich »draußen« (auf der Straße) abspielte, fand diese »drinnen« (im Saale) statt. Außen- und Innenraum aufeinander zu beziehen, die Wege der Kunst und die des »öffentlichen Lebens« – und sei es an einer Gartenkreuzung – wieder zusammenzuführen, war einer der Leitgedanken, die diesem Außenwandbild-Projekt zugrunde lagen.[38] Die Resonanz war gespalten; jedenfalls wurde heftige Kritik laut, sei es, daß die der propagierten Volkstümlichkeit geschuldete mangelnde künstlerische Qualität beklagt wurde, sei es, daß politische Argumente gegen das Programm der dynastischen Selbstinszenierung vorgebracht wurden.[39] Das Konzept Außenwandmalerei selbst blieb eher unbehelligt, fand aber andererseits im 19. Jahrhundert auch keine rechte Nachfolge.[40] Kunst und politische Öffentlichkeit ließen sich, so scheint es, ohne daß die eine Schaden nahm oder die Ansprüche der anderen unbefriedigt blieben, auf diese Weise und in dieser Form nicht vermitteln. Die Kunst ging, die Denkmäler ausgenommen, vorläufig nicht mehr auf die Straße, sie verblieb hinter den Schutzmauern der öffentlichen Gebäude, die Museen eingerechnet. Auf der Straße sollten bald andere Bilder Platz greifen, und zwar solche, an die ein Kunstanspruch nicht mehr gestellt wurde, Bilder, die insbesondere dem Bedürfnis nach Information, Kommunikation und Kritik entgegenkamen und somit im weitesten Sinne als publizistisches Medium fungierten.

Dieser Prozeß des Übergangs von der einen zur anderen Bildklasse vollzieht sich, bedingt durch den Funktionswechsel, als eine Art Aufgabenteilung: Historisch lösen sich im Prozeß der Autonomisierung der Kunst spezifische Funktionen von diesem Bereich ab und werden an andere Bildklassen delegiert. Und dieser Prozeß gelingt selbstverständlich nur, *weil* andere Medien zur Verfügung stehen, so daß sich die Kunst als »Legitimationssphäre mit Anspruch auf universelle Anerkennung«[41] ganz auf sich selbst verpflichten kann; oder anders gesagt, die Kunst kann (oder will) bestimmte Bedürfnisse, z. B. den »Hunger nach Bildern« oder die Forderung nach Abbildlichkeit, nicht mehr befriedigen und andere Medien springen ihr zur Seite – ein Umschwung, der auf den neuen technischen Möglichkeiten der Bildherstellung und -verbreitung fußt und der politisch mit der Forderung nach Öffentlichkeit einhergeht.

Zur Erläuterung dieses Ablösungsprozesses, mit dem der zentrale Medienwechsel der Moderne einhergeht, diene ein Beispiel. Das ausgewählte graphische Blatt kommt diesem Zweck in mehrfacher Hinsicht entgegen: Entworfen in den ersten Jahren der Französischen Revolution, entstammt und kennzeichnet es zugleich eben jene Phase des Umbruchs, in der die neuen, die modernen öffentlichen Bilder entstehen; darüber hinaus stellt es – und dies ganz im Rahmen der traditionellen Kunst – Reflexionen über das Konzept und die Funktionen der Bilder auf der Straße vor Augen und verweist ferner, im Vorgriff gewissermaßen, auf ihre Geschichte. Daher läßt es sich vielleicht mit einigem Recht als eine der Inkunabeln des öffentlichen Bildes und somit als Frontispiz der noch zu schreibenden Geschichte dieser »Gattung« ansehen.

Am Freitag, dem 7. Januar 1791, offeriert Philibert Louis Debucourt, Maler-Stecher und Akademiemitglied, im *Journal de Paris* dem Publikum per Annonce seine neueste Graphik (Abb. 3): »Das Ziel«, so heißt es dort, »das der hier angekündigte Kupferstich verfolgt, ist dieses: Man wollte einen unentbehrlichen Gebrauchsgegenstand mit einem Stich verbinden, der sich durch eine Komposition dazu eignet, die Wohnung des französischen Bürgers zu schmücken.«[42] Im zeithistorischen Kontext, zu Beginn des »dritten Jahres der Freiheit«, sind die Wörter »Gebrauch«, »Wandschmuck« und »Bürger« ihrem Gehalt nach programmatisch zu verstehen. Die Offerte verweist demnach auf ein Blatt, das zwei Funktionen zugleich erfüllt, eine unmittelbar praktische sowie eine nicht weniger unmittelbar politische, sprich patriotische. Die zweckdienliche Bestimmung mußte im Anzeigentext nicht näher erläutert werden, sie war bereits aus der Überschrift ersichtlich, die auf den »National-Almanach« für 1791 hinwies, demnach auf einen Kalender, einen Wandkalender; was unter der politischen Funktion zu verstehen war, ließ sich der Beschreibung entnehmen, die den Haupttext der Annonce bildet und die der Leserschaft das Sujet des Bildes ausführlich nachzeichnet – eine Charakteristik, die auch dem Blatt selbst – im Wortlaut nur geringfügig abgewandelt – als Legende beigegeben ist.

Debucourts Wandschmuck, versehen mit der Widmung »Den Freunden der Verfassung«, ist ein aufwendig gestalteter Farbstich, gedruckt von vier Platten, im Großformat von 48,9 x 36,2 cm. Er zeigt eine Alltagsszene, eine Straßenszene vor einem Denkmal. Das Zentrum bildet ein steil aufragendes Architekturmonument aus farbigem Marmor, dessen Sockelvorbau – gemeint ist die hier, im Zustand »vor der Schrift« leere, nur von einem Liniengeflecht gezeichnete Fläche – das Kalendarium aufzunehmen hatte.[43] Der mächtige Unterbau, den seitlich jeweils eine Tafel mit Reden des Königs, gehalten vor der Nationalversammlung in den Jahren 1789 und 1790, abschließt, trägt einen nicht weniger imponierenden Überbau, gebildet aus einem Portalrahmen, der ein Bronzerelief einfaßt. Bekrönend ziert ein Porträtmedaillon Ludwigs XVI. das Denkmal, und Medaillen-Girlanden mit den Namen der Mitglieder der *Konstituante*

Abb. 3 Philibert Louis Debucourt, *Almanach National. Dédié aux amis de la Constitution*, 1790, Aquatinta, Farbdruck 48,9 x 36,2 cm. Berlin, SMPK, Kupferstichkabinett

(Robespierre, Mirabeau, Grégoire, Sieyès u. a.) schmücken die Pilaster.

Alle weiteren Beschreibungsdaten liefert die »Explication«, die Debucourt am Unterrand, außerhalb des Bildfeldes, hinzugefügt hat; sie setzt ein mit der Erläuterung des Flachreliefs, dem Bild-im-Bild, und lautet, in Übersetzung, folgendermaßen:

»Auf einem Sockel, der aus den Trümmern der Bastille gebildet ist, sitzt die Nationalversammlung in der Gestalt der Minerva in einem römischen Ehrenstuhl, an dem Fascienbündel als Symbol der Stärke und Einheit angebracht sind. Sie meißelt die verfassungsmäßigen Rechte in Tafeln ein, die auf einem Würfel, dem Symbol der Gleichheit ruhen, der die Inschrift der ›Menschen- und Bürgerrechte‹ trägt. Neben ihr entzündet der Genius der Freiheit, der mit der Fackel der Vernunft versehen ist, mit seiner Flamme verschiedene Privilegien, Titel, Auszeichnungen und andere Mißstände des Ancien Régime. Die blinden Vorurteile flüchten geschüttelt von Entsetzen an einen Ort, der fern von Vernunft und Gesetz ist. Auf der gegenüberliegenden Seite symbolisiert eine Gruppe von Kindern die 83 Departements und empfängt mit Begeisterung die Dekrete, die der französische Senat verabschiedet hat. Sie schwören, diese bis zu ihrem letzten Atemzug zu verteidigen. Am Fuße des Denkmals verbinden sich ein Franzose und ein Engländer in ihrer gemeinsamen Vaterlandsliebe. Sie laden eine Menge von Bewohnern der verschiedensten Gegenden zu einer brüderlichen Vereinigung ein. In dieser Menge kann man einen Türken und einen Inder erkennen, die in Verzückung geraten über die heiligen Worte der Freiheit und der Verfassung. Auf den Treppen weisen Kinder, erzogen im Geiste der Revolution, mit Freude zwei A…….. [ristokraten] auf das Datum des 14. Juli hin, die sich verdrießlich abwenden. Im Vordergrund kündigt eine junge Frau, Verkäuferin von Kokarden und Zeitungen, voller Fröhlichkeit die Beschlüsse der Nationalversammlung an. Im Schatten sieht man die antipatriotischen Broschüren zerrissen.«[44]

Debucourts Erklärung schlüsselt das Blatt seiner Ikonographie nach detailliert auf, und zwar nicht nur die Fremdsprache der allegorischen Darstellung, sondern auch die Gemeinsprache der Genreszene, die Kleider-, Körper- und Gestenrhetorik der Helden *vor* dem Denkmal, die unten, auf der Straße, in vielfältiger Handlungs- und Habitusparallele den Idealgestalten des Reliefs oben, auf der Hochebene der Kunst, korrespondieren. Über dieses Kompositionsprinzip der vielfachen Entsprechungen und Analogien werden Inhaltsbezüge zwischen den Protagonisten der »Bild-im-Bild«-Szene und den Akteuren vor dem politischen Denkmal installiert: Die Zeitungsverkäuferin, »marchande de cocardes et de papiers-nouvelles«, ahmt die Minerva nach, wie diese hockt sie auf ihrem Stuhl, leitet immer das Neueste dessen weiter, was in der Höhe eben verfaßt wird; die Versammlung der Männer links verbrüdert sich nach dem Gestenschema der Puttengruppe rechts oben, die sich Davids »Schwur der Horatier« zum Vorbild gewählt hat; die Kinder auf der Straße treiben durch die Demonstration ihrer Revolutionsgesinnung – in Analogie zur Reliefszene mit der Austreibung des Ancien Régime – ein älteres Aristokratenpaar in die Flucht. Zahlreiche weitere Parallelen lassen sich als Kreuz- und Querverweise ausmachen; selbst die »stumme« Szenerie der Dingwelt, die im Straßenstaub liegenden »antipatriotischen Broschüren«, haben im Relief ihre Entsprechung – kurz, das Leben wird in die Kunst, die Kunst ins Leben überführt. In diesem Verfahren der Verschränkung und der wechselseitigen Mimesis, über das Debucourt auch die prominente Rolle der Kunst im Prozeß der Revolution betont und die Appellfunktion des Blattes entfaltet, stellt sich die Frage nach der Vorreiterrolle ernstlich nicht – die Ideen der Revolution haben gleichermaßen die Kunst wie das Leben ergriffen, und beide bedingen, ja antworten einander nach dem Modell kommunizierender Röhren.

Das Denkmal selbst ist, wie gleichermaßen der Kalender, einem aktuellen Ereignis gewidmet, einem Geschehen im Verlaufsstadium, denn die Arbeit an der ersten, der bürgerlichen, der Verfassung der konstitutionellen Monarchie wird erst einige Monate später, im September des laufenden Kalenderjahres abgeschlossen – Minerva schreibt noch; ein Monument demnach, das zugleich die allerjüngste Vergangenheit, die unmittelbare Gegenwart und die nächste Zukunft memoriert, ein Memorandum, das dem Betrachter als öffentliches Bild in dem Doppelsinn eines Wandkalenders einerseits und eines Straßendenkmals-im-Bild andererseits präsentiert wird.

Die Darstellung führt die Straßenöffentlichkeit vor Augen, ein Denkmal mitsamt seinem Publikum. Mit der im Bild vorgeführten

Denkmalinvention ist programmatisch geradezu darauf verwiesen, wie, idealiter, ein Revolutionsmonument auszusehen hat, wie es als öffentliches Kunstwerk organisiert sein muß und wie es ferner, nochmals idealiter, funktionieren, d.h. seine politpublizistische Wirkung entfalten kann: Die öffentliche Aufstellung setzt ein Thema von allgemeinem Interesse voraus; der Gegenstand sollte möglichst aktuell, demnach einem zeitgenössischen Ereignis gewidmet sein, das aber zugleich mit dem Anspruch auf fernere Geltung ausgestattet ist; es sollte der Bildsprache nach unbedingt verständlich sein, wobei Defizite nicht zuletzt durch Beischriften und innerbildliche Texte ausgeglichen werden können. Es muß schließlich neben den unerläßlichen Informationsaspekten einen Betrachterappell enthalten, d.h. Elemente, die eine Zwiesprache garantieren. Dieser Forderungskatalog, welcher der Denkmalszene eingeschrieben ist, gilt in gleicher Weise auch für die Graphik selbst. Indem Debucourt seinen Stich als Kalenderblatt und Wandschmuck konzipiert, bestimmt er ihn explizit als Gebrauchsgegenstand, damit tritt er als Kunstwerk in eine spezifische Funktion und dient einem Zweck, dessen Laufzeit auf ein Jahr befristet ist. Historisch wie der Gattung nach ist das Blatt angesiedelt an der Kreuzung zwischen dem Bild als autonomem künstlerischen und dem Bild als heteronomem publizistischen Medium. Seinem Format nach ist es gestaltet wie ein Plakat, ein öffentlicher Anschlag für die Bürgerstube, die dadurch als Innenraum des Außenraums definiert wird.

Als ein öffentliches Bild ist dieser »Almanach National« nicht zuletzt dadurch bestimmt, daß er die Forderung nach Öffentlichkeit (und deren neue Formen) im Bild vor Augen stellt: Debucourts Plädoyer für die Pressefreiheit läßt sich der markanten Zentralfigur der Zeitungsverkäuferin entnehmen, die einen ambulanten pro-revolutionären Presseladen (mit Pamphleten, Broschüren, Kokarden) um sich herum eröffnet hat (*Journal du Soir, Le Patriote François, Chronique de Paris, L'Ami de la Revolution*). Die Oppositionspresse ist zugelassen, wird jedoch mit Füßen getreten. Die *Lektüre*, sei es die der Zeitungen (links), sei es die der Inschriften oder die der Bilder (rechts) sowie die *Debatte* am Straßenrand werden als Praxisformen der neuen Öffentlichkeit demonstriert. Und selbstverständlich ist auch der Betrachter, an den sich die Zeitungsfrau mit dem jüngsten Assignaten-Dekret wendet, zur Teilnahme an diesem Prozeß eingeladen. Auf das Prinzip Öffentlichkeit verweisen schließlich auch die Reliefinschriften, die über den Kurztitel jeweils die neuen Gesetzestexte in Erinnerung rufen (»Contrat social«, »Droit de l'homme et du citoyen«, »Droit civique«, »Constitution« etc.). Zugleich gilt das Wort des Königs; seine »Discours« sind Affichen gleich in Augenhöhe am Denkmalsockel angebracht; darüber hinaus ist der Monarch in effigie gegenwärtig, die amtierenden Kontroll- und Verfassungsräte in nomine, in Plakettengestalt.

Debucourts Kalender, historisch am Übergang von der repräsentativen zur bürgerlichen Öffentlichkeit angesiedelt, verweist sowohl auf die amtliche Bekanntmachung wie auf die kritische Öffentlichkeit, die via Publizität die »Entblößung politischer Herrschaft vor dem öffentlichen Räsonnement«[45] betreibt. Auch die Entfaltung der neuen bürgerlichen Öffentlichkeit ist wie die der höfischen Repräsentation weiterhin an Attribute der Person geknüpft,[46] die im übrigen dem Stecher Gelegenheit geben, sein Bildpersonal sorgfältig über Insignien, Habitus, Gestus und Rhetorik, kurz angelehnt an einen strengen Kodex vordem ›edlen‹, jetzt bürgerlichen Verhaltens zu differenzieren. Dominant ist im Bild die staatliche Verlautbarungsöffentlichkeit, der per Akklamation beigepflichtet wird. Das alles überragende, die Szenerie bestimmende Denkmal, nicht mehr monarchisch, noch nicht republikanisch verfaßt, spricht allein durch sein Material und seine Größe ein einschüchterndes, auf ewig gestelltes Wort – ein Marmorcodex, aus dem die Zeitungen und Pamphlete als ephemere »Fliegende Blätter« sich ableiten.

So hat man bei alldem die Widmungsadresse zu bedenken und damit den Kreis der Adressaten, der sich aus den »Freunden der Verfassung«, i. e. die »Gesellschaft der Freunde der Konstitution«, der Jakobinerklub des Jahres 1790/1791, rekrutiert. Vornehmlich diesen Gesinnungsfreunden als Käufern zugedacht, ist das Blatt Debucourts an eine jener zahlreichen Teilöffentlichkeiten adressiert, die als Vertreter spezifischer Interessen zur bürgerlichen Gesamtöffentlichkeit rechnen, deren politische Hoffnungen noch ganz auf die Errichtung der konstitutionellen Monarchie gerichtet sind.

Auf die Geschichte des öffentlichen Bildes und der Bilder auf der Straße ist im historischen Vorausblick bei Debucourt zunächst über das Medium Denkmal verwiesen, dessen Erfolgsgeschichte im 19. Jahrhundert erst einsetzt. Die besondere Gestalt dieses Monumentes – flächig, hoch, eingelassenes und gerahmtes Bildfeld – läßt darüber hinaus die Geschichte der Anschlagflächen auf Hauswänden, der Außenwandbilder und der modernen Großflächenplakate mit Bildern aus Politik und Werbung assoziieren. Mit der Zeitungsbank bei Debucourt, die als Vorform eines Kiosks anzusprechen kaum schwerfällt, ist als Institution die Presse angeführt, die zunächst mit ihren xylographischen, später dann mit den fotografischen Illustrationen ganz entscheidend zum Haushalt der öffentlichen Bilder beisteuern wird. Nicht zuletzt erinnert der Wandkalender, auch seinem Text/Bild-Aufbau nach, an das publizistische Medium der Bilderbogen, die etwa um die gleiche Zeit ihren Siegeszug als lithographisch vervielfältigte, kolorierte Bild-Zeitung antreten, um Geschichte in populärer Form zu kolportieren. Auch daß sie veralten, haben diese Blätter mit Debucourts farbigem Kalenderblatt gemeinsam; aber eben dies zeichnet beide Gattungen, den Kalender wie den Bilderbogen, aus, sie wären anders nicht aktuell, eine Qualität, wie Debucourt nachweist, die das öffentliche Bild und das Bild auf der Straße qua Selbstverständnis und Zweckbestimmung gerade auszeichnet.

Debucourts Denkmal-»Entwurf« wurde nie ausgeführt; andernfalls wäre das Monument auch politisch bereits im Jahr 1792 (mit der Absetzung des Königs) und schließlich mit der neuen, der republikanischen Verfassung des Folgejahres hinfällig gewesen. Dennoch hat dieses französische *Ideal*bild auch *Nach*bilder, und zwar jetzt als *Real*bilder, hervorgebracht. Eines sei, auch um – in historisch kühnem Zeitraffer – in die Gegenwart überzuleiten, zitiert (Abb. 4).

Das als Beispiel herangezogene Pressefoto ist in der Ausgabe der ZEIT vom 24. Juni 1994 erschienen.[47] Begleitet von der Legende »Allgegenwärtig – Der nordkoreanische Diktator Kim Il Sung auf einer Wandtafel in Pjöngjang« hält es eine Straßenszene in der nordkoreanischen Hauptstadt fest und führt zur politischen Kennzeichnung des Landes dessen Bildpropaganda an: eine ins Kolossale gesteigerte Plakatwand, die sich längs der Straße und des Gehsteigs, erhöht abgerückt durch eine Treppenanlage und hinterfangen von einer farbig gegliederten Wand, als monumentaler, architektonischer Aufbau erhebt. Das Plakat in seinem festgefügten Wechselrahmen zeigt in »Übergröße« den Präsidenten der kommunistischen Volksrepublik,[48] der den Massen mit der ausgestreckten Rechten lächelnd den Weg weist. Fahnen, Transparente und ein Spruchband am Unterrand unterrichten in der Form von Parolen über die politisch eingeschlagene Links-Richtung (»Die ganze nordkoreanische Bevölkerung muß Kim Il Sung folgen!«, »Hier findet das 6. Arbeiterparlament statt«, »3 Revolutionsthemen« und »10 Ziele haben wir uns gesetzt«). Der Zug der Menge, der sich bis in die unabsehbare Horizontferne erstreckt, wird angeführt von den »Stände«-Vertretern des Volkes, denen zur Kennzeichnung sprechende Attribute (Korngarbe, Werkzeug, Waffe, gerollter Plan) beigegeben sind – eine Demonstration der Entschlossenheit und Einmütigkeit, die qua Suggestivkraft der Darstellung als Appell an die Passanten adressiert ist und dazu das propagandistische Modell des Führers und der »Nachfolge« nutzt.

Inwiefern dieser Aufruf fruchtet – das Foto mit den ihres eigenen Weges ziehenden Passanten könnte jedwede Wirkung der Plakatwand ja auch in Frage stellen –, darüber läßt sich allenfalls urteilen, wenn man die ubiquitären Formen politischer Bildsprache, wie sie in Nordkorea an der Tagesordnung sind, berücksichtigt. Als Diktatur ist das Land gekennzeichnet durch eine dirigistische, reglementierte Form der Öffentlichkeit, in der Bildern auf der Straße neben Hoheits- und Denkmalfunktionen ausschließlich der Transfer visueller Losungen zufällt.

So geographisch fern, ideologisch abgerückt und befremdend das im Foto angeführte Beispiel der Bildpropaganda auch erscheint, so eng ist es historisch als öffentliches Bild der Aussage wie der spezifi-

Abb. 4 Straßenszene in Pjöngjang,
Pressefoto DIE ZEIT Nr. 26
vom 24. Juni 1994

schen Präsentationsform nach der Tradition europäischer Bildsprache verpflichtet, und zwar jener, die in Wortschatz und Grammatik zum Teil bereits zur Zeit der Französischen Revolution entwickelt worden ist. Damals wandelte sich allmählich die Straße zu einem der genuinen Orte politischer Öffentlichkeit, zu einem Raum sozialer Bewegung sowie zur Tribüne politischer Kultur.[49] Und eben hier wurde den Bildern ein vielfältiges (Inter-)Aktionsfeld eröffnet; hier werden sie noch heute als Flugblätter und Karikaturen verteilt oder abgeworfen, als Plakate aufgestellt oder umhergetragen, an Haus- oder Stellwänden aufgebracht oder in Demonstrationszügen mitgeführt, nicht selten auch attackiert.

Eine Form der »Attacke«, richtiger: der kritischen Auseinandersetzung mit den Großbildern auf der Straße betreibt forciert die jüngere Kunst; sie geht zu diesem Zweck selbst auf die Straße, bedient sich der geläufigen Installationen und opponiert der herrischen, heroischen Sprache der Plakatbilder, seien es die der Werbung, seien es die der Politik (Abb. 5). Wie das Beispiel der amerikanischen Künstlerin Barbara Kruger zeigt,[50] geht es auch darum, die Kunst dem öffentlichen Leben, diesmal jedoch als kritisches Organ, zurückzugeben.

Abb. 5 Barbara Kruger, *We don't need another hero***, Plakat 1986. Installation London 1986**

4 »Monumente durch Medien ersetzen…«

»Das öffentliche Bild tritt in der Realzeit an die Stelle
des öffentlichen Platzes. Die Repräsentation wird wichtiger
als das tatsächliche Geschehen.«
Paul Virilio im Gespräch mit Hans-Ulrich Obrist, Paris 1991

Mit dem Titel eines »öffentlichen Bildes« lassen sich zum einen all jene Formen bildmäßiger Äußerung belehnen, die in einem Zwischenbereich von Kunst und Öffentlichkeit angesiedelt sind. Dabei handelt es sich um Werke einer angewandten »Kunst ohne Künstler« (Martin Warnke), die sich nicht dem Kunstanspruch aussetzen, jedoch von der Öffentlichkeit als »Bilder« in Anlehnung an bestehende Kunstformen in Auftrag gegeben worden sind und/oder entschieden in die politische Öffentlichkeit hineingewirkt haben: so z. B. die vielfältigen denkmalähnlichen Formen der sogenannten Kriegswahrzeichen zum Benageln, so die anonyme Architektur der »Berliner Mauer« oder die Skulpturen ephemeren Charakters, die anläßlich von Demonstrationen gefertigt worden sind.[51] Nicht der Kunst-, sondern der Bildcharakter steht, gegeben durch den spezifischen Anwendungs- und Funktionsbereich, im Vordergrund.

Der Terminus »öffentliches Bild« taugt zum anderen aber insbesondere als bündige Bezeichnung dazu, begrifflich die Quersumme aus einem Phänomen zu ziehen, das besagt, daß die Wahrnehmung und Erfahrung der gesellschaftlichen Wirklichkeit wesentlich auf Vermittlung gestützt ist und daß eines der maßgeblichen Medien, die diese Mittlerstellung innehaben, das Bild ist. Die allgemeine Medialisierung der Realitätserfahrung schließt an prononcierter Stelle die Sphäre der politischen Kommunikation ein. Öffentlichkeit wird zunehmend im Bild und durch Bilder hergestellt und repräsentiert, also zugleich stellvertreten wie zur Schau gestellt. Die Bezeichnung »öffentliches Bild«[52] meint in Analogie zum Begriff »öffentliche Meinung« beides, das ideelle Substrat wie das konkrete Produkt eines in der Öffentlichkeit installierten und sie beeinflussenden Informations- und Dokumentationssystems, dem – neben dem Transfer der Worte – die Aufgabe der Aufzeichnung und Übermittlung von Bildern übertragen ist. Dabei gilt für die Bilder, daß diese als solche erst im Aufzeichnungs- und Übermittlungsprozeß – entlang der Realität als Sujet – definiert und geschaffen werden. Auch das (Erscheinungs-)Bild des öffentlichen Lebens wird durch diesen Apparat einer allgemeinen Schrift- und Bildkultur im Gang und Verlauf der Dokumentation hervorgebracht. In der Rezeption werden diese Produkte als Wirklichkeit erfahren und ›realisiert‹.[53] Und für das Gebiet der Politik läßt sich als eine Konsequenz beobachten, daß die ›Akteure‹ des öffentlichen Bildes ihre Rolle mehr und mehr auf Bildgeltung hin entwerfen und daß in der Inszenierung der Politik vieles als Bild konzipiert, ja das Bild im Arrangement des politischen Zeremoniells geradezu präfiguriert ist.[54]

An der Herstellung der öffentlichen Bilder arbeiten heute Künstler nur mehr in der Minderzahl mit. Es sind die diversen Medienspezialisten und -handwerker, die ihre Funktion übernommen haben und denen ein Gebiet der Bildproduktion überantwortet ist, das weit größer ist als jener Bereich, der den Künstlern je anvertraut war. Dennoch hat sich damit keineswegs die Kunst aus dem Metier des öffentlichen Bildes verabschiedet – im Gegenteil. Wenn Jacob Burckhardt für die Renaissance festgestellt hat, daß das »italienische Festwesen in seiner höhern Form ein wahrer Übergang aus dem Leben in die Kunst«[55] gewesen sei, so kann möglicherweise in Umkehrung für das Medienzeitalter gelten, daß sich im öffentlichen Bildwesen – ob es in einer »höhern Form« existiert, mag dahingestellt sein – »ein wahrer Übergang aus der Kunst ins Leben« vollzieht. Dafür sprechen all jene Bereiche des staatlichen, politischen und alltäglichen Lebens, deren Erscheinungsbild nach Kunstmaßstäben gemodelt ist. Denn gerade dort, wo Bilder auf Wirkung hin angelegt sind, wo Bilder in der Öffentlichkeit ein- und durchgesetzt werden, ist offenbar der Rückgriff und der Rückbezug auf die Bildstrategie und Ikonographie, die vordem von den Künsten ausgearbeitet worden sind, unerläßlich. Was vielfach als Trivialisierung und Entleerung der Hochsprache der Kunst erscheint, ist nur deren kalkulierte Übertragung in neue Zusammenhänge, ihre Umsetzung und Anwendung im Alltag – vielfach qua Rückübersetzung. Das Repertoire der der Bildkunst entlehnten Formeln garantiert durch längst ubiquitär gewordene Standards nicht nur die Wiedererkennbarkeit, sondern in einem international vernetzten Kosmos der Bilder namentlich weltweite Verständlichkeit und Lesbarkeit. Dies gilt für die öffentlichen Bilder der Werbung wie für jene der Politik. Das zugrundeliegende historische Zitat mag nur den Kennern geläufig sein, allgemein verständlich ist es gleichwohl, wie Erfolg und Wirkung jener Muster belegen, die dabei zum Einsatz gelangen.

Man denke z. B. an das in Deutschland wie gleichermaßen im Ausland politisch epochemachende Bild jenes Kniefalls, den der damalige Bundeskanzler Willy Brandt am 7. Dezember 1970 auf den Stufen des Warschauer Ghetto-Mahnmals als Zeichen der Bitte um Versöhnung vollzogen hat (Abb. 6). Die Geste, dargetan vor den Augen der Weltöffentlichkeit, kam unerwartet und überraschend. In ihrer Abweichung von der Norm des zeremoniell Geläufigen und ob ihrer Bedeutungsgröße sprengte sie den gewohnten Rahmen und den Erwartungshorizont. Außergewöhnlich wie sie war, lieferte sie als Pressefoto ein Bild, das über die Dokumentation hinaus selbst zum historischen Monument geworden ist.

Der Kniefall als ein Zeichen von Bußfertigkeit und Demut, von Andacht und Trauer stand als politische Geste außerhalb lebendiger Tradition; sie rief, wo sie nicht an liturgisches Zeremoniell erinnerte, eine längst überlebte Vergangenheit körpersprachlicher Erniedrigung durch ›Verkleinerung‹ ins Gedächtnis. Zum Vergleich bot sich ein Unterwerfungsakt an, welcher sich dem deutschen Geschichtsbewußtsein tief eingeprägt hat, der Canossa-Gang Heinrichs IV., der sich im Bußgewand vor Gregor demütigte und drei Tage lang um Verzeihung bat und um Wiederaufnahme in die kirchliche Gemeinschaft flehte.[56] Vor der Folie dieser historischen Szene, die nicht in

Abb. 6 Willy Brandt vor dem
Warschauer Ghetto-Mahnmal
kniend, 7. Dezember 1970.
Titel *Der Spiegel* H. 51
vom 14. Dezember 1970

authentischen Bildern überliefert ist, aber als Vorstellungs»bild« existiert, ließ sich auch der Kniefall Brandts als Bitt- und Bußgang in Stellvertretung verstehen.[57]

Wenn darüber hinaus die Pressebilder des knienden Kanzlers an ein konkretes Vor-Bild gemahnen, so vielleicht an jene Gestalt einer Trauernden, die Käthe Kollwitz für das Ehrenmal ihres im Ersten Weltkrieg gefallenen Sohnes, aufgestellt in Roggefelde/Flandern, heute Vladsloo, in den Jahren 1926 bis 1932 geschaffen hat (Abb. 7): eine auf beide Knie gesunkene Frau in bedrückter Haltung, den Oberkörper nach vorn gebeugt, die Arme unter dem weiten Manteltuch vor der Brust verschränkt, den Blick zu Boden gerichtet. Möglich, daß Brandt sich an diese Figur, an ihre Haltung, sei es bewußt, sei es intuitiv, erinnerte, als es galt, als Staatsmann ein öffentliches Schuldbekenntnis abzulegen. Man wird davon ausgehen können, daß dem Kanzler das Kollwitz-Denkmal bekannt war und daß ihm die darin überlieferte Pathosformel der Trauer half, in der Weise einer adaptierenden Übersetzung ein glaubwürdiges und politisch wirksames öffentliches Bild zu formen, von dem es heute mit journalistischem Pathos heißt, es habe sich »in unser Hirn gebrannt«.[58] Diese Metapher, mit der die Nachwirkung und Eindringlichkeit des Bildes als eines Schlagbildes gekennzeichnet sein soll, könnte mehr noch auf den Umstand verweisen, daß Bilder sich auf Vor-Bilder, auf Vorstellungs-Bilder als auf ein »Prägewerk« (Warburg) beziehen lassen, von denen ein Teil im Fundus der Kunstgeschichte, ein anderer Teil in der als »kollektiv« apostrophierten Erinnerung aufbewahrt wird.

Daß die oben angesprochene Tendenz eines Rück-Transfers des Motivrepertoires der Kunst ins öffentliche Bild parallel zu jenem Bestreben der Avantgarde seit dem Futurismus verläuft, die Kunst ins Leben übertreten zu lassen, könnte zu dem Schluß führen, dieser

Abb. 7 Käthe Kollwitz, Figur der Mutter aus der Statuengruppe »Elternpaar« auf dem Soldatenfriedhof zu Vladsloo-Praedbosch (vormals: Roggevelde), 1932

Prozeß realisiere sich heute gerade dort, wo es den Künstlern gelingt, in den Vorgang der Generierung öffentlicher Bilder (noch) wirksam einzugreifen.

Vielleicht ist die Verhüllung des Berliner Reichstages durch den bulgarischen Künstler Christo, die nach jahrzehntelangen Realisierungsbemühungen 1995 durchgeführt wurde,[59] gerade so ein Fall, in dem mit enormem Material- und Kostenaufwand versucht wird, durch Umgestaltung eines repräsentativen Staatsgebäudes ein öffentliches Bild zu schaffen. Daß dieses Einkleidungs-Unternehmen als ein ephemerer Akt angelegt ist, verweist nur darauf, daß nicht das real verpackte Monument, sondern vielmehr das veränderte Erscheinungs-Bild im Zentrum der Anstrengungen steht, ein Bild, das dem Gebäude in Zeichnungen und Fotos massenhaft abgezogen wird.[60] Christo arrangiert – ähnlich wie vormals der Maler oder Fotograf im Atelier sein Modell einzurichten hatte – zunächst das Objekt, um dann dessen »Porträt« zu nehmen. Nicht mehr das Monument, sondern das Bild des Monumentes steht im Vordergrund und tritt selbst in die Denkmalfunktion ein.

»Monumente durch Medien ersetzen...«, so lautete eine Devise der Kunst der sechziger Jahre,[61] die den traditionellen Kunstbegriff und den Objektcharakter des Kunstwerks verabschieden und ihn gegen einen offenen Begriff der Kunst eintauschen wollte und zu diesem Zweck ausdrücklich für die Nutzung der neuen Medien, darunter Fotografie und Video, plädierte. Die Devise kam im Verlauf der folgenden Jahrzehnte schon bald außer Mode und hatte Geltung nur noch in jener Sparte der Kunst, die sich aus der Isolation der restringierten Öffentlichkeit der Kunst-, Galerie- und Museumsräume in die breite, allgemeine Öffentlichkeit vermitteln wollte.

Augenblicklich halten, wenn die Anzeichen nicht trügen, die öffentlichen Bilder diese Sphäre noch besetzt; gleichzeitig aber geht

**Abb. 8 C. O. Paeffgen,
Ohne Titel, 1991**

die Kunst seit langem vielfach zitierend und eingreifend mit ihnen um (Abb. 5 u. 8) und meldet in Gegenentwürfen ihren historischen Anspruch und kritischen Einspruch an.

Anmerkungen

1 Zur Datierung siehe Malcolm Pasley u. Klaus Wagenbach, »Datierung sämtlicher Texte Franz Kafkas«, in: Jürgen Born, Ludwig Dietz u. a., *Kafka-Symposion*, Berlin ²1966, 65 u. 82; im Druck erschien die Erzählung erstmals in: F. K., *Beschreibung eines Kampfes. Novellen, Skizzen, Aphorismen*. Aus dem Nachlaß Prag 1936 (= *Gesammelte Schriften*, hg. von Max Brod, Bd. V).
2 Franz Kafka, »Blumfeld, ein älterer Junggeselle«, in: Ders., *Sämtliche Erzählungen*, Frankfurt/M. 1973, 309 f.
3 Bislang konnten leider weder das von Kafka seiner Beschreibung offenbar zugrunde gelegte konkrete Foto noch die erwähnte Zeitschrift nachgewiesen werden; wahrscheinlich aber wird es sich noch in einem der großen Pressefoto-Archive finden lassen; vgl. auch hier Anm. 5.
4 Raymond Poincaré, Memoiren, Teil II: *Der Ausbruch der Katastrophe, 1913–1914*, Dresden 1928, 341; zur Begleitung des Zaren gehörten neben Sasonow als Außenminister u. a. Alexander P. Iswolsky als Botschafter in Paris und Georges M. Paléologue als Botschafter in Petersburg.
5 Siehe z. B. *Unser Jahrhundert im Bild*, Gütersloh 1964, Abb. S. 160 (oben; siehe hier Abb. 1) oder *Ullstein Weltgeschichte*, Bd. V (1914 bis zur Gegenwart), Frankfurt/M. u. Berlin 1965, Abb. Tf. 1 (unten); siehe ferner auch die Abbildungen in dem oben (Anm. 4) zitierten Memoiren-Band.
6 Kommuniqué zum Abschluß des russisch-französischen Treffens, zit. nach Poincaré (Anm. 4), 371 f.
7 Vgl. Lutz Röhrich, *Lexikon der sprichwörtlichen Redensarten*, Taschenbuchausgabe, Freiburg/Basel/Wien, ⁴1986, Bd. I, 126.
8 Zur Geschichte der Pressefotografie (namentlich in Deutschland) siehe Bernd Weise, »Pressefotografie«, Teil I–III, in: *Fotogeschichte* 9, 1989, H. 31, 15–40; H. 33, 27–62; 10, 1990, H. 37, 13–36. – Erst seit 1883 war es durch Verwendung der Autotypie im Zeitungsbilderdruck möglich, Fotografien in der Presse ohne weitere Umsetzung als Holzstich o. ä. zu publizieren.
9 Über Kafkas Auseinandersetzung mit dem Medium Fotografie siehe Heinz Ladendorf, »Kafka und die Kunstgeschichte«, in: *Wallraf-Richartz-Jahrbuch* 23, 1961, 293–326, hier 320 ff.
10 Vgl. dazu ausführlich den Aufsatz d. Vfs. »Handzeichen der Macht« im vorliegenden Band.
11 Siehe dazu die ebenda (Anm. 10) angeführten Beispiele.
12 Zu Kafkas literarischer Auseinandersetzung mit dem Weltkrieg siehe Thomas Anz,

»Kafka, der Krieg und das größte Theater der Welt«, in: *Neue Rundschau* 107, 1996, H. 3, 131–143.

13 Eine Wendung, die Warburg in seinem Aufsatz »Heidnisch-antike Weissagung in Wort und Bild zu Luthers Zeiten«, Heidelberg 1920, geprägt hat; siehe Aby Warburg, *Gesammelte Schriften*, Leipzig/Berlin 1932, Bd. II, 487–558, hier 520.

14 Franz Kafka, »Tagebuchnotiz vom 21. November 1915«, in: Ders., *Tagebücher, 1910–1923*, hg. von Max Brod, Frankfurt/M. 1967, 349; für Warburgs Haltung siehe die entsprechenden Nachweise in dem Buch des Vfs., *Warburg aus Briefen. Kommentare zu den Kopierbüchern der Jahre 1905–1918*, Weinheim 1991, 64–66.

15 Siehe den Brief an Felice Bauer vom 5. April 1915 (»Außerdem leide ich am Krieg meistens dadurch, daß ich nicht selbst dort bin.«), in: Franz Kafka, *Briefe an Felice und andere Korrespondenz aus der Verlobungszeit*, hg. von Erich Heller u. Jürgen Born, Frankfurt/M. ²1970, 633; siehe erläuternd den Abschnitt »Der Krieg und seine Folgen« in: Hartmut Binder, *Franz Kafka, Leben und Persönlichkeit*, Stuttgart 1983 (= Sonderausgabe von Bd. I des von H. Binder ed. Kafka-Handbuches), 364–368.

16 Vf. (Anm. 14), ebenda.

17 Die sogenannte Kriegsbibliothek ist 1943 mitsamt dem zugehörigen Zeitungsartikelarchiv verbrannt; einige offenbar im weiteren Sinn zugehörige Zettelkästen werden heute im Archiv des Warburg Institute, London, verwahrt.

18 Zit. nach einem Typoskript, das Warburgs Handexemplar des zweiten Heftes der »Rivista illustrata« anliegt, verfaßt vermutlich als Information anläßlich der »Kriegsausstellung« in der Hamburger Stadtbibliothek (Hamburg, Juni 1916), in der die beiden Zeitschriftennummern ausgestellt waren; beide Hefte befinden sich im Archiv des Warburg Institute, London.

19 Brief an Bernhard Fürst von Bülow vom 2. Februar 1915, Briefkopierbuch VI, 16.

20 Dazu auch Vf. (Anm. 14), 168.

21 Warburgs Marginalie als Bildunterschrift; siehe hier die Abb. 2.

22 Brief an Ferdinand von Stumm vom 6. Januar 1915, Briefkopierbuch VI, 1.

23 Warburg (Anm. 13), 490.

24 Ebenda, 534.

25 In: *Gesammelte Schriften* (Anm. 13).

26 Brief an den Klassischen Philologen und Religionswissenschaftler Ernst Samter in Berlin vom 19. Mai 1918, Briefkopierbuch VI, 369.

27 Goethe, Materialien zur Geschichte der Farbenlehre, zit. nach Warburg (Anm. 13), 535.

28 Zu diesem Begriff siehe Warburg (Anm. 13), 491 f.

29 Aby Warburg, »Arbeitende Bauern auf burgundischen Teppichen« (1907), in: *Gesammelte Schriften* (Anm. 13), 223.

30 Warburg (Anm. 13), 513.

31 Ebenda, 490.

32 Ebenda, 535.

33 An Carl Neumann in Heidelberg, Brief vom 20. März 1917, Briefkopierbuch VI, 289.

34 Warburg, Notiz vom 29. November 1925 (»Ueber die Kunstwerkgeschichte zur Wissenschaft von der bildhaften Gestaltung«), in: *Notizen 1925/26*, 16; unveröffentlicht, London, The Warburg Institute.

35 Siehe dazu Martin Warnke, *Die Institutionalisierungsformen visueller Propaganda im XX. Jahrhundert*, Arbeitspapier, Kulturwissenschaftliches Institut, Essen 1990, 2.
36 Siehe Martin Warnke, »Politische Ikonographie«, in: *Bildindex zur Politischen Ikonographie,* hg. von der Forschungsstelle Politische Ikonographie, Universität Hamburg, Kunstgeschichtliches Seminar, 1993, 11 f.
37 Dem Korrespondenten des *Berliner Kunstblattes* gegenüber begründete Ludwig I. das Projekt unter anderem mit folgendem Satz: »Dem öffentlichen Leben muß die Kunst wiedergegeben werden; das Volk soll sich daran erfreuen und erbauen.« *Berliner Kunstblatt* I, 1828, H. 10, 311, zit. nach Frank Büttner, »Bildung des Volkes durch Geschichte. Zu den Anfängen öffentlicher Geschichtsmalerei in Deutschland«, in: Ekkehard Mai (Hg.), *Historienmalerei in Europa. Paradigmen in Form, Funktion und Ideologie,* Mainz 1990, 86.
38 Siehe ausführlich zum Hofgartenzyklus Monika Wagner, *Allegorie und Geschichte. Ausstattungsprogramme öffentlicher Gebäude des 19. Jahrhunderts in Deutschland,* Tübingen 1989, 64–88 sowie den oben (Anm. 37) zitierten Aufsatz von Büttner.
39 Wollte man eine Ausnahme von der Regel benennen, so ließe sich z. B. hinweisen auf die Schinkel-Entwürfe für den Bilderfries der Vorhalle des Alten Museums, ausgeführt ab 1841 von der Cornelius-Schule; vgl. dazu Wagner (Anm. 38), 103 ff.
40 Dazu Büttner (Anm. 37), 89 f.
41 Pierre Bourdieu, *Soziologie der symbolischen Formen,* Frankfurt/M., 1970, 109.
42 Zit. nach Edmond und Jules de Goncourt, *Stecher und Maler des achtzehnten Jahrhunderts,* hg. von Paul Prina, Leipzig 1910, 175 f.
43 Vgl. die Abb. von Debucourts »Calendrier Républicain. An II. [für 1794]« in Ausst.-Kat. *Europa 1789. Aufklärung, Verklärung, Verfall,* hg. von Werner Hofmann, Hamburger Kunsthalle 1989, 256, Kat.-Nr. 323 (hier ist das Kalendarium in das ›Freifeld‹ eingedruckt).
44 Zit. nach Ausst.-Kat. *Sklavin oder Bürgerin? Französische Revolution und neue Weiblichkeit 1760–1830,* hg. von Viktoria Schmidt-Linsenhoff, Historisches Museum Frankfurt/M. 1989, 483.
45 Jürgen Habermas, *Strukturwandel der Öffentlichkeit. Untersuchungen zu einer Kategorie der bürgerlichen Gesellschaft,* Frankfurt/M. 1990, 293.
46 Hier lehne ich mich bezüglich der angeführten Aspekte eng an die Definition von Habermas (Anm. 45), 61 f. an.
47 *DIE ZEIT* Nr. 26 vom 24. Juni 1996, 5.
48 Kim Il Sung starb am 8. Juli 1994, sein Sohn trat die Nachfolge an.
49 Wolfgang Kaschuba, »Von der ›Rotte‹ zum ›Block‹. Zur kulturellen Ikonographie der Demonstration im 19. Jahrhundert«, in: Bernd-Jürgen Warneken (Hg.), *Massenmedium Straße. Zur Kulturgeschichte der Demonstration,* Frankfurt/New York/Paris 1991, 69–96.
50 Siehe über das Werk der Künstlerin u. a. Kate Linker, *Love for Sale. The Words and Pictures of Barbara Kruger,* New York 1990; Ausst.-Kat. *We won't play nature to your culture. Works by Barbara Kruger,* London, ICA 1983; ferner Ausst.-Kat. *A forest of SIGNS. Art in the crisis of representation,* The Museum of Contemporary Art, Los Angeles 1989.
51 Siehe dazu die diesen Themen gewidmeten Aufsätze im vorliegenden Band.
52 Vgl. zu diesem Begriff auch den medientheoretischen Aufsatz von Paul Virilio, »Das

öffentliche Bild«, in: Ders., *Die Sehmaschine*, Berlin 1989, 81–108, sowie dessen gleichnamigen Vortrag, der als kleine Schrift Bern 1987, ²1992 erschienen ist; ohne auf den Begriff näher einzugehen, entwirft Virilio im Gang durch die Kultur- und Mediengeschichte seit der Französischen Revolution einen Prospekt vielfältig anregender Fragestellungen zum Thema. – Unter dem Titel »Das öffentliche Bild« hat die österreichische Zeitschrift *Camera Austria* die Beiträge zu dem vom Grazer Forum Stadtpark veranstalteten Fotografie-Symposium XII 1992 in den Heften 40 u. 41 publiziert; zum Thema des Symposiums und zum titelgebenden Begriff heißt es im Editorial ganz allgemein, mit diesem werde darauf abgezielt, »die Rolle des Mediums Fotografie als grundsätzlich Öffentlichkeit herstellendes Bildmittel zu untersuchen«(H. 40, 2); im vorliegenden Zusammenhang sei insbesondere hingewiesen auf den Beitrag von Werner Fenz, »Von der dunklen Höhle zur hellen Kammer. Über die im öffentlichen Raum veröffentlichte Fotografie« (H. 41, 23–32).

53 Vgl. dazu den aufschlußreichen Aufsatz von Johann Heinrich Müller, »»Monumente durch Medien ersetzen…«, in: Ausst.-Kat. *Monumente durch Medien ersetzen…*, Kunst- und Museumsverein Wuppertal 1976, 11–19.

54 Vgl. dazu auch den bereits oben (Anm. 10) zitierten Aufsatz des Vfs.

55 Jacob Burckhardt, *Die Kultur der Renaissance in Italien*, hg. von Horst Günther, Frankfurt/M. 1989 (= Bibliothek der Geschichte und Politik 8), 397.

56 Vgl. dazu den Aufsatz von Gerd Althoff, »Demonstration und Inszenierung. Spielregeln der Kommunikation in mittelalterlicher Öffentlichkeit«, in: *Frühmittelalterliche Studien* 27, 1993, 37.

57 Vgl. dazu Guido Knopp, *Die großen Fotos des Jahrhunderts. Bilder, die Geschichte machten*, München 1994, 164–171; ferner zur Rezeption in der Presse auch Karsten Weber, *Führer und Geführte, Monarch und Untertan. Eine Studie zur politischen Ikonologie und ihre unterrichtliche Umsetzung*, Frankfurt/M. 1978, 10 ff.; zum Warschauer Mahnmal, seiner Geschichte und den wechselnden politischen Inszenierungen der Gedenkstätte vgl. James E. Young, *The Texture of Memory. Holocaust Memorials and Meaning*, New Haven u. London 1993, 155 ff., hier 180.

58 Niklas Frank in einem Brandt-Nachruf im Magazin *Stern* H. 43, 1992.

59 Vgl. zu diesem Projekt den Bildband von Christo & Jean Claude, *Verhüllter/Wrapped Reichstag, Berlin 1971–1995*, Köln 1995, sowie den von Ansgar Klein, Ingo Braun, Christiane Schröder u. Kai-Uwe Hellmann herausgegebenen Aufsatzband *Kunst, Symbolik und Politik. Die Reichstagsverhüllung als Denkanstoß*, Opladen 1995.

60 Der Streit um die Rechte am insbesondere auch fotografischen Bild der Installation, die das Künstlerehepaar für sich reklamieren, zeigt, daß auch ein »öffentliches« Bild (und zwar als künstlerisches Bild) urheberrechtlich geschützt ist.

61 Siehe dazu den oben (Anm. 53) zitierten Ausstellungskatalog.

Kunst im Kanzleramt
oder »Arbeitende Bauern auf burgundischen Teppichen«

1

Mitte Februar des Jahres 1990 sorgte in der Tagespresse ein Politiker-Gruppenfoto für Bildschlagzeilen: führende deutsch-deutsche Politiker, im Zentrum Hans Modrow und Helmut Kohl, haben zum Abschluß ihrer Verhandlungen über die geplante Währungsunion im Foyer des Bonner Kanzleramtes zum Fototermin Aufstellung genommen (Abb. 1). Den Zeitgenossen wie den Zeithistoriker wird vornehmlich die Phalanx der dunklen Gestalten in der ersten und zweiten Reihe, den Kunsthistoriker zugleich auch – oder möglicherweise vor allem – die im Hintergrund erkennbare Riege hemdsärmeliger Figuren interessieren – ein Reflex seiner Profession; zumindest wird ihm die Parallelanordnung der beiden Gruppen vor und in dem Bild ins Auge fallen, und er wird sich darüber hinaus vielleicht die Frage stellen, wie denn wohl Mittel- und Hintergrund des Fotos aufeinander bezogen sind oder gar zusammenstimmen. Denn zufällig ist dieser Stellplatz nicht gewählt; die weiträumige Eingangshalle böte genügend Möglichkeiten, dem Gemälde auszuweichen, bei dem es sich um Ernst Ludwig Kirchners monumentales Wandbild »Sonntag der Bergbauern« aus den Jahren 1921/23 handelt, das die stattlichen Maße von 1,70 zu 4 Metern besitzt und seine Protagonisten annähernd in Lebensgröße präsentiert (Abb. 2). So kann man also schließen, daß dieses Bild, von dem es in der Literatur heißt, es wirke »aus der Ferne

Abb. 1 Deutsch-deutscher Gipfel in Bonn, Februar 1990. Pressefoto

fast wie ein Teppich«[1], bewußt als Folie gewählt ist, wiewohl man es im wesentlichen nur dazu hernimmt, es gleich wieder weitgehend zu verstellen.

In Berlin (Ost) und dort in der Regierungszentrale des in jenen Tagen bereits ehemaligen »Arbeiter- und *Bauern*staates« hätte sich nur wenige Monate zuvor dieselbe Szene vor eben diesem Panorama über das Sujet der Bauern auch der Propagandafunktion nach an der Oberfläche noch leichterdings erschlossen, hier in Bonn bleibt dem Betrachter vorerst nur die hilflose und scherzhafte Assoziation, daß es möglicherweise die gemalten Schweizer Berge waren, die man unbedingt mit ins Foto gerückt wissen wollte, handelte es sich doch schließlich um ein sogenanntes *Gipfel*treffen, von dem fortan unter dem Bildzeichen dieses Fotos die Annalen künden werden.

Befragte man nun das für die Etikette auch derartiger Fototermine zuständige Bonner Protokoll nach dieser Kontextualisierung von Wandbild und Tagespolitik, von dargestelltem Bauernvolk und davorgestellten Volksvertretern, fragte man also nach solcher Indienstnahme der Kunst, so erhielte man wahrscheinlich die Antwort, ebendieser Platz sei, wieder einmal, als angemessen und passend erachtet worden, ja er sei geradezu vorgesehen für diese Zwecke, und der Umstand sei kein besonderer Umstand und bringe nichts Pro-

Abb. 2 Ernst Ludwig Kirchner, Sonntag der Bergbauern, 1921/23
(170 x 400 cm). Bonn, Bundeskanzleramt

grammatisches und also doch auch nichts irgendwie Problematisches zum Ausdruck; der Ende der siebziger Jahre für die künstlerische Ausstattung des Hauses verantwortliche Kanzler Schmidt habe mit seinem Konzept »Kunst im Kanzleramt« jedenfalls nichts anderes zeigen wollen als die große Wertschätzung der Kunst durch die Politik.[2]

Der erwähnte Kunsthistoriker, der daran interessiert ist, eben auch »Hintergründe« zu erhellen, zumal wenn sie derart prononciert besetzt sind, muß sich mit dieser Antwort und kaum auch mit der darin beiläufig mitgedachten, wenn auch vielleicht unbedachten Praxis – die der Kunst, zumal bei einem Programmbild wie in diesem Fall, nur mehr die Rolle des rahmenden und geziemenden Decorum beläßt – nicht unbedingt zufriedengeben. Jedenfalls kann er es nicht in diesem gleichsam öffentlichen Fall, der durch das Foto auf den Titelblättern der Tageszeitungen zur »Anzeige« gebracht worden ist – er müßte denn die vorliegende Literatur zum Thema, hier speziell Warburgs Aufsatz über »Arbeitende Bauern auf burgundischen Teppichen«[3] aus dem Jahr 1907, ganz einfach verleugnen.

Die für diese Einschätzung geschuldete Begründung soll im folgenden gegeben werden, um dann am Ende auf Kirchners *nicht*-arbeitende Bauern sowie auf die Delegation und ihre Gastgeber, die gerade dabei sind, gefällige Fotoposition zu beziehen, zurückzukommen.

2

Der zitierte Aufsatz ist unter den wenigen Schriften Warburgs eine der kürzesten, eine im Erstdruck der *Zeitschrift für bildende Kunst* kaum mehr als drei Textseiten umfassende Veröffentlichung – eines jener »zunächst winzig erscheinenden, paradigmatischen Werke«[4], auf das recht nachdrücklich zuerst Leopold Ettlinger in der erweiterten Fassung seines Kölner Vortrages über »Kunst und Geschichte«[5] von 1970 wieder hingewiesen hat und das ansonsten in der allgemeinen Fach- wie in der Warburg-Sekundärliteratur eine eher untergeordnete Rolle spielt. Und dies, obwohl sich der Aufsatz als ein frühes und recht seltenes Beispiel jenes Typs einer richtungweisenden kunsthistorischen Untersuchung empfiehlt, die, wie Erwin Panofsky es später formulieren und postulieren sollte, ein »eng begrenztes Thema« behandelt, dies aber mit »möglichst universeller Methode«, einer Methode, »die ein bestimmtes Einzelphänomen von möglichst vielen Seiten zu betrachten und seine ›Voraussetzungen‹ (nicht nur in zeitlichem Sinne) in möglichst großem Umfang aufzudecken versucht«.[6]

Warburgs Essay erfüllt diesen Anspruch gleichsam avant la lettre und prototypisch: Sein Gegenstand sind drei flandrische, aus einem Atelier in Tournai stammende Bildteppiche des 15. und beginnenden 16. Jahrhunderts, die nicht nur erstmals nach Werkstatt, Zeit und Auftraggeber gesichert werden, sondern über die Warburg vor allem im Hinblick auf die verschiedenen Funktionen, die ihnen als kunstgewerblichen Objekten zukamen, nachsinnt. Und zwar in bezug auf das besondere Sujet, in bezug auf das spezifische Medium, nämlich den Wandteppich, und schließlich hinsichtlich der spezifischen historischen Stellung und Rolle des Auftraggebers oder Bestellers, um daraus ein kunsthistorisch wie kulturgeschichtlich fundiertes Kabinettstück erwachsen zu lassen, das in seinen theoretischen Bezügen und Problematisierungen über den behandelten Untersuchungszeitraum weit hinausgeht.

Ins Zentrum des Aufsatzes hat Warburg die Behandlung eines Bildteppichs (Abb. 3) gerückt, der – wie die beiden anderen auch – Holzbauern bei ihrer Arbeit in einem Eichwald zeigt. Am oberen Rand bekrönt diesen Behang ein Wappen, das für Warburg den Ausgangspunkt seiner Recherchen bildete.

Auf diesen Wandteppich wurde Warburg Anfang des Jahres 1906 durch eine Abbildung in der der Eröffnung des Pariser Kunstge-

Abb. 3 Die Holzfäller. Wandteppich, Tournai um 1460 (320 x 510 cm). Paris, Musée des Arts Décoratifs

werbemuseums gewidmeten Dezembernummer der Zeitschrift *Les Arts* (Abb. 4) aufmerksam. Das Foto gewährt einen Blick in einen der Sammlungsräume der Mittelalterabteilung des Museums, wo neben gotischem Mobiliar – ein Stuhl, eine Bank, eine Bettstatt – dieser die ganze Breite der Rückwand bedeckende Bildteppich, die Möbel hinterfangend, zu sehen ist.

Dieser Behang des 15. Jahrhunderts mit der Darstellung eines profanen Sujets beanspruchte nicht nur unter ikonographischen Gesichtspunkten eine Sonderstellung. Ebenso verdiente in Warburgs Augen die Monumentalität der Ausführung, die den Holzfällern Lebensgröße einräumte, sowie die Tapisserie als künstlerisches Medium Beachtung, so daß er das Foto regelrecht inspizierte – ein Gang durchs Bildfeld, bei dem er das besagte Wappenschild zwar ausmachen, aber aufgrund der nur mäßigen Abbildungsqualität nicht eindeutig entziffern konnte. Möglicherweise waren dort drei vermutlich weiße Schlüssel markiert, die dann – und Warburg ließ sich seine Mutmaßung von einem Mittelsmann in Paris qua Autopsie bestätigen – auf das Wappen des burgundischen Kanzlers Nicolas Rolin verwiesen, kein Geringerer demnach als der Auftraggeber eines Jan van Eyck oder Rogier van der Weyden, ein Name, der bis dahin, so Warburg, nur »aus der höheren Region der kirchlichen Kunst bekannt war«.

Wie aber nun, so eine der Fragen Warburgs, vermittelt sich das eindringlich behandelte Genrethema der lebensgroß dargestellten Holzfäller bei ihrer Arbeit, der »Bilderkreis des gemeinen Mannes«, einer aristokratischen Hofgesellschaft? Wie läßt sich die soziologische Frage nach dem Geschmack der Epoche, der doch offensichtlich nicht nur *einer* Richtschnur folgte, sondern geradezu scheinbar Entgegengesetztes zu goutieren vermochte, beantworten? Wie geht eine Stadtgesellschaft in ihren Palästen mit Wandbehängen um, die ihr derart drastisch die Arbeit armer

Abb. 4 Tafelabb. aus *Les Arts*, 1905, 48, 3

Waldsassen, ganze Zimmer füllend, vor Augen führen? Was leistet in dieser Hinsicht der Stil der Teppiche?

Die Geschmacksfrage beantwortet Warburg zum einen mit dem Begriff der Kompatibilität des Sammlers, der als »Verträglichkeit zwischen kirchlichem und weltlichem Kunstinteresse« bestimmt wird; der Kunstsinn ist noch nicht derart verfeinert, daß er den Materialsinn, der sich vordringlich auf Qualitäten des Tausch- und Gebrauchswertes richtet, hinter sich zurückgelassen hätte: Der »Schatzbewahrer«, der in seinen Kammern häuft, ist erst noch auf dem Weg zum *Kunst*freund im eigentlichen, späteren Sinne; dies gilt für die aristokratische Gesellschaft beiderseits der Alpen. Was zum anderen das »Bilderdrama vom Leben des arbeitenden Bauern« anbelangt, so verleihen nach Warburg die Noblen dem Gemeinen ein Hofnarrenprivilegium: Als (unfreiwillige) Komiker einer fernen, weit abgerückten Alltagswelt erhalten die groben Holzbauern in effigie ihre Auftrittslizenz und sorgen für den »bon plaisir« der Palastbewohner. Die Sehnsucht einer hyperzivilisierten Gesellschaft, zurück ins Reich der Natur zu gelangen, wird auf diese Weise kompensatorisch befriedigt. Für die von Etikette und Konventionen, auch denen der Mode, eingeschnürte Hofgesellschaft fungiert das Gegen-Bild der arbeitenden Waldbauern psychologisch als »Temperamentsventil«. Im Dickicht der fernen, exotisch abgerückten Wälder führen die ungeschlachten, ungehemmten Bewegungen der Holzfäller bei ihrer Schwerarbeit ein dem höfisch-patrizischen Körperbewußtsein entschieden kontrastiertes, alternatives Leben vor. Aus dieser Distanz und Dichotomie erwächst die Komik. Der »Verismus« des Stils, der sich laut Warburg aus der »derb zupackenden Beobachtungskraft des flandrischen Wirklichkeitssinnes« herleitet, trägt dazu bei, die Waldszenen mit Leibeigenen aus der Perspektive des Hofes ins Groteske gesteigert erscheinen zu lassen. Dem »idealistischen Stil des bewegten Lebens«, der in Italien durch Rückgriff auf den Formenvorrat der Antike geprägt wird, korrespondiert in der Kunst nördlich der Alpen ein Genrerealismus, der auf diesen monumentalen Tableaus ausgezeichnet ist durch die Fähigkeit, den »packenden Ausdruck momentaner Tätigkeit« zu schildern.

Der Zufall, der Warburg in der Zeitschrift »Les Arts« auf die drei flandrischen Bildteppiche stoßen ließ, hatte zweifellos Methode und resultierte vorrangig aus der intensiven Aufmerksamkeit, die Warburg in seinen Forschungen dem Epochenphänomen der Herausbildung weltlicher Kunst gewidmet hatte. Am Einzelfall der Teppiche konnte Warburg Themen und Fragestellungen abhandeln, die dem allgemeinen Problemhorizont seiner Untersuchungen in diesen Jahren zugehörten und die er in dem »großen Buch«, das er gelegentlich in Anführungszeichen als sein »Lebenswerk« ansprach,[7] zusammenfassend behandeln wollte.

Die Holzfäller-Darstellungen der Pariser Wandbehänge, die Warburg als »gewebte [resp. gewirkte] Feierkleider für die häusliche Wand« definierte, kamen gewissermaßen wie gerufen in sein Blickfeld. Ihre auffällige Sonderstellung nach Format, Vorwurf und Stil ließ sie in seinen Augen geradezu beispielhaft als selten eindringliche Belege der Wandlung der künstlerischen Wirklichkeitsanschauung und des zugrundeliegenden Lebensgefühls der Zeit erscheinen.

Warburgs kleiner Aufsatz läßt sich über dieses knappe Referat hinaus in verschiedene Richtungen weiterlesen. Insbesondere, wenn man das reichhaltige, im Archiv des Londoner Warburg Institute verwahrte Nachlaßmaterial heranzieht. An dieser Stelle können die verschiedenen Lektürerichtungen nur angedeutet werden.

Die eine Richtung wäre der Blick zurück auf die Entstehungsgeschichte des Textes, auf seine werk- und wissenschaftsgeschichtlich aufschlußreiche Genese. Tagebücher, Briefe und sorgfältig abgelegte Notizen Warburgs gewähren Einblick in die Gedanken- und Schreibwerkstatt und stellen die Produktionsstätte mitsamt ihren Hilfsmitteln vor. So erläutert Warburg z. B. dem Leipziger Verleger E. A. Seemann ausführlich sein Vorhaben, die drei flandrischen Teppiche erstmals wissenschaftlich zu publizieren, und informiert ihn später fortlaufend über den Stand der Dinge, also über die angestellten Recherchen und Überlegungen, deren Resultate schließlich aus Platzgründen in dem vorgelegten Aufsatz nicht vollständig Eingang finden. Zahlreiche Schreiben an Kollegen, Historiker in Archiven und Museen und ebenso zahlreiche Notizen dokumentieren Warburgs aufwendige, weit ausgreifende Suche nach Daten und Zusammenhängen.[8]

Wie einerseits der Produktionsakt durch den Nachlaß bestens dokumentiert ist, so ist es in gleicher Weise auch der sich anschließende Vorgang der Distribution, Warburgs Versuch also, den Aufsatz in Gestalt von Sonderdrucken gezielt in die richtigen Leserhände gelangen zu lassen. Adressatenlisten werden zusammengestellt und auch die Rückmeldungen eingesammelt und Buch darüber geführt, so daß sich auch die »Aufnahme« des Textes, der im übrigen nur in einer französischen Zeitschrift besprochen worden ist,[9] einschätzen läßt.

Zufriedengestellt haben Warburg die eingeholten Stellungnahmen der Kollegen allerdings nicht. Im Tagebuch heißt es enttäuscht und folglich lapidar: »›Arbeitende Bauern auf burgundischen Teppichen‹ publiziert. Erfolg in Briefen nur sehr spärlich; ›interessant‹, damit abgefertigt.«[10]

Darüber hinaus läßt sich in den Briefen wie in den Tagebüchern auch ein wesentlicher Impuls für das besondere Interesse Warburgs am Sujet der »Arbeitenden Bauern« ausmachen. In den Januartagen des Jahres 1906, in denen Warburg sein Teppich-Thema wie zufällig findet und er sich zu dessen Bearbeitung entschließt, kam es in Hamburg über die Auseinandersetzungen um die Wahlrechtsreform am 17. des Monats zum ersten politischen Generalstreik in Deutschland. Aus Protest gegen die vorgesehene und schließlich auch vollzogene Wahlrechtsänderung, die das Klassenwahlrecht in der Hansestadt wieder einführen sollte, um das Vordringen der Arbeitervertreter in die Bürgerschaft zu stoppen, gingen an diesem Tag 100000 Menschen auf die Straße. Auf Flugblättern und Plakaten wurde die »Geldsackherrschaft« der Oberschicht und Notabeln angeprangert, und man pochte mit dem Ruf »Das Volk ist auch noch da!« auf die eigenen Rechte. Warburg war über diese politische Diskussion und die Vorgänge im einzelnen nicht nur als interessierter Zeitgenosse, sondern darüber hinaus auch dadurch bestens informiert, daß er sich mit seinem Bruder Max, der als Vertreter der liberalen Rechten der Hamburger Bürgerschaft angehörte, intensiv über die anstehenden Probleme austauschte, diesen beriet und seine Reden redigierte, wobei er den widerstreitenden Parteien »gemeinschaftliche Vernunft«[11] angeraten sein ließ.

Die Protagonisten der Teppiche, die für Warburg zur kunsthistorischen Untersuchung anstanden, probten nicht nur, sondern vollzogen, so konnte es scheinen, in den »krawallschlagenden« Arbeitern als ihren späten Nachfahren auf dem Hamburger Rathausmarkt den Aufstand (Abb. 5).
Wenige Jahre später unterstützte Warburg zusammen mit einem Kreis von Freunden die Finanzierung eines repräsentativen Gemäldes für das Hamburger Gewerkschaftshaus, und zwar Wilhelmine Niels' 1911 fertiggestelltes Großformat »Heimkehrende Werftarbeiter«: Arbeiter, die inzwischen wieder friedlich ihrer (Privat-)Wege gehen.[12]

Dies ein geraffter Abriß der rückwärtsgerichteten, den Entstehungszusammenhängen des Aufsatzes über die »Arbeitenden Bauern« zugewandten Perspektive. Eine andere, gleichsam auf die Fortschreibung der ikonographischen Tradition gerichtete Lektüre ergibt sich aus einer Marginalie im  Handexemplar des Aufsatzes sowie vor allem anschaulich über einen Karteizettel, der in Form einer Umrißskizze Goyas Teppichkarton »Los Leñadores« von 1780 zitiert (Abb. 6 u. 7). Diesem Hinweis Warburgs, den er selbst nicht näher kommentiert, aber in seinen Notizkästen unter dem Schlagwort »Bild-Teppich« aufbewahrt hat, soll hier nachgegangen werden.

Goyas Holzfäller-Entwurf aus einer Serie von Teppichvorlagen für die Madrider Manufaktur, sämtlich für den Hof bestimmt, darunter die »Holzfäller« für das Vorzimmer der Prinzen von Asturien im Prado-Palast, wählt zum ersten Mal wieder – drei Jahrhunderte liegen zwischen den Bûcherons-Teppichen und Goyas Gemälde – das Holzfäller-Sujet als »ausschließlichen Gegenstand« einer Tapisserie.

Der Karton präsentiert drei Arbeiter in der Krone eines weitgehend kahlen Baumes, dessen Stamm vom unteren Bildrand abge-

Abb. 5 Karikatur zur Straßendemonstration
am 17. Januar 1906. Postkarte, Hamburg 1906

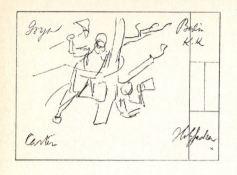

schnitten ist. Die kräftigen jungen Männer nutzen das Geäst wie Akrobaten ihr Gerüst, auf dem sie offenbar ohne Schwierigkeiten sicher mit Axt und Handbeil hantieren. Allerdings haben zwei von ihnen ihre Arbeit unterbrochen: Sie blicken aus dem Bild und halten ihre Arbeitsgeräte, Attributen gleich, in die Höhe, als wollten sie wie Matrosen im Mastbaum Signal geben; sie scheinen geradezu aus dem Bild herauszuwinken. Der Arbeitsauftrag, den sie auszuführen haben, ist nicht deutlich erkennbar. Der stehende Baumfäller hat wohl eben zuvor dem Ast links einen Hieb versetzt, so daß dieser bereits nach unten weggeknickt ist – der nächste Schlag wird ihn vom Baum, der von Schrunden und Astlöchern gezeichnet ist, lösen. Unten rechts am Querarm ist die Baumrinde aufgeschlagen worden, um sie später vielleicht als Gerberlohe zu nutzen. Die Tätigkeit der Rückenfigur bleibt dem Betrachter verborgen. Dem Baum jedenfalls, der sich ins Bildfeld verzweigt und das Dreieckschema des Figurenaufbaus durchkreuzt, ist arg zugesetzt worden – seine wenigen frischen Triebe nehmen sich verloren aus vor den schneebedeckten Bergen im Hintergrund. Die Baumarbeiter scheinen guter Dinge zu sein, keine Knechtsgestalten, sondern selbstbewußte, ›aufrechte‹ Männer, die keine Mühsal plagt. Sie haben das Walddickicht der flandrischen Holzbauern längst hinter sich gelassen. Im übrigen ist aus der Arbeitskolonne der acht Waldarbeiter auf dem Bûcherons-Teppich ein Trio geworden, dem zugleich anstelle des epischen Breitformates das dramatischere Hochformat eingeräumt ist.

Abb. 6 Notizzettel Warburgs mit Umrißskizze
des Teppichkartons »Los Leñadores« von Goya
Abb. 7 Francisco de Goya, Los Leñadores
(Die Holzfäller), 1780 (141 x 114 cm). Madrid, Museo del Prado

Im Porträt dieser Baumakrobaten hat Goya eine Art Holzfäller-Ikone am Ende des 18. Jahrhunderts geschaffen; noch einmal kehren die Baumarbeiter programmatisch als Protagonisten auf einen höfisch repräsentativen Wandbehang zurück, bevor die Tapisseriekunst zusammen mit dem Ancien régime zu Ende geht.

In Ansehung der sogenannten sozialen Teppichkartons Goyas, zu denen auch der angeführte zählt, hat man in der Literatur, ähnlich wie Warburg bereits zu den burgundischen Tapisserien, die Frage nach der eigentümlichen Spannung zwischen Genresujet und höfischem Bestellerkreis gestellt: »Wie konnte Goya auf die Idee kommen, den Hof in seinen Palästen mit solchen und anderen Szenen aus der Welt der Arbeit und der Armen zu behelligen?«[13] Der »bon plaisir«, den Warburg für die Noblen Burgunds vorgeschlagen hat, was sich hier vielleicht mit »jokoser Unterhaltung«[14] übersetzen läßt, wäre auch in diesem Fall eine mögliche Antwort.

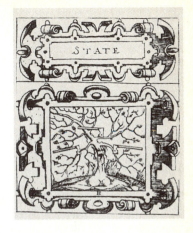

Was die Wahl des Sujets angeht, wird Goya nicht ganz nach Belieben oder Gutdünken verfahren sein: Nicht ausgeschlossen, daß die Teppich-Vorwürfe auch von seiten des Hofes angeregt wurden, der von Goya »plebeyismo«-Gestalten erwarten konnte. Was seine »Holzfäller« betrifft, so sind diese allerdings geradezu aufreizend aktiv und gleichsam bewaffnet, so als könnte von ihnen auch eine Bedrohung ausgehen. Von ihrer Baumhöhe blicken sie auf den Betrachter herab und lächeln, recht freundlich, aber auch geheimnisvoll.

Zur Erklärung mag ein Emblem aus den »Empresas morales« des Juan de Boria, die dieser Philipp II. gewidmet hat, herangezogen werden (Abb. 8). Unter dem Motto »State« (»man stehe, sei standhaft«) zeigt die Pictura einen karg belaubten Baum, an dessen Äste drei Äxte gelegt sind, wie von Geisterhand geführt. Die Subscriptio erläutert das Sinnbild wie folgt: »Man hält davor, daß diese auf festen Fuße

Abb. 8 Emblem aus J. de Boria, *Empresas morales*, Brüssel 1680

stehen/die nach der Tugend leben/und dahin alle ihr Thun richten/die aber einen andern Weg gehen/die fallen/wie man sagt/aus eigner Schuld. Und dieses wird durch das Sinnbild eines Baumes/dem die Aexte an Aest und Wurtzeln geleget/gewiesen (...).«[15] Als Mahnung zu beständiger Tugendhaftigkeit erteilt das Emblem eine moralische Lektion; daß diese als Adelskritik auch politisch gewendet werden konnte, zeigt der weitere historische Verlauf des Revolutions-Jahrzehnts.

Die entscheidende Mahnzeile des Emblems: »y de los hazen lo contrario se dice dellos que se dexan caer« (»die aber einen andern Weg gehen/die fallen«) erinnert vielleicht nicht zufällig an einen der

Capricho-Titel (»Todos Caerán«, »Alle werden fallen«, Capricho 19), der eines der Leitmotive Goyas formuliert. Seine Warntafel drängt darauf, der Betrachter, demnach der Hof, möge sich vorsehen. Das Genresujet führt die politische Kritik beiläufig mit sich; sie läßt sich, wenn nötig, als bloßer Tugendappell lesen und auf diese Weise verbergen.[16]

Warburgs Hinweis auf Goya zeigt sein Interesse an der Bildtradition, insbesondere an jener im Medium des Wandteppichs. Mit Goyas Karton ließe sich auch das ikonographische Kapitel der Baumarbeit auf Bildteppichen, das wohl zuerst auf dem Bayeux-Teppich überliefert ist und das der Rolin-Teppich auf eine später nicht wieder erreichte Realismus-Höhe geführt hat, schließen, bliebe da nicht ein anachronistisches und verzerrtes Nachbild der burgundischen Teppiche aus dem Jahr 1942 anzufügen: Der Wandbehang »Gewinnung der Zellwolle« der Münchener Gobelinmanufaktur, entworfen von Tony Hallbauer, vermutlich aus einem Zyklus, kommt als künstlerisch wie ideologisch depraviertes Zitat des Rolin-Teppichs daher (Abb. 9). Der Behang in stattlichen Ausmaßen, gefertigt als Auftrag für das I. G.

Abb. 9 Gewinnung der Zellwolle. Wandteppich der Münchener Manufaktur (Entwurf Tony Hallbauer), 1942 (355 x 510 cm). Ehemals Wolfen, I. G. Farben

Farben-Gebäude in Wolfen,[17] gibt einen Blick auf den bereits stark gelichteten Baumbestand eines Waldgrundes, auf dem sich das Personal wie auf der Schautafel eines Bildwörterbuches versammelt hat. Die Reminiszenz an die spätmittelalterliche Vorlage bleibt auch bei dieser ungewollten Travestie spürbar: Kräftige Männer sind im Vorder- und Mittelgrund halbkreisförmig um einen Baum im Zentrum gruppiert, teils arbeiten sie, teils scheinen sie gerade abzutreten. Keiner der Waldarbeiter legt übrigens Hand an einen Baum, alle sind mit bereits geschlagenem Holz beschäftigt. Zwei Frauen, die ein Kind mit sich führen, eigenartige Sendelbinden auf dem Kopf, kommen von rechts, wohl zur Zeit der Mittagspause oder des Feierabends – eine Demonstrationstafel, die Produktionszusammenhänge erläutern soll und sich dazu einiger Staffagefiguren bedient, die wie angewurzelt in der Waldwüste stehen. Die zwangsverpflichteten Arbeitskolonnen der nationalsozialistischen Kriegs-Wirtschaft kommen selbstverständlich nicht ins Auftragsbild eines Unternehmens, das längst von Rüstungsinteressen gelenkt wurde.

3

Am Ende zurück in die Gegenwart und ins Bonner Kanzleramt, zu Kirchners Wandbild im sog. flächigen »Teppich-Stil« der frühen zwanziger Jahre und hin zu den dargestellten Bauern der Stafelalp, die sich paarweise vor der majestätischen Naturkulisse der Bergwelt ›frei empfinden‹: ein Sonntagsbild, die Arbeit ruht. Mit gutem demokratischen Recht haben die Bauern inzwischen die Wände des tristen Glashausfoyers des Bonner Regierungssitzes besetzt; sie repräsentieren vor Ort einen Teil der Bevölkerung »da draußen im Lande«.

Möglich, daß der sozialdemokratische Kanzler Schmidt, als er sich für gerade dieses Gemälde an eben dieser Stelle entschied – als bloßer »Kunstfreund« selbstverständlich, nicht als Auftraggeber wie vormals der Kanzler Rolin, als dieser seine kraß realistische Teppichfolge der arbeitenden Bauern für seinen Regierungs- oder Landsitz orderte –, von dieser Vorstellung durchdrungen war.

Bei Kirchner ist die Arbeit der Waldsassen im Feiertagsbild gleichsam im touristischen Blickfang stillgestellt. Es empfiehlt sich dem kunstsammelnden und kunstausstellenden demokratischen Staatsmann ohne Irritationsmoment als »Feierkleid« für die öffentliche Regierungswand, um dort Einvernehmen zu demonstrieren. Daher können die Bergbauern auch jederzeit mit ins Bild des offiziellen Fotos kommen, und man kann ihnen ›getrost‹ den Rücken zukehren. Der gemeinsame Auftritt demonstriert Volksverbundenheit und Kunstverstand zugleich. Im Stadtpalast der Republik hat die Kunst politisch dienende, ästhetische Ausstattungsfunktion übernommen; sie betont vornehmlich den schönen gesellschaftspolitischen Schein und verleiht sogar eine Art Nimbus. Der soziale Wirklichkeitsgehalt des Kirchner-Gemäldes bleibt schließlich weit hinter dem eines burgundischen Teppichs zurück, den Betty Kurth Ende der zwanziger Jahre im Anschluß an Warburg erstmals publiziert hat,[18] ein Wandbehang, der den Protest der Bauern zeigt, die sich vor dem draußen vor dem Tor seines Palastes sitzenden Landedelmann postiert haben (Abb. 10).

Der Kunstverstand in der Bonner Kanzleramts-Wirklichkeit hat mit Kirchners Gemälde möglicherweise einen geeigneten Ausweg vor dem in der Geschichte der Kunst aufgehobenen Realitätssinn gefunden. Dies jedenfalls könnte der Kontext nahelegen.

»Draußen im Lande« haben übrigens wenige Wochen nach besagtem Fototermin die Holzbauern wieder angestrengt ihre Arbeit aufgenommen: die stürmischen Unwetter, die über das Land fegten, haben ihnen zusätzliche Mühen verschafft, und nur wenige Monate später melden die DDR-Bauern erstmals lautstark und handgreiflich Protest gegen die Landwirtschaftspolitik ihrer Regierung an.

Abb. 10 Bauernprotest. Wandteppich, Tournai um 1480 (370 x 396 cm). Ehemals Sammlung Figdor, Wien

Anmerkungen

1 Doris Schmidt, »Ein Gang durchs Kanzleramt und seinen Park«, in: *Kunst im Kanzleramt. Helmut Schmidt und die Künste*, München 1982, 71.
2 Vgl. dazu die in Anm. 1 zitierte Publikation.
3 *Zeitschrift für bildende Kunst*, N. F. 18, 1907, 21–47; vorab erschienen als Sonderdruck; als Reprint in Aby M. Warburg, *Ausgewählte Schriften und Würdigungen*, hg. von Dieter Wuttke in Verbindung mit Carl Georg Heise, Baden-Baden ²1980, 165–171; die von den Herausgebern durchgesehene und um Zusätze vermehrte Fassung in A. Warburg, *Gesammelte Schriften*, hg. von der Bibliothek Warburg, Leipzig/Berlin 1932, Bd. I, 221–230 sowie 383 (Anhang).
4 Heinrich Dilly, *Kunstgeschichte als Institution. Studien zur Geschichte einer Disziplin*, Frankfurt/M. 1979, 25.
5 In: *Jahrbuch der Hamburger Kunstsammlungen* 16, 1971, 7–19; erweitert in: Warburg, *Ausgewählte Schriften* (Anm. 3), 499–513.
6 Erwin Panofsky, »Probleme der Kunstgeschichte« [1927], in: *IDEA* VII, 1988, 12.
7 Warburg plante damals eine umfangreiche Untersuchung, die er unter dem Arbeitstitel »Die Stilwandlung in der weltlichen Malerei in der Florentiner Frührenaissance« in seinen Briefen der Jahre 1905–1907 verschiedentlich mit diesem Prädikat anführt.
8 Dazu ausführlich das hier in der Vorbemerkung zitierte Buch d. Vfs.
9 Raymond Koechlin, »Les Tapisseries des Bucherons au Musée des Arts décoratifs«, in: *Musées et Monuments de France*, II, 1907, Nr. 1, 1 f.
10 Tagebucheintragung vom 24. November 1906; The Warburg Institute, London.
11 In einem Schreiben vom Januar 1906 an den Bruder Max, *Briefkopierbuch*, Bd. I, Bl. 169; The Warburg Institute, London.
12 Siehe dazu Hildamarie Schwindrazheim, »Wilhelmine Niels [1866–1943] – Eine Hamburg-Münchner Malerin«, in: *Zeitschrift für Hamburgische Geschichte* 65, 1979, 161–188, hier 165f.; der Auftrag für das erwähnte Gemälde erging bereits im Jahr 1908.
13 So Werner Hofmann im Ausst.-Kat. *Goya – das Zeitalter der Revolutionen 1789–1830*, Hamburger Kunsthalle 1980, 314.
14 Von Martin Warnke in seinem Aufsatz »Goyas Gesten«, in: Werner Hofmann, Edith Helman, Martin Warnke, *Goya – »Alle werden fallen«*, Frankfurt/M. 1981, 125 geprägte Wendung.
15 Juan de Boria, *Moralische Sinn-Bilder*, Berlin 1698 (= dt. Ausg. d. span. Originals von 1581 bzw. 1680), zit. nach Arthur Henkel/Albrecht Schöne, *Emblemata. Handbuch zur Sinnbildkunst des XVI. und XVII. Jahrhunderts*, Stuttgart 1967, Sp. 185.
16 Vgl. die von der hier vorgeschlagenen Interpretation abweichende Lesart von Janis A. Tomlinson, *Francisco Goya. The Tapestry Cartoons and Early Career at the Court of Madrid*, Cambridge 1989, 116 ff.
17 Angaben nach Herbert Straube, *Alte und neue Gobelins. Sechzig Bilder*, Königsberg 1944 (= Kanter-Bücher 60), Legende zu Abb. 58.
18 Betty Kurth, »Ein frankoflämischer Bauernteppich der Sammlung Figdor«, in: *Belvedere* IX/1, 1930, 45–47.

Ewig und drei Tage
Erkundungen des ephemeren Denkmals

> Der Palast der Fama ist deshalb [bei Chaucer, The House of Fame, 1383] auch nicht etwa auf Granit, sondern auf einem mächtigen Eisblock erbaut.
>
> Aleida Assmann, *Zur Metaphorik der Erinnerung*, 1991

1

Das Ephemere, so eine jüngere Definition, die über Benjamin und Aragon auf Baudelaire zurückführt, »ist räumlich das zerstreute Zufällige, zeitlich das kurzlebig Vergängliche, kausal das absurd Zwecklose, ästhetisch das frivol Banale, das auf Verführung aus ist. Ihm entspricht ein Kontingenzbewußtsein, das in aufmerksamer Zerstreuung auf nichts Dauerndes, sondern auf Zufall, Zerfall, Schock, Plötzlichkeit, Äußerlichkeit, alogische Häufung und serielle Wiederholung ausgerichtet ist.«[1] Seit Baudelaire gilt das Transitorische, das notorisch Flüchtige als ein Kennzeichen der ästhetischen Moderne: »Die Modernität ist das Vorübergehende, das Entschwindende, das Zufällige, ist die Hälfte der Kunst, deren andere Hälfte das Ewige und Unabänderliche ist.«[2] Gemäß dieser Bestimmung ist das authentische Werk »radikal dem Augenblick des Entstehens verhaftet; gerade weil es sich in Aktualität verzehrt, kann es den gleichmäßigen Fluß der Trivialitäten anhalten, die Normalität durchbrechen und das unsterbliche Verlangen nach Schönheit für den Augenblick einer flüchtigen Verbindung des Ewigen mit dem Aktuellen befriedigen«.[3]

Im Bereich der Künste hat das Ephemere, haben seine Manifestationen seit jeher einen angestammten Platz, wenn dieser auch traditionell eher als bescheiden denn prominent eingestuft wird. Denn da das Ephemere dem Augenblick huldigt und ihm also eine Perspektive über den Tag hinaus, für den es gemacht ist, fehlt und es überdies meist als Spektakel daherkommt, wird es weithin als ein Saison- und Modeartikel erachtet, der Zeit nicht nur verhaftet, sondern geradezu verfallen. Durch seine spezifische Zeitgebundenheit widerspricht das Ephemere einer gängigen Auffassung vom Kunstwerk, und zwar jener, die es ausschließlich auf Dauer und Überlieferung, auf Überzeitlichkeit und Zukunft gestellt sieht, sosehr es auch selbst jeweils nur im Augenblick erlebt wird und zu Geltung und Wirkung kommt.[4] Eine Konjunktion von Aktuellem und Ewigem, von Flüchtigkeit und Dauer scheint demnach ausgeschlossen, die Dichotomie unaufhebbar. So bleibt dem Ephemeren – trotz Baudelaire – der Hautgout des Beiläufigen.

Allemal steht das Ephemere der gravitätischen Prätention eines Denkmals als dem Repräsentanten des Dauerhaften katexochen gegenüber. Das Flüchtige ist kein Stoff und kein Aggregatzustand, der für veritable Denkmäler tauglich wäre. Neben dem Horazischen »monumentum aere perennius«, das gleichsam den Superlativ eines Denkmals abgibt, sowie als Komparativ einem Werk aus klassischem, festgefügtem Material – sei es Bronze oder Stein – nimmt sich das ephemere Denkmal in diesem Sinn einer Steigerung sub specie aeternitatis allenfalls positiv aus – ein Prädikat, das jedoch nicht hinreicht, seine Aufnahme in den Kanon der Gattung zu begründen. So liegt denn auch in den Wörterbüchern und Reallexika der Kunst zwischen den Stichwörtern »Eosander« und »Ephesos« kein Eintrag dazu vor. Das vielfältige Phänomen des Ephemeren in der Kunst hat zahlreiche Namen, aber es fehlt offenbar ein sachlicher Begriff, ein Terminus technicus, der es gestattete, es unter einem Eigennamen zu verzeichnen. Jacob Burckhardt, der als Historiker zu eben der Zeit, als Baudelaire das Ephemere als Kategorie in seine Kunsttheorie aufnimmt, den Formen des historisch Ephemeren nachgeht, wußte sich in seinen Notizen zur »Kunst der Renaissance« mit der schönen Wendung »Dekorationen des Augenblicks« als Sammelbegriff aufs beste zu helfen. Unter dieser Überschrift faßte er alle Aspekte und das »reiche Formenspiel«[5] des Festwesens der Epoche zusammen: Triumphbögen, Schaufassaden, Theaterbauten und -inszenierungen, Festskulpturen, Feuerwerk, Tischaufsätze und Denkmäler, all das, was zu erstellen die *festaiuoli*, darunter die namhaftesten Künstler, in kurzer Frist und für kurze Zeit beauftragt waren.

Möglich aber auch, daß der Gegenstand im üblichen, fachwissenschaftlichen Sinn nicht zu klassifizieren ist, näher- und vorausliegend aber die Erklärung, daß er, als Apropos und Seitenthema erachtet, abgetan wird: Wer wird sich schon mit Schneedenkmälern befassen? Die scheinbar entwaffnend-bohrende Frage »But is it art?«, die der *Peanuts*-Protagonistin Lucy einem Schneemann (mit Beuys-Hut) gegenüber in den Sinn kommt (Abb. 1), könnte ein

Spiegel dieser Haltung auf der Ebene des Comic strip sein. Daß von Michelangelo bis hin zu Fischli/Weiss der »Schneemann« ein durchaus ernsthaftes Arbeitsfeld der Bildhauer war und ist, kann dann außer acht bleiben.[6]

Und dies obwohl dem Ephemeren bedeutende Forschungen – neben denen Burckhardts als grundlegend zu erwähnen jene von Julius von Schlosser oder Aby Warburg – gewidmet worden sind. Daß diese Arbeiten durchaus Anerkennung gefunden haben und finden, zeigt etwa eine jüngere von Warburgs Studien zu den florentinischen Wachsvotiv- und Stifterporträts[7], die aber immer noch aus einer gewissen Reserve oder Defensive heraus argumentieren muß: »Warburg verriet überhaupt ein feines Gespür für alle jene Bereiche – und es waren besonders weite Gefilde der Renaissancekultur –, die man unter dem Begriff der ›ephemeren Kunst‹ zusammenfassen kann. Daß große Teile der Bevölkerung damals mit Kunst außerhalb der Kultsphäre im Bereich der Ephemera, des Theaters und der Festumzüge, in Berührung kamen, erhöhte zweifellos ihren symptomatischen Wert; denn in ihr blieb gerade am Leben, was die verfeinerte, wählerische Praxis der hohen Kunst unterband oder verschwieg. Wie

Abb. 1 Charles M. Schulz, *Peanuts*, 1991

immer Warburgs Einschätzung solcher Phänomene von der neueren Forschung beurteilt, ergänzt oder korrigiert werden mag: eines bleibt klar: Es war Warburgs Verdienst, überhaupt in diese Bereiche eingedrungen zu sein. Er verfuhr dabei weder in herablassender Weise noch aus einer Marotte des Spezialisten, der in selbstauferlegter Beschränkung sich nur für Backwerk oder Zinnsoldaten interessiert, sondern er vertiefte sich mit Sorgfalt und Hellhörigkeit in eben jene Randbezirke, wo viel ältere kulturelle Praxis am Leben geblieben war.«[8] Jedoch haben diese Studien, von einzelnen Aufsätzen abgesehen, keine rechte Tradition begründet, dem Ephemeren in der Kunst, ephemeren Denkmälern zumal, historisch auf die Spur zu kommen. Hingegen wächst die Literatur zum klassischen Denkmal ständig an.

Im Kapitel über die Fassadenmalerei der Renaissance hat Burckhardt eine aufschlußreiche Vermutung über die zeitgenössische Einstellung zum absehbar Ephemeren dieses Kunstzweiges angestellt: »Selbst der geringsten Mauer vermochte man jetzt einen hohen Wert zu geben. Dazu die Sinnesweise der Besteller, welche die bunte Fassade so wenig scheuten als die bunte Kleidung; beim Gedanken an die Vergänglichkeit verließ sich jene kräftige Kunstzeit ohne Zweifel darauf, daß die Nachkommen ebenso Treffliches würden hinmalen lassen, und urteilte, daß man genießen müsse, was der Genius der Zeit biete.«[9] So denn Burckhardts Einschätzung des Renaissancebewußtseins richtig ist, haben sich nachfolgende Epochen im Vergleich nur mehr selten diese Auffassung von der Zeitlichkeit der Kunst zu eigen gemacht, hat sich vor allem auch die Kunst- und Kulturgeschichte wenig um dieses andere Selbst- und Kunstverständnis bemüht. Eine Ausnahme scheint allerdings insbesondere der Bereich einer im weitesten Sinn politischen Kunst, einer politisch in Funktion tretenden Kunst immer gebildet zu haben: Dort, wo man auf Inszenierung des Ruhms, auf gezielte Wirkung und Gegenwärtigkeit setzt, kommt das Ephemere bevorzugt ins Spiel und in Betracht der macht- und regieführenden Parteien. Denn das Ephemere, so Walter Benjamin, ist der »gerechte Preis« für die »wahre Aktualität«.[10]

Im Sommer des Jahres 1990 sahen die Pariser und die Touristen aus aller Welt die Place de la Concorde unter wesentlich veränderten Denkmals-Vorzeichen. Das angestammte Signum der Platzanlage, der 1833 errichtete Obelisk von Luxor, war gleichsam über Nacht verschwunden. An seiner Stelle ragte nun, einem Triumphbogen in der äußeren Form ähnlich, ein ins Monumentale gesteigerter Rundfunkempfänger 35 Meter hoch auf – ein monolithischer Quader, vermutlich aus bemaltem Pappmaché,[11] unter dessen Hülle der Obelisk unsichtbar war wie die stabilisierende Armierung einer Statue (Abb. 2).

Für einige Wochen zelebrierte die französische Nation mit diesem neuen Denkmal, dessen Bild durch die Agenturen als ein *fait divers* rasch verbreitet wurde, das Gedächtnis des 50. Jahrestages der ersten Widerstandsrede von General Charles de Gaulle, die dieser im Juni 1940 aus dem Londoner Exil über die BBC in das von den Deutschen besetzte Frankreich hatte verbreiten lassen. Zur Erinnerung an diesen eminent politischen Sprechakt mit seiner Botschaft eines ›Freien Frankreich‹ präsentierte man den Nachgeborenen ein halbes Jahrhundert später den architekturtheatralisch inszenierten technischen Kommunikationsträger selbst als Botschaft. Das Rundfunkgerät mit seinem stummen Lautsprecher in gigantischer Reproduktion als zeitgemäße Dingallegorie nahm die Stelle des ikonographisch hergebrachten Instrumentes in den Händen der Muse der Geschichte (oder auch des Ruhms) ein, die der Posaune.

Die Idee der Monumentalisierung eines Rundfunkapparates ist ungefähr ebenso alt wie der Anlaß, der in Frankreich zu feiern war. Die Nationalsozialisten ließen sie um 1936 von einem Zeichner ins Plakat

Abb. 2 Ephemere Radio-Architektur auf der Place de la Concorde, Sommer 1990

umsetzen und warben mit dem Bild des »Volksempfängers« für das von ihnen gleichgeschaltete Medium (Abb. 3). So wird der politische Antagonismus der Zeit anschaulich auch als ein Kampf der Reden, als ein Propagandakampf konkurrierender politischer Systeme, vergegenständlicht in den äußerlich nur gering variierten, aber in den Abweichungen signifikanten Gehäuse-Fassungen eines deutschen Rundfunkgerätes hier und eines französischen Apparates dort.

In beiden Fällen wird das Empfangsgerät ins Monumentale erhoben und beinahe mythisch zum Denkmal, auf das hin die Massen gelenkt werden, stilisiert; das eine Mal *in* der Zeit und prospektiv auf tausend Jahre hin veranschlagt, das andere Mal *postum* und zum Gedenken, als ein Erinnerungsmal für die kurze Zeit eines französischen Sommers. Zwei Beispiele der Bildpropaganda im 20. Jahrhundert, und zwar jener, die sich als adäquates Ausdrucksmittel die wirksame Form des ephemeren Denkmals wählt, wobei das Plakat als Medium auch unter die Ephemera eingereiht sei.

Die Tradition solcher Festaufbauten, wie sie in neuzeitlicher Fassung in der Triumpharchitektur des Radioapparates auf der Place de la Concorde begegnet, reicht weit zurück. An Ort und Stelle hatte man bereits im 18. Jahrhundert einen ähnlichen, wenn auch weitaus aufwendigeren Versuch unternommen, die damalige Place Louis XV für die Heiratsfeierlichkeiten des Dauphins – seine Hochzeit mit Marie Antoinette im Jahr 1769 – mit ephemeren Bauten ein- und umzurüsten. Über dem Reiterstandbild des Königs, das dann in den Revolutionsjahren eingeschmolzen werden sollte,[12] wurde ein Triumphbogen mit anschließenden Kolonnaden-Flügelbauten errichtet; ein von Claude T. Lusseau gezeichneter Entwurfsplan zu diesem Projekt gibt Aufschluß über die gewaltigen Dimensionen dieser ephemeren Ehrenpfortenanlage.[13]

Abb. 3 Leonid, »Ganz Deutschland hört den Führer mit dem Volksempfänger«, Plakat 1936

Die Gegenwart kennt zahlreiche Fälle eines verwandten Umgangs mit kurz- und kürzestlebigen Denkmälern. Schon bald nach dem Fall der Berliner Mauer, die anschließend in ihre Einzelbestandteile zerlegt vor internationalem Publikum in Monaco meistbietend zur Versteigerung kam,[14] wurde dieses Bauwerk flugs – diesmal nicht aus Beton, sondern aus Styropor-Bausteinen – wiedererrichtet, jedenfalls auf der Länge eines Abschnitts von etwa 100 Metern. In dieser vergänglichen Pappschnee-Gestalt diente es für einen Abend als illuminierte Kulisse des Rockkonzertes »The Wall«, ein Musikkultur-Ereignis vor politischem Hintergrund, an dem jedermann vor Ort oder via Satellit und Fernsehbild »live« teilhaben konnte.[15] Zur Erinnerung oder auch für diejenigen, die das Ereignis versäumt hatten, wurde die Show auf Videoband gespeichert.[16]

Das mit Aufwand inszenierte Ephemere wird jeweils, so zeigen die Beispiele, von den Veranstaltern oder Chronisten zwecks Weiterverbreitung und Sicherung des Nachlebens – eine Art Denkmalschutz des Ephemeren – bestens dokumentiert, sei es vormals in Gestalt einer prächtigen Kupferstichfolge, sei es heutzutage in der Form eines Massenproduktes wie der einer Videokassette. Es gehört geradezu zur Definition des offiziell Ephemeren, daß es, wenn auch übersetzt in ein Aufzeichnungsmedium (Zeichnung, Holzschnitt, Kupferstich oder fotografisches, filmisches und elektronisches Bild), häufig bestens überliefert ist; vergänglich ist nur die Inszenierung und die aktuelle Gestalt, nicht das Bild derselben; um die Tradierung sorgen sich entweder eigens beauftragte Chronisten oder auch anonyme Augenzeugen mit ihren Zeichenstiften oder Kameras.

Auch ein durchaus harmloser Gegenstand kann gelegentlich, so es der politische Kontext will, zu einer Art Denkmal aufsteigen. So geschehen Mitte des Jahres 1990 auf dem Markt in Leipzig, wo eine mit heißer Luft gefüllte Südfrucht aus Plastik – eigentlich nur ein mobiles Ladenschild in der Tradition alter Gewerbezeichen – beiläufig und unfreiwillig zum politischen Emblem aufgerückt ist. Denn die »Banane« hatte in kürzester Frist nach dem Ende des Realsozialismus auf deutschem Boden ideologisch Karriere gemacht und ließ sich nun von den Kritikern der Vereinigung auffassen als Standarte des westlichen Neokolonialismus und wurde auf diese Weise zu einem offiziösen, wo nicht gar obszönen Denkmal, das den neu hinzugewonnenen Marktplatz zeichenhaft besetzt hielt.[17]

Eine andere, wiederum offizielle Politik mit Standbildern betreibt seit Jahren der Irak. Weithin sichtbar überragt vielerorts die Großfigur des Präsidenten Saddam Hussein die Stadt- und Landkulisse – vorerst wohl noch aus vergänglichem Material erstellt, vielleicht zur Erprobung der Akzeptanz. Nicht abzusehen, ob daraus nicht eines Tages auf Dauer hin angelegte Monumente werden. Die Kunstgeschichte jedenfalls kennt die Regel, »wonach Denkmäler lediglich Motive in dauerhaftem Material aufgriffen und wiederholten, die zuvor in der ephemeren Architektur von Sieges- und Triumphzügen sowie Trauergerüsten ausprobiert worden waren und sich bewährt hatten«. So jedenfalls die Feststellung für das 17. und 18. Jahrhundert, die aber »für fast alle Epochen der Denkmalskunst zutrifft«.[18]

Ein gegenoffizieller, ja brisant oppositioneller politischer Gebrauch eines ephemeren Denkmals läßt sich mit dem Beispiel jenes Standbildes der »Göttin der Demokratie« – eine nahezu zehn Meter hohe, freie Nachbildung der amerikanischen Freiheitsstatue – zitieren, die 1989 anläßlich der Demonstrationen auf dem Pekinger Platz des Himmlischen Friedens (Tiananmen) errichtet worden war und, so die Presseberichte, »nach allgemeinem Eindruck bisher als provokanteste Aktion demonstrierender Studenten gegen Partei und Regierung«[19] aufgefaßt wurde. Daher löste es zunächst scharfe Proteste von seiten der hauptstädtischen Behörden aus, denen kurz darauf brutale polizeistaatliche Gewalt- und Terrormaßnahmen folgten. In Hongkong wiederum führte dieses Freiheitssymbol aus Pappe zu einer Replik der Nachbildung, die nun ebendort zum Gedenken des Jahrestages der Pekinger Demonstrationen in den Umzügen wie eine Prozessionsstatue präsentiert wurde.[20]

Auch das Verschwinden selbst kann gelegentlich zum Thema werden, allem voran in der zeitgenössischen Kunst. In dialektischer Wendung auf das rituelle Erinnern entlang von Gedenksteinen und damit zugleich gegen den traditionellen Denkmalfetischismus bezogen haben Esther und Jochen Gerz in Hamburg-Harburg ihr Mahnmal »gegen Faschismus, Krieg, Gewalt – für Frieden und Menschenrechte« konzipiert als eine Blei-Stele, die nach und nach, das heißt nach Beschriftung der jeweils verbleibenden Sichtfläche mit den Namen und Kommentaren der Denkmalsbesucher, ›wie vor Scham‹ in den Boden versinkt und in absehbarer Zeit im wahrsten Sinn des Wortes ganz von der Bildfläche verschwunden sein wird.[21]

Soweit dieses Kaleidoskop, mit dem das weitläufige Thema durch einige Beispiele der Gegenwart vorgestellt sei.[22]

3

Einen nur schwer absehbaren Zeitraum bezeichnet eine Redensart mit der Wendung von der Ewigkeit und den drei Tagen. Sie bringt, was in Opposition zueinander zu stehen scheint – Zeit und Ewigkeit –, auf einen gemeinsamen Nenner. An diesen die üblichen Distinktionen aufhebenden Ausdruck läßt sich vielleicht anknüpfen, indem man sagt, dem Denkmal gehöre die Ewigkeit, der verbleibende Rest jedoch, und dies exakt im Sinne der Definition des Begriffs, ausschließlich dem Ephemeren.[23]

Das ephemere Denkmal – und darin ist das Oxymoron begründet – bildet eine Kurz(zeit)form des Monumentalen. Zielt das herkömmliche Denkmal auf die Erinnerung und stellt es, dem Anspruch nach, zugleich eine Gedächtnis-Batterie dar, die das Erinnern speist, so setzt die abgeleitete, ephemere Form ganz auf den Augenblick, bietet sich der Schaulust dar und besitzt darin ihre Prägnanz. Sie tritt als Denkmal verkleidet auf, zitiert dieses dem Äußeren nach und tritt doch ganz anders in – häufig politische – Funktion. Vom Denkmal sind Gestalt, Größe, Würde, Zierat und ikonographische Details ausgeborgt, dem Rohstoff nach handelt es sich jedoch herkömmlich um einen Kulissenbau aus Kleister und Pappe.

Durch Materialwahl (und weitere Abweichungen vom Gewohnten) gibt sich das ephemere Denkmal, jedenfalls auf den zweiten Blick, als vergänglich zu erkennen, ja, es argumentiert gelegentlich mit der eigenen Vergänglichkeit und formuliert – bisweilen spielerisch, oft aber auch ernsthaft – Kritik an der Gravität des Dauerhaften konventioneller Denkmäler. Während diese ganz wider alle Beteuerungen der Stifter oft genug nur ein einziges Mal wirklich aktuell

sind,[24] im Moment ihrer Einweihung nämlich (und gegebenenfalls
nochmals an ihrem Ende, dann, wenn sie zu Fall kommen), setzt das
ephemere Denkmal von vornherein auf diesen einen prägnanten
und prominenten Zeitpunkt – den Augenblick des Spektakels.

»Der Wunsch, Werke von langer Dauer zu machen
Ist nicht immer zu begrüßen. [...]
Warum soll jeder Wind ewig dauern? [...]
Gewisse Erlebnisse, in vollendeter Form überliefert
Bereichern die Menschheit
Aber Reichtum kann zu viel werden.
Nicht nur die Erlebnisse
Auch die Erinnerungen machen alt.
Darum ist der Wunsch, Werken lange Dauer zu verleihen
Nicht immer zu begrüßen.«[25]

Anmerkungen

1 Josef Fürnkäs, »Das Ephemere der Geschichte. Louis Aragon und Walter Benjamin«, in: Ausst.-Kat. *Bucklicht Männlein und Engel der Geschichte: Walter Benjamin, Theoretiker der Moderne*, Werkbund-Archiv 1990/1991, Gießen 1990, 122.

2 »Der Maler des modernen Lebens« [1863], in: Charles Baudelaire, *Der Künstler und das moderne Leben, Essays, »Salons«, intime Tagebücher*, hg. von Henry Schumann, Leipzig 1990, 301 (Übers. M. Bruns) [C. B., *Œuvres complètes*, hg. v. M. Ruff, Paris 1968, S. 553: »La modernité, c'est la transitoire, le fugitif, le contingent, la moitié de l'art, dont l'autre moitié est l'eternel et l'immuable.«]

3 Jürgen Habermas, *Der philosophische Diskurs der Moderne. Zwölf Vorlesungen*, Frankfurt/M. ³1991, 19.

4 Bei Theodor W. Adorno heißt es: »Jedes Kunstwerk ist ein Augenblick.« (in: *Ästhetische Theorie*, hg. von Gretel Adorno und Rolf Tiedemann, Frankfurt/M. ³1977, 17); siehe zu dieser Bestimmung erläuternd den Beitrag von Wolfhart Henckmann in: *Augenblick und Zeitpunkt. Studien zur Zeitstruktur und Zeitmetaphorik in Kunst und Wissenschaften*, hg. von Christian W. Thomsen und Hans Holländer, Darmstadt 1984, 77 ff.

5 Jacob Burckhardt, *Die Kultur der Renaissance*, hg. von Horst Günther, Frankfurt/M. 1989, 925.

6 Zu Michelangelos Schneedenkmälern siehe den Beitrag von Martin Warnke in dem

vom Vf. herausgegebenen Band *MO(NU)MENTE. Formen und Funktionen ephemerer Denkmäler*, Berlin 1993, 51–59; zu dem »Projekt für eine Skulptur *Eislandschaft* (und einen kleinen Schneemann)« von Peter Fischli/David Weiss den von Georg Jappe herausgegebenen Band *Ressource Kunst, Die Elemente neu gesehen*, Köln 1989, sowie über die realisierte Fassung (gekühlte Eisplastik »Schneemann« in einer Vitrine im Foyer des Heizkraftwerks Römerbrücke Saarbrücken) den Bericht in: *Baukultur* 6, 1990, 23–28.
7 A. Warburg, »Bildniskunst und Florentinisches Bürgertum. I: Domenico Ghirlandajo in Santa Trinità. Die Bildnisse des Lorenzo de' Medici und seiner Angehörigen« [1902], in: A. W., *Gesammelte Schriften*, Leipzig/Berlin 1932, Bd. I, 89 ff.
8 Kurt W. Forster, »Die Hamburg-Amerika-Linie, oder: Warburgs Kulturwissenschaft zwischen den Kontinenten«, in: Horst Bredekamp, Michael Diers, Charlotte Schoell-Glass (Hg.), *Aby Warburg, Akten des internationalen Symposions Hamburg 1990*, Weinheim 1991, 26 f.
9 Burckhardt (Anm. 5), 878.
10 Walter Benjamin, *Gesammelte Schriften*. Unter Mitwirkung von Theodor W. Adorno und Gershom Scholem hg. von Rolf Tiedemann und Hermann Schweppenhäuser, Frankfurt/M. 1972 ff., Bd. II, 246.
11 *Der Spiegel* H. 11, 1991, 264 f. berichtet unter dem Titel »Trugbilder am Bau« über die Trompe-l'œil-Fassadenkunst von Catherine Feff, der auch die Verwandlung des Obelisken auf der Place de la Concorde in ein Rundfunkgerät übertragen worden war; 1993 wurde den Ateliers Feff die reproduzierende Rekonstruktion der Berliner Stadtschloßfassade überantwortet; dazu ausführlich der Ausst.-Kat. *Das Schloß? Eine Ausstellung über die Mitte Berlins*, hg. vom Förderverein Berliner Stadtschloß, Berlin 1993.
12 Gestürzt (und nachfolgend eingeschmolzen) am 11. August 1792; siehe Ernst Steinmann, »Die Zerstörung der Königsdenkmäler in Paris«, in: *Monatshefte für Kunstwissenschaft* X, 1917, 337–380.
13 Abb. in: *du* 36, 1976, H. 428 (»Feste«), 82.
14 Siehe den Auktionskatalog *Die Mauer. Einmalige Versteigerung der Berliner Mauer*, Galerie Parc Palace/Lélé Berlin Wall, Monaco 23. Juni 1990.
15 Das Berliner Benefizkonzert der Rock-Show »The Wall« fand am 21. Juli 1990 auf dem Potsdamer Platz statt; darüber zahlreiche Berichte in den Tageszeitungen; ein Vorbericht in der *Frankfurter Rundschau* Nr. 161 vom 14. Juli 1990, 10.
16 Videokassette *Rogers Waters, ›The Wall‹, live in Berlin*, 1990.
17 Siehe das Foto von Ina Munzinger in: *Freibeuter* 44, 1990, 2 (Bildlegende: »Südfrucht mit heißer deutscher Luft gefüllt – Leipzig, Marktplatz, vor der Vereinigung«).
18 Meinhold Lurz, *Kriegerdenkmäler in Deutschland*, Bd. I (Befreiungskriege), Heidelberg 1985, 46.
19 *Frankfurter Allgemeine Zeitung* vom 1. Juni 1989; Abb. der Statue in: *die horen* 34, 1989, Bd. 155, 6 und Umschlag; vgl. auch Siegfried Thielbeer, »Es muß Blut fließen. Deng gab den Schießbefehl. Die Entscheidung in Peking«, in: *Frankfurter Allgemeine Zeitung* vom 16. Juni 1989, 3.
20 Abb. in *Frankfurter Allgemeine Zeitung* vom 3. November 1990 Nr. 257, Beilage »Bilder und Zeiten«, 1.
21 Siehe Ulrich Krempel, »Sieben Anmerkungen zum ›Hamburger Mahnmal gegen

Faschismus, Krieg, Gewalt‹ von Esther und Jochen Gerz, in: Volker Plagemann (Hg.), *Kunst im öffentlichen Raum. Anstöße der 80er Jahre*, Köln 1989, 177–183.
22 Eine ausführliche Dokumentation und Diskussion des Gegenstandes findet sich in dem in Anm. 6 zitierten Aufsatzband *MO(NU)MENTE*.
23 Das griechische Wort »ephemeros« meint »auf od. für den Tag, während desselben Tages; nur für einen Tag, flüchtig, vergänglich«; dann als Fremdwort (»Ephemera«) auch zoologisch die Eintagsfliege und medizinisch das Eintagsfieber, ein »plötzlich auftretendes, in 1–3 Tagen wieder verschwindendes Fieber«.
24 Siehe dazu Andreas Beyer, »›Apparitio Operis‹. Vom vorübergehenden Erscheinen des Kunstwerks«, in: *MO(NU)MENTE* (Anm. 6), 35–50.
25 »Über die Bauart langdauernder Werke« [1932], in: Bertolt Brecht, *Gesammelte Werke*, Frankfurt/M. 1967 (= Werkausgabe), Bd. 8, 389 f.

Nagelmänner
Propaganda mit ephemeren Denkmälern im Ersten Weltkrieg

> Der Staatsmann klingelt, der Vorhang geht auf: Krieg! Die Menschen in den Städten rennen durcheinander, erschreckt, kopflos, verwirrt. Wo ist ein Halt? Ein Feststehendes? Ein Punkt? Ein Zweck? Ein Ende? Aber das Arrangement ist gut: die Zeitungen schreien Hurrah und telephonieren mit dem Ministerium wegen der Motivierungs-Phraseologie; Musik zieht auf und ersäuft jede Änderung; große Reden werden auskalkuliert, historisch-wertvoll gefeilt und in die nun berauschte Menge geträufelt; Hochämter inseriert und der liebe Gott wird persönlich bemüht, das Schlachten zu protegieren. Und alsbald, nach dieser tiefangelegten Reklame, platzen die ersten Granaten.
>
> Walter Serner, *Die Langeweile und der Krieg*, 1915

1

Wenige Monate nach Kriegsbeginn, der Offensiv- und Bewegungskrieg war bereits in einen Stellungs- und Schützengrabenkrieg übergegangen, die deutsche Heeresleitung plante eben den ersten Giftgas-Einsatz und die »innere«, sprich die Heimat-Front hatte sich längst formiert und ihren »vaterländischen Dienst« angetreten, tagte in Wien, der Hauptstadt des deutschen Waffenbruders, am 16. Februar 1915 das »Zentralkomitee des Witwen- und Waisenhilfsfonds«, eine offiziöse Institution, die die (Kriegs-)Hinterbliebenenhilfe auf ihr Panier geschrieben hatte. Im *Wiener Kommunal-Kalender für 1916* findet sich ein kurzes Protokoll dieser Sitzung: »In Gegenwart des Erzherzogs Karl Stephan hielt [das Komitee] eine Besprechung über die von dem Mitarbeiter des Fonds, Korvettenkapitän d. R. Grafen Theodor Hartig angeregte Idee ab, die Wiener Sage vom Stock im Eisen in zweckmäßiger Erneuerung der Kriegsfürsorge dienstbar zu machen.«[1] Dieser Eintrag über die in Aussicht genommene Funktionalisierung eines alten Wiener Wahrzeichens hält in kryptischer Form die Geburtsstunde jener bald unter dem Sammelbegriff »Kriegs-Wahrzeichen zum Benageln«[2] rangierenden

Standbilder fest, die noch im Laufe des Jahres allerorts in Deutschland, vielerorts in Österreich und bei den übrigen Verbündeten errichtet wurden.

Von diesem Kapitel deutscher Denkmalsgeschichte ist in der Literatur kaum die Rede.[3] Krieg und Denkmal gehen gemeinhin ausschließlich unter dem Rubrum »Kriegerdenkmal« zusammen, eine Gattung, der die Nagelungsstandbilder nicht zugehören, allenfalls wären sie als *Kriegs*denkmale anzusprechen. Grund für diese Vernachlässigung ist zum einen der Umstand, daß von den zahllosen Monumenten nur wenige als Zeugen sich erhalten haben,[4] zum anderen auch jener, daß von einer nobilitierten Kunstform kaum gesprochen werden kann und somit die vormals dem Gedächtnis der Lebenden geweihten Kollektivsymbole rasch dem Vergessen anheimgefallen sind. Welchen besonderen Rang diese Standbilder jedoch in ihrer Zeit bekleidet haben, welche Formen und Funktionen ausgeprägt wurden, davon handelt der folgende Überblick.[5] Vorrangig soll es dabei um den Aspekt der Rekonstruktion einer äußerst wirksamen, über das ganze Reich hin inszenierten Propagandaform gehen. Zu berichten ist von einer politisch motivierten Statuomanie aus Deutschlands »eiserner Zeit«, wie das offizielle Epitheton ornans der Epoche lautete, das im Ersten Weltkrieg wieder zu einem Schlagwort ohnegleichen avancierte und den »Wehrwillen«, der auch in den Nagelungsskulpturen gestalteten Ausdruck fand, bekunden und wachhalten sollte.

Das oben angeführte Zitat aus dem Wiener Gemeindekalender hält wie eine Ursprungsmythe die Ausgangsidee der Geschichte der Nagelungsstandbilder fest. Der erwähnte Wiener »Stock im Eisen« (Abb. 1), aufgestellt im historischen Stadtzentrum, an der Ecke des nach ihm benannten Platzes zur Kärntner Straße hin, ist ein sagenumwobener, mit eingeschlagenen Nägeln übersäter, von einem

**Abb. 1 Der Wiener »Stock im Eisen«
(Foto 1954)**

breiten Eisenring umschlossener Baumstrunk – ein Nagelbaum, dessen Geschichte als Rechtsmal ins Spätmittelalter zurückreicht und die begleitet wird von einer mythischen Vor-Geschichte als Weltenbaum und einer Nach-Geschichte als Zunftwahrzeichen. Als Weltenbaum, wie ihn die Mythologie anspricht, trug dieser Stamm (oder eben sein Vorgänger) den Weltnagel, der den Polarstern an jenem Himmelszelt repräsentierte, das der Baum zu tragen hatte – der Nagel als Haltepunkt des Kosmos, der nach einem Brauch, so die Auskunft der Volkskunde, »wohl regelmäßig, das heißt zu bestimmten heiligen Zeiten, durch mehr oder minder symbolische Schläge wieder befestigt werden (mußte)«.[6] Als Rechtsaltertum vertrat der Stock den Richter, er war das Gerichtswahrzeichen einer mittelalterlichen Rechtsstätte, das hier als Stock, dort als Stange, Pfahl, Baum oder Säule angesprochen wurde. Dieses Rechtsmal war ein »sachlich verwendetes Stück der Rechtspflege« und darüber hinaus auch »Zeichen und Symbol« des an diesen Standort gebundenen Rechtes.[7]

Urkundlich erwähnt wird der »Stock im Eisen« erstmals im Jahr 1533. Die spätere Sage hat die ältesten mythisch-religiösen und die alten Rechts-Beziehungen des Wahrzeichens vergessen gemacht. Es rückte bald in die Nähe des Handwerks, vornehmlich jenes der Schlosser und Schmiede, die in dem »Stock im Eisen«-Mal über den geschmiedeten Nagel unschwer ihr Zunftwahrzeichen erkannt hatten, und wurde in der Folge, etwa ab der Mitte des 18. Jahrhunderts, rundum mit eingeschlagenen Nägeln bespickt – eine Sitte, die sich dem auch andernorts üblichen Nageleinschlagen in einen Baum als Zeichen des »vor Ort«-Gewesenseins der Gesellen auf Wanderschaft vergleichen läßt.

Die sagen- und brauchtumforschende Wissenschaft hat hierzu noch manches zu sagen, und speziell die Literaturliste zum Wiener »Stock im Eisen« ist lang.[8] Wieviel davon allerdings der Linienschiffsleutnant Graf Hartig für sich in Erfahrung bringen konnte, muß dahingestellt bleiben. Er jedenfalls gedachte »im Augenblick der Kriegs-Gefahr« dieses Denkmals seiner Vaterstadt und sprach sich für die Aufstellung eines Kriegswahrzeichens aus, das daran angelehnt sein sollte.

Aus dieser allgemeinen Phantasie über ein Nagelthema, verbunden mit der Idee zu einer Spendenaktion, ging schließlich der erste »Nagelmann« hervor, ein Figurenstandbild, in dessen Holz gegen Entgelt nach bewährt zünftiger Manier zur Bewehrung Nägel einzuschlagen waren. Der »Stock im Eisen« mutierte auf diesem Wege zu einem veritablen »Opferstock in Eisen« in Gestalt eines ersten »Eisernen Wehrmannes«. Über den Opfergedanken wurde das damals längst zur Touristenattraktion profanierte »Stock im Eisen«-Mal im Krieg erneut ins Reich des Mythos entrückt: »Opfer«, »Opfermut«, »Opfersinn« und »Opfergang« rechneten wieder unter jene lebensgefährdenden Propaganda-Schlagwörter, die die Zeit charakterisieren und ihre Wirklichkeit grausam geprägt haben – in Umlauf gebracht nicht nur von offizieller Seite, sondern auch von Intellektuellen und Schriftstellern. Die auf Krieg gestimmte Wahrnehmung jener »eisernen« Zeit konnte in der Nagelkopfoberfläche des toten Baumes nur einen Panzer, eine Rüstung, einen Harnisch erkennen, wie ihn etwa die Plattnerkunst seit der Renaissance in größter Vollendung zu gestalten wußte. Die Stoßtrupps der Infanterie im Ersten Weltkrieg hingegen konnten bestenfalls auf einen stählernen Brustschutz rechnen, selbst der Stahlhelm wurde erst im Verlauf des Krieges eingeführt, nachdem zuvor für lange Monate die wilhelminisch-preußische »Pickelhaube« in den Schützengräben dem Gegner ein treffliches Visierziel abgegeben hatte.

Mit dem neu erdachten Opferstock sollte die Zivilbevölkerung zur Kasse gebeten – berücksichtigt man die enorm aufwendige, vielgestaltig angelegte und gemessen am Erfolg ganz offenbar attraktive Propaganda mit und für diese Wahrzeichen, so muß man besser sagen: zur Kasse gezwungen werden. Schließlich verschlang der Krieg täglich »ungeheure Summen«. In Deutschland konnten die Kriegskosten nur zu 6 Prozent aus Steuergeldern finanziert werden, der Rest mußte über Kriegskredite und -anleihen aufgebracht werden. Das in *Kürschners Jahrbuch 1915* beiläufig zustimmend zitierte Wort des österreichischen Admirals Montecuocli: »Zum Kriegführen gehören drei Dinge: Geld, Geld und nochmals Geld«[9] war nur allzu wahr, auch darin, daß es die Menschenopfer als Quantité négleable behandelte. Da die Zeichnung der diversen Kriegsanleihen trotz anfänglich großer Erfolge keineswegs für ausreichende Deckung des

Haushaltes sorgte, traten dieser Geldschöpfungs-Methode zusätzlich zahlreiche andere Hilfsaktionen zur Seite, so die »Gold gab ich für Eisen«-Aktion, eine Art Zwangsumtausch, oder die bereits im Mai 1915 verordnete »Metallabgabe« und zahlreiche weitere, darunter die hier in Rede stehende, in der Rubrik »Wohlfahrt« rangierende Spendenaktion verschiedener Verbände und Vereine in Zusammenarbeit mit offiziellen oder halbamtlichen Stellen, die ausschließlich der Hinterbliebenenfürsorge galt, um der zwar gesetzlich geregelten, aber kaum hinreichenden »staatlichen Kriegsversorgung« »in Fällen der Not« beizuspringen.[10]

Doch zurück nach Wien auf den Schwarzenbergplatz, wo bereits am 6. März, also binnen gut zwei Wochen seit der erwähnten Sitzung des Zentralkomitees die Enthüllungsfeier des neuen Wahrzeichen-Denkmals, das Karl Kraus in seiner Tragödie *Die letzten Tage der Menschheit* gebührend würdigen wird,[11] in repräsentativster Form stattfand. In größter Eile war demnach der Vorschlag des Grafen Hartig angenommen, bei dem ortsansässigen Bildhauer Josef Müllner eine Skulptur in Auftrag gegeben und ausgeführt worden (Abb. 2).

Der Festplatz in Wien war nicht zufällig gewählt, hatte doch auf dem Schwarzenbergplatz erst knapp zwei Jahre zuvor die Jahrhundertfeier der Leipziger Völkerschlacht stattgefunden, ein Jubelfest, bei dem nicht zuletzt auch dem »Gott, der Eisen wachsen ließ« in eben diesen Ernst-Moritz-Arndt-Worten gehuldigt worden war.

Über die Veranstaltung am Sonnabend, dem 6. März 1915, schreibt der Wiener Chronist wie folgt (Abb. 3):

»Auf dem Schwarzenbergplatz wurde der vom Witwen- und Waisenhilfsfonds der gesamten bewaffneten Macht geschaffene ›Wehrmann‹ aus Lindenholz in seinem Kiosk enthüllt. Zu der Feier hatten sich eingefunden: vom Hof Erzherzog Leopold Salvator mit seinen beiden Söhnen, den Erzherzogen Leo und Wilhelm. Außerdem waren u. a. erschienen:

**Abb. 2. »Der Wehrmann in Eisen«,
Holzstandbild von Josef Müllner,
errichtet in Wien 1915, Postkarte**

Der deutsche Botschafter v. Tschirschky mit dem Prinzen Erbach, der türkische Botschafter Hilmi-Pascha, Prinz August von Sachsen-Koburg-Gotha, der Ministerpräsident Graf Stürgkh mit dem gesamten Kabinett, Oberstkämmerer Graf Lanckoronski, Oberstküchenmeister Graf August Bellegarde, Bürgermeister Dr. Weiskirchner und Gemahlin mit den drei Vizebürgermeistern, der Präsident des Wiener Oberlandesgerichtes v. Vittorelli, Vizeadmiral v. Jedina, FZM. Freiherr v. Albori, der Präsident des Kriegsfürsorgeamtes FML. Löbl und viele andere. Im großen Festsaale des Militärkasinos hielt um 11 Uhr Erzherzog Leopold Salvator eine Ansprache, in der er allen Behörden, Körperschaften und Persönlichkeiten, die bei diesem großen, von patriotischen Gefühlen geleiteten Werke mitgeschaffen hatten, den Dank des Witwen- und Waisenhilfsfonds aussprach. 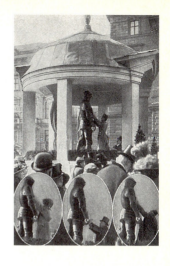 Hierauf hielt Kriegsminister a. D. G. d. I. Baron Franz Schönaich eine kurze Ansprache, in der er sagte, daß nicht nur die Armeen und ihre einzelnen Teile im Felde, sondern auch die Daheimgebliebenen sich der hohen Pflichten bewußt seien, die unsere große Zeit fordere. Der ›Wehrmann‹ warte auf seine eiserne Rüstung. – Bürgermeister Dr. Weiskirchner ergriff hierauf das Wort. Er führte in seiner Rede aus, daß wohl kein Bewohner der Monarchie bei der Begehung der Jahrhundertfeier im Oktober 1913 daran gedacht habe, daß auch die Zeitgenossen eine kriegerische Generation sein würden. Die Einmütigkeit, die die ganze Bevölkerung beseele, gebe auch den Willen zum Siege. Der Bürgermeister gab die Erklärung ab, daß die Stadt Wien den ›Wehrmann in Eisen‹ in treue Obhut übernehmen, als Erinnerung an die Gegenwart und als Wahrzeichen für künftige Geschlechter beschützen werde. – Hierauf begaben sich die Festgäste zu dem auf der vorderen Rettungsinsel des Schwarzenbergplatzes errichteten Kiosk, der mit Reisig und Fahnen geschmückt war. Hier sang der Wiener Männergesangverein den vom Chormeister Keldorfer vertonten Chor an Österreich. Hierauf schlug als Erster Erzherzog Leopold Salvator einen Nagel aus Gold in die Brust des ›Wehrmannes‹ mit den Worten: ›Im Namen Seiner Majestät des Allerhöchsten Kriegsherrn schlage ich hiermit den ersten Nagel ein.‹ Dann schlug im Auftrage Kaiser Wilhelms II. der deutsche Botschafter Herr v. Tschirschky-Bögendorff

Abb. 3 Enthüllungsfeier des Wiener »Eisernen Wehrmannes« auf dem Schwarzenbergplatz am 6. März 1915

gleichfalls einen goldenen Nagel ein, und als dritter der türkische Botschafter Hussein Hilmi-Pascha im Auftrage des Sultans Mehmed V. Hierauf folgte die Reihe der Festgäste. Zum Schlusse sang der Männergesangverein die Volkshymne. Mittags wurde der allgemeine Zutritt zum ›Wehrmann in Eisen‹ eröffnet.«[12]

Versammelt war alles, was Rang und (Männer-)Namen hatte, aber die Frauen der Wiener Gesellschaft standen nur für den Augenblick zurück, denn wenige Tage später bereits, am Montag, dem 15. März, wurde auch ihnen ein angemessener Pressetermin vor dem Denkmal verschafft:

»Auf Einladung der Gemahlin des Bürgermeisters, Frau Berta Weiskirchner, versammelten sich die Damen der ›Frauenhilfsaktion im Kriege‹ vor dem ›Wehrmann in Eisen‹ auf dem Schwarzenbergplatz, um Nägel einzuschlagen. Frau Weiskirchner und die Damen wurden beim Militärkasino von den leitenden Persönlichkeiten des Witwen- und Waisenhilfsfondes für die gesamte bewaffnete Macht empfangen. Bürgermeister Dr. Weiskirchner richtete an die Anwesenden eine patriotische Ansprache, in der er der Freude Ausdruck gab, daß die Wiener Frauen, die seit Monaten im edelsten Dienste der Charitas unermüdlich arbeiteten, auch hier sich zusammengefunden hätten, um die Not und das Elend von Witwen und Waisen zu lindern. August Prinz v. Lobkowitz dankte namens des Präsidiums des Witwen- und Waisenhilfsfonds den Damen für ihr Erscheinen, worauf Frau Weiskirchner nach einigen herzlichen Dankesworten die Damen einlud, die Nägel einzuschlagen.«[13]

2

Wer annehmen wollte, es habe sich bei diesem Staatsaktions-Zeremoniell um eine spezifisch österreichische Form der Denkmalsfeierlichkeit gehandelt, geht selbstverständlich fehl: Auch im Deutschen Reich, etwa im preußischen Altona, wurde der Akt nicht weniger aufwendig und ritualisiert vollzogen, allenfalls gebrach es der Stadt an einer vergleichbaren Zahl an Noblen und Honoratioren. In Altona versammelte man sich in einer Grünanlage des Bahnhofsvorplatzes vor dem Standbild des »Isern Hinnerk«, des »Eisernen Heinrich«, wobei man hier nicht auf einen allgemeinen Söldner-Typus, sondern, traditionsbewußt, auf eine historische Gestalt zurückgreifen wollte, den Grafen Heinrich II. von Holstein, der bereits (und passend) den Beinamen ›der Eiserne‹ trug, da er – so die Chroniken – als Kriegshauptmann im 14. Jahrhundert ein rechter Haudegen gewesen sein muß, der an der Seite Schwedens gegen Rußland, Englands gegen Frankreich und Böhmens gegen Litauen gestanden hatte. Und so wurde denn dessen Geist beschworen und in seinem Namen der Opfer-Treueid der Heimatfront in markigen Worten geleistet.

Die *Hamburger Nachrichten* berichteten am Abend des 7. Juli ausführlich über das mittags zuvor stattgehabte Ereignis in der Nachbarstadt, die als eine der ersten, wie der frühe Termin belegt, den Nagelungsstandbild-Gedanken aufgegriffen hatte. Man erfährt, daß das mächtige Standbild von dem jungen Altonaer Bildhauer Otto B. Wessel aus einem Pappel-, an anderer Stelle heißt es aus einem Eichen-Stamm herausgeschlagen wurde, daß es eine Höhe von 3,60 Metern maß und daß das »Wehrgehänge, der Brustpanzer, Schild und Schwert kräftig angedeutet und durch Bemalung stärker hervorgehoben (war)«. »Das ganze Bildnis zeigte sich bei der Enthüllung in seiner feineren Ausgestaltung noch nicht ganz vollendet. Die völlige Fertigstellung soll gewissermaßen durch die einzuschlagenden Nägel von ungleicher Form und Größe und verschiedenem Material erfolgen, so daß schließlich der Isern Hinnerk in buntem aber prächtigem Schmuck prangen wird.«[14]

Diese Einlassung des Chronisten, die zunächst anhebt, als sollte vorsichtig Kritik an der künstlerischen Qualität der Skulptur angemeldet werden, schlägt in ihrem zweiten Satz einen Weg ein, der zu einer spezifischen Theorie dieser Standbildwerke führt: Diese werden vom Bildhauer gleichsam als Halbprodukte oder Rohlinge geliefert, um erst in einem weiteren Arbeitsgang durch die aktive (Spenden-)Beteiligung der Bevölkerung vollendet und zugleich als Werk ratifiziert zu werden, gerade so wie im übrigen ein Künstler »letzte Hand« an sein Werk zu legen pflegt – eine Praxis, auf welche die Kunst erst ein halbes Jahrhundert später, in den sechziger und siebziger Jahren, zurückkommen sollte.

Unter den in Altona gehaltenen Reden zeichnet sich die des Generals der Artillerie von Roehl durch den verschleißenden Gebrauch der »Eisen-Metapher« aus. In ihrer Militanz ist die Ansprache typisch für den opferbeschwörenden Gebrauch der Nagelungsstandbilder:

»Durchhalten, so tönt es aus dem eisernen Ringe, mit dem unsere tapferen Söhne und Brüder Frankreich und Flandern umklammern. Noch ist es keinem mit noch so großer, überlegner Kraft angesetzten Durchbruchsversuch weißer und farbiger Engländer und Franzosen gelungen, unsere eiserne Mauer zu durchbrechen. Durchhalten, so tönt es auch aus den Reihen unserer tapferen Kämpfer im Osten, wo die russischen Angriffe in Polen und Galizien an unserer Stärke und an der Seite unserer treuen Verbündeten zusammenbrechen. Wo das Auge des Feldherrn den richtigen Angriffspunkt erspäht, da setzen unsere deutschen Wehrmänner zum Angriff an, setzen ihn mit eiserner Energie durch und wissen den fliehenden Feind zu verfolgen. Wahrlich, wunderbare Taten sind in dieser großen Zeit vollführt, würdig der Männer, die uns aus der Geschichte als Männer der eisernen Tatkraft überliefert worden sind. Ein Abbild dieser eisernen Tatkraft ist Graf Heinrich von Holstein, der Isern Hinnerk, der vor hunderten von Jahren unsere Jugend zu den Befreiungskriegen führte. Ebenso denken und handeln unsere tapferen Brüder und Söhne, mit eisernem Willen und eiserner Kraft durchzuhalten. Durchhalten wollen auch wir in der Heimat und helfen, den eisernen Willen zu stärken und zu fördern. Nicht zagen, nichts fürchten, sondern helfen mit Worten und Taten. So möge auch dieses Standbild ein Wahrzeichen unseres Willens sein, zu zeigen, daß unser Volk zu jedem Opfer bereit ist. Aber nicht zuletzt wollen wir dankbar sein denen, vor allen, die berufen sind, für uns die eiserne Tatkraft zu vollbringen, danken wollen wir unseren Heeren und ihren Führern, vor allem unserm Kaiser und König. Ihm wollen wir geloben, mit eisernem Willen durchzuhalten und hierin unsere tapferen Brüder und Söhne bestärken. Dieses Gelöbnis wollen wir bekräftigen, indem wir rufen: Seine Majestät, unser allergnädigster Kaiser und König, hurra, hurra, hurra!«[15]

Den Refrain der Generalsansprache bildet die Durchhalte-Parole. Von Sieg und Siegen ist mit keinem Wort (mehr) die Rede; dem Siegestaumel war inzwischen die Ernüchterung gefolgt. Jetzt traten die Standbilder in Scharen auf die Rathaus-, Markt- und Bahnhofsplätze heraus und ein in ihre atavistische ›Totempfahl‹-Funktion. Als magisch beschworene Blitzableiter dienen sie einem Abwehr- und Bildzauber, der die Todesbedrohung abwenden soll; nach außen hin jedoch geben sich diese Wahrzeichen als veritable Opferstätten. Es geht, wie es in der Ansprache des Altonaer Bürgermeisters überdeutlich anklingt, darum, daß das deutsche Volk sich »unter den Hammerschlägen dieses furchtbaren Krieges zu Stahl und Eisen zu verhärten« habe.[16] Die »Enthüllungsfeier« appelliert ans Stahl- und Eisenbad, durch das die verbliebenen oder wiedergekehrten Schwächen verdeckt, gepanzert und geharnischt werden sollen.

Die Altonaer Veranstaltung endete schließlich wie folgt:

»Brausend erscholl der gemeinsame Gesang ›Deutschland, Deutschland über alles‹, worauf der Schülerchor die ›Wacht am Rhein‹ anstimmte, das die Umstehenden mitsangen. Damit war die Enthüllungsfeier beendet und es begann nun das Einschlagen der Nägel. Der erste Nagel wurde vom stellvertretenden kommandierenden General persönlich eingeschlagen, nachdem er seinen Namen in das eisenbeschlagene Buch eingetragen und zur Erinnerung eine kleine Urkunde erhalten hatte. Ihm schlossen sich die meisten der zur Feier Erschienenen an, so daß das Standbild alsbald ein prächtiges Aussehen erhielt. Die Musikkapelle konzertierte noch eine Weile. Das Publikum folgte den Nagelungen mit großem Interesse, um sich schließlich an derselben ebenfalls zu beteiligen.«[17]

Dem Festzeremoniell folgte jeweils der Alltag der Nagelung der hölzernen Standbilder (»Nagelung täglich, auch in der kalten Jahreszeit. Bei schönem Wetter Militärkonzert«[18]): Eine »geeignete Person« übernahm die Aufsicht, gab die zu gestaffelten Preisen angebotenen Nägel aus (eiserne Nägel 50 Pfennig, silber(farbe)ne Nägel 2 oder 5 Mark und »Gold«-Nägel 100 Mark), führte das zugehörige Nagelbuch, stellte die Gedenkblätter aus und verabreichte Plaketten, Orden und Abzeichen als Spendenbelege.

Mit den erwähnten Skulpturen und Einweihungsfeierlichkeiten ist bereits ein Teil der Erfolgsgeschichte der in Wien geborenen Idee der sogenannten Kriegswahrzeichen referiert. Wie in einem Lauffeuer verbreitete sie sich, von Wien aus nach Ungarn und in die Türkei, nach Übersee, hin zu den Auslandsdeutschen in den USA und nach Lateinamerika (Chile, Brasilien).[19] In der zweiten Hälfte des Jahres 1915 schossen Nagelungsstandbilder »wie Pilze aus der Erde«, wie es in einer zeitgenössischen Darstellung heißt.[20] Das Figurennetz war dicht geknüpft von Aachen bis Zuffenhausen, von der Insel Alsen bis Znaim (heute Znoimo) in Mähren.[21] Alles, was an Symbolen und Symbolgestalten niet- und nagelfest war, kam in Königsberg oder Rosenheim, in Bremen oder Würzburg, in Hamburg oder Jena, in Hörnum auf Sylt oder Ingolstadt unter den Nagelhammer.

Das Motivrepertoire umfaßte vor allem Personenstandbilder, so solche von den trutzigen, wehrhaften Heiligen Georg und Michael, von Helden des Mythos wie Siegfried, von historischen Gestalten wie Roland, Heinrich dem Löwen (Abb. 4), Heinrich dem Eisernen oder dem Sachsenherzog Hermann Billung, daneben auch Standbilder von noch lebenden Zeitgenossen, so von dem Kapitän der Emden, von Tirpitz oder Hindenburg. Aber auch zur Allegorie taugende Gestalten wie der Schmied, Typen wie Landsturmmann, Wehrmann, Ritter und Lotse – sämtlich auf Kampf, Kraft und Wacht gestimmte Heroen, als Standbilder oder Reliefs in Holz gehauen. Ferner Wappentiere in großer Zahl, der Löwe als Standbild in Düsseldorf und das Springende Pferd in Hannover; auch Rabe, Greif und Adler wurden plastisch gestaltet, auf den Sockel gehoben, unter ein schützendes Pavillon- oder Vordach verbracht und benagelt. Desgleichen widerfuhr Gedenksäulen, Tür- und Torblättern, vielfach Eisernen Kreuzen, Truhen, Bäumen, Granaten und U-Booten, Stadtsiegeln, Schilden und Schwertern. Aufgerufen wurde vornehmlich die Zivilbevölkerung, in Lüttich und Reims hatten aber auch deutsche Frontsoldaten Gelegenheit, ein Wahrzeichen zu nageln.

Veranstalter waren in erster Linie die vielverzweigten Vereine vom Roten Kreuz, das als zentral organisierte Institution keinen eigentlich »selbständigen Faktor« bildete, sondern »dem staatlichen Organismus eingefügt und von den Staatsbehörden geleitet« wurde, wie ein zeitgenössischer Lexikoneintrag ausführt.[22] Zuständig im Deutschland der Vor- und Kriegsjahre war das Kriegsministerium. Eine eigens gegründete Organisation stellte die »Nationalstiftung für die Hinterbliebenen der im Kriege Gefallenen« dar wie auch der »Luftfahrerdank«, zwei jedenfalls staatlich be-

Abb. 4 »Heinrich der Löwe in Eisen«,
Holzstandbild nach einem Entwurf von
Arnold Kramer, errichtet in Braunschweig
1915 (H 3,50 m). Braunschweigisches
Landesmuseum

einflußte, wo nicht gelenkte Verbände; des weiteren das »Schatzamt der Kriegsnotspende«, die »Vaterländischen Frauenvereine« und natürlich die Stadtmagistrate, Organisationen, die zum »Besten der Kriegsfürsorge« tätig wurden und zur Durchführung derartiger Nagelungsaktionen Kommissionen bildeten, Vorschläge ausarbeiteten, Künstler beauftragten oder Wettbewerbe ausschrieben und die Werbearbeit übernahmen (z. B. die Herausgabe von Plakaten und Souvenir-Postkarten besorgten).

Die Mehrzahl der Skulpturenaufträge wurde angesichts der meist von den Gremien der Gemeinden und Vereine knapp anberaumten Termine direkt an einen Künstler oder eine Künstlerin vergeben, teils aus der Gilde der Professoren-, also Akademielehrer-Künstler, oft genug aber auch an Kleinstmeister des Bildhauerfaches.

In einem Fall ist auch von einem Wettbewerb die Rede, in den zugleich auch ein Künstler von bedeutendem Rang eingeschaltet war, und zwar in jenem der Nagelungsskulptur für die Stadt Hagen: Hier plante man die Aufstellung eines »Eisernen Schmiedes«, sinnfälliger Prototyp einer Region, die den Ehrentitel »Waffenschmiede des Reiches« trug, und holte zu diesem Zweck verschiedene Entwürfe ein, unter anderem, vermittelt durch Karl Ernst Osthaus, auch bei Ernst Ludwig Kirchner, der 1915 für einige Monate von Berlin aus als Rekrut der Feldartillerie nach Halle einberufen war, aus gesundheitlichen Gründen aber bereits im

September des Jahres in sein Berliner Atelier zurückgekehrt war. Osthaus, dem es aus Freundschaft darum zu tun war, dem darbenden Künstler gelegentlich Aufträge zu verschaffen, informierte Kirchner über den Hagener Plan, und dieser reichte drei Entwürfe ein (Abb. 5). Von diesen sollte allerdings keiner zur Ausführung kommen [23] und schließlich nur ein einziger die Zeit des Nationalsozialismus überleben, denn zwei der drei Entwürfe wurden am 7. Juli 1937

Abb. 5 Ernst Ludwig Kirchner, Der Schmied von Hagen, Entwürfe II/I, 1915, Holz (H 30/31 cm). Museum Folkwang, Essen (Verbleib von Entwurf I unbekannt)

aus dem Essener Museum, wohin die Folkwang-Sammlung in den zwanziger Jahren von Hagen aus gelangt war, nach München verbracht, und mindestens einer (Entwurf I) hatte dort in der Ausstellung »Entartete Kunst« gleich im Entreebereich neben der Skulptur »Der neue Mensch« von Otto Freundlich den unwürdigen Dienst als ›Schandmal‹ zu verrichten.[24] Der dritte, 31 cm hohe Bozzetto verblieb in Essen (damals im Magazin) und ist heute in einer Vitrine des Gartensaals des Museums ausgestellt. Dort erinnert er als offenbar einzige Nagelfigur in einem Kunstmuseum den Besucher in dieser »en miniature«-Fassung an das Kapitel der deutschen Nagelungsstandbilder.[25]

Aufgestellt wurde in Hagen schließlich eine Skulptur des Dortmunder Bildhauers Fritz Bagdons, mit der Kirchners Entwürfe an Stattlichkeit und gewünschtem Pathos nicht hatten konkurrieren können (Abb. 6).[26]

In seiner Hypertrophie und Gigantomanie setzte der Berliner Hindenburg-Kult, der in den ideologischen wie ikonographischen Versatzstücken eng an jenen um den »eisernen Kanzler« Bismarck angelehnt war,[27] den Nagelungspraktiken des Jahres 1915 die Rekord-Krone auf. Das in der Reichshauptstadt am 4. September 1915, dem ersten Jahrestag des Sieges von Tannenberg, eingeweihte Hindenburg-Denkmal (Abb. 7), in kürzester Frist nach einem Entwurf des Malers und Bildhauers Georg Marschall von einer Heerschar von Holzbildhauern errichtet, 12 Meter hoch, 26 Tonnen schwer, berechnet auf eine Nagelrüstung von weiteren 30 Tonnen,[28] vertraute auf den Mythos des »Helden von Tannenberg«, der im Nagelkult des auf dem Königsplatz – direkt vor dem Reichstag und unter der Schirmherrschaft der Victoria auf der Siegessäule – errichteten Standbildes beschworen wurde. Die »Heimatfront«, die später von eben dem im Standbild repräsentierten Generalfeldmarschall des »Dolchstoßes« bezichtigt werden sollte, wurde aufgefordert, ihren

Abb. 6 »Der Eiserne Schmied von Hagen«,
Holzstandbild nach einem Entwurf
von Fritz Bagdons, errichtet in Hagen 1915,
Postkarte

Kriegsbeitrag zu leisten und ihre patriotische Pflicht zu tun, demnach ihre Dankesschuld der kämpfenden Front gegenüber abzutragen. Mit jedem Nagel, der in das Riesenstandbild eingeschlagen wurde, legte man Zeugnis ab und bekundete Treue. Daß dies in einer Form, die einer Jahrmarktsveranstaltung nicht unähnlich war, arrangiert war, sollte sich auszahlen: Schulklassen marschierten auf, Frauenverbände traten vor und brachten ihr Nagelopfer dar; wer nicht mittat, wurde stigmatisiert, denn über Abzeichen signalisierte man das Eingeschwenktsein in Reih und Glied der Opfergilde.

Das Wahrzeichen-Nageln war bald in aller Munde. Jetzt nahmen sich auch die *Kladderadatsch*-Zeichner des Themas an und gingen dazu über, die den Nagelakten innewohnenden aggressiven Kräfte in aller Offenheit vorzuführen, indem sie diese am Gegner demonstrierten. So etwa versucht sich in einer Karikatur des Blattes (Abb. 8) der französische Marschall Joffre, Oberkommandierender der französischen Armeen, vergeblich als Nagelnder: Er schlägt sich die Hände blutig und blitzt an der Rüstung des nur müde lächelnden, vor Eisen starrenden Wehrmannes Hindenburg ganz einfach ab. Anwendungsbeispiele einer Nagelsitte, die auch im befeindeten Ausland nicht unbemerkt geblieben war und heftig attackiert wurde, wie ein Artikel, ebenfalls zu finden im *Kladderadatsch* des Jahrgangs 1915, belegt. Unter der Überschrift »Fetischdienst« liest man:

»Ein römisches Blatt behauptet, die Aufrichtung und Nagelung des ›Eisernen Hindenburg‹ sei ein Beweis deutscher Barbarei, die Deutschland an die Seite der Kongoneger stelle, die mit kindischer Glaubensfreudigkeit ihrem Fetischbilde die Nägel aus den Schuhen verspeister Missionare einnagelten. Das Blatt fährt fort: ›Die Deutschen rühmen sich mit stolzem Mund, den Gipfel der Freiheit und der moralischen Größe darzustellen. Das hindert sie aber nicht, das Bedürfnis zu empfinden, diese Freiheit in rohen, ebenso bestialischen wie kindischen Kunstgebilden zu

Abb. 7 »Der Eiserne Hindenburg«, Holzstandbild, eingeweiht am 4. September 1915 in Berlin (H 12 m), Postkarte

verkörpern und vor diesen auf den Knien zu liegen. Hinter den stolzen Linien der Statue des siegreichen Feldmarschalls, die sich jetzt in Berlin aufrichtet und des Augenblicks harrt, von verehrungswütigen Götzendienern benagelt zu werden, verbergen sich die krasse Angst und die Verzweiflung der Barbaren, die die Gottheit durch die Darbietung eines Fetisches zu versöhnen hoffen. Diese Figur ist nur eins der vielen Zeichen, die uns die rohe und verabscheuungswürdige Natur der Deutschen enthüllt.‹«[29]

Der nicht genannte *Kladderadatsch*-Autor versucht in einem angehängten Absatz noch eine Zurückweisung der italienischen Kritik,

die ihm jedoch, sosehr er sich auch dreht und wendet, nicht gelingen will. Der dort herangezogene Vergleich der Nagelungsstandbilder mit afrikanischen *nkondi*-Statuen (»Fetischbild«) taugte zwar nur der mißverstandenen Nageloberfläche nach, war aber sicherlich nicht der eigentliche Zentralpunkt der Invektive, die vielmehr die »krasse Angst und die Verzweiflung« selbst hinter einer Kolossalstatue wie der des »Eisernen Hindenburg« ausmachte, oder gerade daran.

In die Praxis der Kriegs-Wahrzeichen-Nagelung versuchten zur selben Zeit, ab September 1915, als die Nagelstandbildwelle bereits ihren Höhepunkt erreicht hatte, auch höchste regierungsamtliche Stellen regelnd einzugreifen. Die Staatsministerien des Inneren brachten Entschließungen heraus, die »Fürsorge für die Hinterbliebenen der im Kriege Gefallenen betreffend«:

»Von Österreich-Ungarn aus kam nun der Gedanke, in Stadt und Land Wahrzeichen unserer Zeit herzustellen, in die jeder mit einer freiwilligen Spende einen Nagel einschlagen soll. Leitende Männer haben den Gedanken für unser Deutsches Reich aufgegriffen. In einem Aufruf fordern sie auf, in den deutschen Gauen solche eherne Wahrzeichen herzustellen, um der Nationalstiftung neue Mittel zuzuführen. Feldmar-

Abb. 8 Karikatur aus *Kladderadatsch* LXVIII, 1915, Nr. 28

schall von Hindenburg hat seinen Namen an erster Stelle unter den Aufruf gesetzt. Da soll es auch uns in Bayern eine Ehrenpflicht sein, zum Werke beizutragen und es so zu gestalten, daß es der Eigenart unseres Volkes und den Gefallenen, deren Hinterbliebenen es dienen soll, Ehre macht, und schlicht und würdig den Stempel einer großen ernsten Zeit trägt. Einfache sachliche Wahrzeichen werden hiezu am besten geeignet sein. So mag da und dort eine Gedenksäule mit dem Wappenschilde des Ortes aufgerichtet oder an geeigneter Stelle ein Eisernes Kreuz genagelt werden, das dann im Rathaussaal, in der Kirchenvorhalle, am Schulhaus zum Gedächtnis angebracht werden kann. – Wo man aber von dieser Sammlungsart absehen will, kann an geeigneter Stelle, etwa vor dem Rathaus oder Schulhaus, ein Opferstock aufgestellt werden. – So kann jeweils in der Weise, wie es sich für den Ort am besten schickt, dem Aufrufe Folge geleistet und für die große gemeinsame Sache gesammelt werden.«[30]

Den Gemeinden wurden, so in Bayern und Baden, in der Folge der amtlichen Erlaßregelungen Musterzeichnungen und Entwürfe zur Verfügung gestellt, die das wildgewachsene ikonographische Programm versachlichen und aufs Format gefälligen, wie es hieß volkstümlichen Kunstgewerbes zurechtstutzen sollte. Personenstandbilder gehörten nicht zu diesem Katalog an Vorschlägen. An ihnen hatte sich die Kritik, die allerdings – auch in Rücksicht auf den großen Erfolg ringsum – nur verhalten und indirekt laut wurde, vermutlich entzündet; sie verbarg sich jetzt in den Diskussionen hinter der moralästhetischen Kategorie des »Schicklichen« und verwandten Formulierungen.

Auch der Deutsche Werkbund als ein »Zusammenschluß von Kunst, Industrie und Handwerk«, der sich der Propagierung der »guten Form« programmatisch widmete, schaltete sich ein, schrieb einen Entwurfswettbewerb für »Kriegs-Wahrzeichen zum Benageln« aus und veröffentlichte einen Musterkatalog,[31] zu dem namhafte Künstler wie Fritz H. Ehmcke und Carl Otto Czeschka Beiträge lieferten, die überwiegend aus Vorschlägen zu Säulen und Stelen, also eher sachlichen Kleinformen bestanden. Entwürfe im übrigen, die »kostenlos« einer Vereinigung namens »Nationalgabe, Nagelung von Wahrzeichen zu Gunsten der Nationalstiftung für die Hinterbliebenen der im Kriege Gefallenen« zur Verfügung gestellt werden sollten. Man hatte allerdings nicht bedacht, daß hinter der »Nationalgabe« genannten Organisation, die sich mit ihrem Namen geschickt an die offizielle »Nationalstiftung« angelehnt hatte, ein rein kaufmännisches Unternehmen stand, das sich die Konjunktur der Nagelungs-Wahrzeichen gewinnbringend durch Lieferprogramme und -verträge und eigene Nagelproduktion in diversen Größen und Klassen, vor denen man angesichts der miserablen Qualität an anderer Stelle gewarnt hatte, zunutze zu machen wußte. Der Werkbund hatte sich von dieser Firma zu distanzieren und stellte seine Entwürfe nun den Gemeinden, Behörden und Vereinen direkt zur Verfügung.

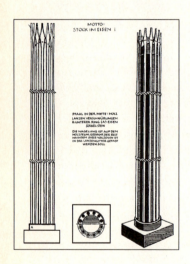

Ein Beispiel aus dem Werkbund-Musterkatalog sei vorgestellt, weil sich hier der »Form«-Kreislauf der Nagelskulpturen schließt. Ehmcke legte verschiedene Entwürfe, betitelt »Stock im Eisen«, vor, die in gerader Linie auf das Wiener Wahrzeichen zurückgriffen, es aber nun in eine graphisch strenge, vom Naturwuchs bereinigte Fasson umwandelten und die einem Liktorenbündel nicht unähnlich sehen und vermutlich, hätten sie als Prototypen am Ausgangspunkt gestanden, die Nagelungsaktionen wohl kaum auf die besagte Hindenburg-Höhe gebracht hätten (Abb. 9).

Abb. 9 Fritz H. Ehmcke, Stock im Eisen I, Entwurf für ein »Kriegs-Wahrzeichen zum Benageln«, 1915

3

In der eingangs als Motto zitierten Passage aus Serners Essay *Die Langeweile und der Krieg* irrte, so der Schriftsteller, die Bevölkerung bei Kriegsbeginn »erschreckt, kopflos, verwirrt« in den Städten umher auf der Suche nach »Halt«, einem »Feststehenden«, einem »Punkt« und »Zweck«. Einen ebenso symbolkräftigen wie sichtbar realen Orientierungs- und Anhaltspunkt haben die Nagelungsstandbilder geliefert, die gesucht und erfunden wurden in einem Augenblick, als die Not der einsetzenden Depression groß war.

Die Tage, Wochen, Monate der neuen Denkmäler waren – ohne daß man sich dies eingestanden hätte – von vornherein gezählt, denn qua Definition hatten sie eben dann ihre Funktion erfüllt, wenn ihre Flächen das ›Nagelornament der Masse‹ überzog und damit die Rüstung vollendet war.

Der Begriff des »ephemeren Denkmals« scheint gerade in der darin ausgesprochenen Contradictio in adiecto tauglich, Standbilder zu kennzeichnen, deren Kunst- und Ewigkeitswert in der Regel gar nicht oder kaum zu Buche schlug, deren Kult- und Gebrauchswert jedoch nicht hoch genug veranschlagt werden kann. Die Standbilder wurden »nach Gebrauch« zwar nicht weggeschafft, sicherlich noch für die Dauer des Krieges in »Ehren« gehalten als Denkmäler ihrer selbst, d.h. der vollzogenen Nagelungsaktionen, an die sie die Akteure über die an den Skulpturen angebrachten Nagelplaketten namentlich oder über die ausgeteilten Andenken mit bezeichneter Nagelstelle auf Postkartenrückseiten im ›Abziehbild‹ erinnerten, dann aber sind sie bald, spätestens in den Revolutionstagen aus der Öffentlichkeit verschwunden. Das weitere Schicksal der Hindenburg-Kolossalstatue mag dafür als Beispiel stehen:

»Die Figur ist nie völlig benagelt worden, und je länger der Krieg währte, um so spärlicher wurden die Treppen zu dem Gerüst benutzt, das sie umgab und das die Opferwilligen betreten mußten. In der Revolution wurde das Gerüst gestohlen. Das Denkmal selbst hatte ein beklagenswertes Schicksal. Die Tiergartenverwaltung kündigte ihm den Platz. Niemand wollte den Koloß übernehmen. Später ist er dann völlig verschwunden. Man munkelte, er sei nach Paris oder gar nach Amerika für viel Geld verkauft worden. In Wirklichkeit verkamen die 21 Blöcke, aus denen die Figur bestand, in einem Schuppen von Berlin N und wurden als Brennholz benutzt. Den Kopf fand ein Baumeister und wies ihm auf seinem Lagerplatz eine ziemlich lieblose Unterkunft an. Hier entdeckte ihn, 1938, die Kriminalpolizei. Man plante den Kopf Hindenburgs ins Märkische Museum zu schaffen, er ging jedoch mit seiner Höhe von 2 Metern durch keine Tür. Nach mühseligen Wanderungen fand der Rest des eisernen Hindenburg in einer Luftfahrtsammlung am Lehrter Bahnhof Quartier. Den zweiten Weltkrieg hat er, wie es scheint, nicht überstanden.«[32]

Nur einige wenige Nagelmänner haben sich in den stadt- oder kulturgeschichtlichen Museen erhalten, meist in deren Depots.[33] Die Nagelungssitte aber sollte nach dem Ersten Weltkrieg nicht aussterben. Die Nationalsozialisten haben sie der Hitler-Jugend überliefert, die für das Winterhilfswerk Nageltableaus mit NS-Symbolik auf die Plätze trug und Spenden eintrieb.[34] Auch in der Frühzeit der DDR, so etwa beim Bau der Stalinallee, aber ebenso in der Bundesrepublik der sechziger Jahre hat man die Nagelungsidee hier und da wieder aufgegriffen.[35]

»In hoc signo vinces« – im Zeichen und Schutz des Roten Kreuzes vor allem gedachte man im Ersten Weltkrieg mit den Nagelungsstandbildern an der Heimatfront zu siegen. Ein neuer Kreuzzugsgedanke ging durch die deutschen Lande, und der »gute Zweck« heiligte die besonderen Mittel, die dort, wo es sich um die Nagelung von Figurenstandbildern handelte, den Tatbestand der Körperverletzung in effigie erfüllten. Einer Kultur jedoch, der der Kruzifixus tagtäglich vor Augen stand und dessen Anblick daher kaum mehr rührte, kam die Barbarei ihrer Nagel-Ersatzhandlungen nicht zu Bewußtsein. Während für zahlreiche Künstler in den Jahren des Ersten Weltkrieges der Nothelfer-Heilige Sebastian zu einer programmatischen Märtyrer-Identifikationsfigur wurde,[36] vollzog die Bevölkerung ihre Nagelungsakte an den Holzstandbildern mit so »unschuldiger« Miene, als sei über den Nagel als einem kurzen Pfeil kein Zusammenhang mit Mord und Totschlag gegeben. Man rückte den Skulpturen auf den Leib, imprägnierte und tätowierte mit Nägeln ihre Holzkörper, signierte und beschriftete sie, kleidete sie, indem man investierte, ein und rüstete sie und sich selbst allegorisch und real zugleich für den Krieg.

Frauen und Kinder vor allem zog man als Handlanger dieser männerphantastischen Künste heran und machte sie in Scharen zu Proselyten des neuen Nagelkultes, um der Todesangst »Herr« zu werden, eine Angst, über die am Abend eben jenes Februartages in Wien, an dem dort die Nagelmann-Idee geboren wurde, Sigmund Freud in einem »Wir und der Tod« betitelten Vortrag vor den Mitgliedern der Wiener Loge des Israelitischen Humanitätsvereins B'nai B'rith (»Söhne des Bundes«) referierte.[37] Ausgehend von der allgemeinen Kriegsbegeisterung sucht Freud nach einer Erklärung für diese Aufrüstung der Gefühle. Die geläufige gesellschaftliche Kultureignung des Individuums ist für ihn dadurch gekennzeichnet, daß sie auf Verdrängung des Todes und Triebunterdrückung beruht – ein Scheinfrieden, geschlossen mit der Todesangst, die sich im Krieg ungewohnt und ungewöhnlich freie Bahn bricht und mit der man nicht umzugehen weiß, es sei denn, man münzt sie um in einen mörderischen Haß auf den Feind, in einen, wie es später genannt wurde, Mordtrieb, der die eigene Todesangst nebensächlich werden läßt angesichts der vorherrschenden Überzeugung, im Krieg selbst Herr über Leben und Tod sein zu können.[38]

Eine ab- und umgeleitete Form dieses »Mordtriebes« könnte man in den Nagelungssitten erkennen, selbst oder gerade da, wo es galt, die eigenen Heroen im Standbild zu (be)nageln.

Anmerkungen

1 *Wiener Kommunal-Kalender und Städtisches Jahrbuch für 1916*, 54. Jg., 1012.
2 Siehe dazu die Publikation *Kriegs-Wahrzeichen zum Benageln, 69 Entwürfe aus einem Preiswettbewerb des deutschen Werkbundes*, München [Dezember] 1915.
3 Hinweise finden sich etwa bei Meinhold Lurz, *Kriegerdenkmäler in Deutschland*, Bd. 3 (I. Weltkrieg), Heidelberg 1985, 41–43, ferner in dem informativen Ausst.-Kat. *Ein Krieg wird ausgestellt. Die Weltkriegssammlung des Historischen Museums*, Historisches

Museum Frankfurt/M. 1976 (= Kleine Schriften des Historischen Museums, Bd. 8).

4 So z. B. der »Isern Hinnerk« in Hamburg (Altonaer Museum; siehe dazu weiter unten), der »Eiserne Georg« in Krefeld (Museum Burg Linn), die Nagelsäule in Mainz (Domplatz), das Standbild »Heinrich der Löwe in Eisen« in Braunschweig (Braunschweigisches Landesmuseum), der »Kölsche Boor en Iser« in Köln (Kölnisches Stadtmuseum) und der Wiener »Wehrmann in Eisen« (heute aufgestellt in einer Arkadennische in Rathausnähe); vgl. u. a. Ernst Doffiné, »Der ›Eiserne Georg‹«, in: *Die Heimat. Zeitschrift für niederrheinische Heimatpflege*, 39 (1968), 180 f.; Wolfram Kraffert, *Die Nagelsäule. Nachdenklicher Führer zu einem Mainzer Denkmal*, Mainz 1984; Wulf Otte, »Heinrich der Löwe in Eisen«, in: *Braunschweigisches Landesmuseum, Informationen und Berichte* 3, 1987, 34 – 38; Beatrix Alexander, *Der Kölner Bauer*, Köln 1987, 106 ff.

5 Das bei den Recherchen zutage getretene umfangreiche Material und die damit einhergehenden Fragen können hier nur im Abriß vorgestellt werden.

6 Leopold Schmidt, *Die Volkserzählung. Märchen, Sage, Legende, Schwank*, Berlin 1963, 178.

7 Ebenda, 176.

8 Siehe z. B. die Monographie von Alfred Burgerstein, *Der Stock im Eisen der Stadt Wien*, Wien 1893; ferner ders., »Der ›Stock im Eisen‹ der Stadt Wien, nebst Bemerkungen über moderne Imitationen in anderen Städten«, in: *Berichte und Mitteilungen des Alterthums-Vereines zu Wien* 43, 1910, 81 – 98, sowie die in Anm. 6 zitierte Untersuchung von Schmidt.

9 *Kürschners Jahrbuch 1915*, Sp. 320.

10 Über die »Kriegsversorgung der Hinterbliebenen« informiert der entsprechende Artikel in *Kürschners Jahrbuch 1915*, Sp. 662 ff.

11 II. Akt, 1. Szene; darüber hinaus hat Kraus in den »Fackel«-Beiträgen dieser Jahre das Thema »Nagelmänner« wiederholt aufgegriffen.

12 *Wiener Kommunal-Kalender für 1916* (Anm. 1), 1026.

13 Ebenda, 1031 f..

14 *Hamburger Nachrichten* Nr. 313 (Abend-Ausgabe) vom 7. Juli 1915, Beilage, Artikel »Isern Hinnerk«.

15 Ebenda.

16 Ebenda.

17 Ebenda; das im Zitat erwähnte »eisenbeschlagene Buch« sowie Exemplare der ausgegebenen Erinnerungsurkunden werden im Altonaer Museum in Hamburg verwahrt.

18 Zit. nach dem Plakat »Der Eiserne Hindenburg von Berlin« (1915).

19 Darüber u. a. der Artikel »Kriegsnagelungen« in: *Illustrierte Geschichte des Weltkrieges 1914/16*. Stuttgart/Berlin/Leipzig/Wien o. J., Bd. IV, 334 – 336.

20 Hans Sachs, »Vom Hurrakitsch, von Nagelungsstandbildern, Nagelungsplakaten und andren – Schönheiten«, in: *Das Plakat* 8, 1917, H. 1, 6.

21 Dem Vf. sind bislang rund 180 Beispiele bekannt geworden.

22 *Meyers Kleines Konversations-Lexikon*, 7. Aufl., Leipzig/Wien 1909, Bd. 5, s. v. Rotes Kreuz.

23 Und dies trotz der pressepolitischen Unterstützung, die etwa der Jenaer Kunsthistoriker und Archäologe Botho Graef dem Kirchner-Projekt widmete; siehe dessen Ar-

tikel »Der Eiserne Schmied von Hagen« in der *Hagener Zeitung* Nr. 461 (Morgen-Ausgabe) vom 2. Oktober 1915.
24 Siehe Mario-Andreas von Lüttichau, »Rekonstruktion der Ausstellung ›Entartete Kunst‹, München, 19. Juli – 30. November 1937«, in: Peter-Klaus Schuster (Hg.), *Nationalsozialismus und ›Entartete Kunst‹: Die ›Kunststadt‹ München 1937*, München ³1988, 120 ff., hier 161.
25 Im Museum Folkwang allerdings ohne Erläuterung des kulturgeschichtlichen Kontextes ausgestellt; die Skulpturengalerie der Staatlichen Museen Preußischer Kulturbesitz in Berlin verwahrt das bronzierte Gipsmodell für den Nagel-Hindenburg-Statue von Georg Marschall, siehe den Ausst.-Kat. *Preußen – Versuch einer Bilanz*, Berliner Festspiele GmbH 1981, Bd. 1, 577, Kat.-Nr. 31/6.
26 Siehe dazu ausführlich den Aufsatz d. Vfs. »Ernst Ludwig Kirchner und Friedrich Bagdons. Der Hagener Wettbewerb um den ›Eisernen Schmied‹ – eine ›Kunst im Krieg‹-Episode des Jahres 1915«, in: Ausst.-Kat. *Friedrich Bagdons (1878–1937). Eine Bildhauerkarriere vom Kaiserreich zum Nationalsozialismus*, bearb. von Uwe Fleckner und Jürgen Zänker, Museum für Kunst und Kulturgeschichte der Stadt Dortmund 1993, Stuttgart 1993, 21–31.
27 Siehe die Untersuchung *Historische Mythologie der Deutschen 1798–1918* von Wulf Wülfing, Karin Bruns u. Rolf Parr, München 1991, insbesondere den Abschnitt »Bismarck – Hindenburg«, 197 ff.
28 Darüber ausführlich in der *Liller Kriegszeitung*, 2. Kriegsjahr, Nr. 21 (Hindenburg-Nummer) vom 1. Oktober 1915.
29 Artikel »Fetischdienst«, in: *Kladderadatsch* LXVIII, 1915, Nr. 37, o. Pag. (Hervorhebung d. Vfs.).
30 »Entschließung des K. Staatsministeriums des Innern [Bayern] Nr. 2748 a 62 vom 1.9.1915: Die Fürsorge für die Hinterbliebenen der im Krieg Gefallenen betreffend«, abgedruckt in: *Bayerischer Heimatschutz. Monatsschrift des Vereins für Volkskunst und Volkskunde in München* 13, 1915, 44.
31 *Kriegs-Wahrzeichen* (Anm. 2).
32 Paul Weiglin, *Berlin im Glanz. Bilderbuch der Reichshauptstadt von 1888 bis 1918*, Köln 1954, S. 277 f.
33 So etwa der »Isern Hinnerk« im Altonaer Museum in Hamburg; ein eigentümliches Schicksal ereilte den genagelten »Adler« im Historischen Museum in Frankfurt/M.: angesehen als eine Art Altlast und Gerümpel wurde er in den sechziger Jahren kurzerhand dem Feuer übergeben.
34 Auch wurden, so etwa 1934 in Wien, die Nagelungsstandbilder des Ersten Weltkriegs von den Nazis wieder hervorgeholt und zu neuen Aufstellungs-»Ehren« gebracht und über Postkarten zu Spendenzwecken reaktiviert; siehe den Artikel »Wehrmann in Eisen« von Andreas Lehne in: *Die Presse*, Magazin »Schaufenster« vom 27. September 1990, 4.
35 In Dortmund z. B. wurde die Rathaus-Statue des »Eisernen Reinoldus«, die während des Zweiten Weltkriegs verbrannt war, Ende der sechziger Jahre im Auftrag der ansässigen Fleischer-Innung in ganzer Größe von dem Bildhauer Jan Bormann nachgeschaffen, um sie »wohltätigen Zwecken« zuzuführen (die Lokalpresse berichtete ausführlich). – Im Zusammenhang der Gestaltung des Gedenkraums der KZ-Gedenkstätte Neuengamme (Hamburg) wurde ein Vorschlag veröffentlicht, der vor-

sah, an die 55 000 Opfer dadurch zu erinnern, daß für jeden Ermordeten eine kleine Plakette aus Bronze in Form eines Nagels in die Längswände eingelassen wird; die Mittel für die Ausgestaltung des Raums sollten vorwiegend durch Spenden aufgebracht werden, u. a. durch »Verkauf« der Bronzenägel.

36 Siehe Joachim Heusinger von Waldegg, *Der Künstler als Märtyrer. Sankt Sebastian in der Kunst des 20. Jahrhunderts*, Worms 1989, 44 ff.
37 Sigmund Freud, »Wir und der Tod«, Vortrag gehalten in der Sitzung der »Wien« am 16. Februar 1915, zuerst abgedruckt in der *Zweimonatsschrift für die Mitglieder der österr. israel. Humanitätsvereine B'nai B'rith* 18, 1915, Nr. 1, 41–51; hier zugrunde gelegt der Wiederabdruck in *DIE ZEIT* Nr. 30 vom 20. Juli 1990, 42 f.; vgl. auch Freuds gleichzeitig entstandene Schrift *Zeitgemäßes über Krieg und Tod*, Leipzig/Wien/Zürich 1924 (zuerst in *Imago* 4, 1915; Freud-Studienausgabe Bd. 9, 33–60).
38 Vgl. dazu auch Oskar Negt u. Alexander Kluge, *Geschichte und Eigensinn*, Frankfurt/M. 1981, 831 f., sowie Werner Fuchs, »Herrschaft und Gewalt«, in: Hans Ebeling (Hg.), Der Tod in der Moderne, Königstein/Ts. 1979, 155.

Politik und Denkmal
Allianzen / Mesalliancen

1

Mit Denkmälern hat es eine eigentümliche, widersprüchliche Bewandtnis: Aufgestellt, um betrachtet zu werden, geht man im allgemeinen achtlos an ihnen vorüber, ein Phänomen, das den Schriftsteller Robert Musil in den zwanziger Jahren zu einer Satire angeregt hat, die sich unter anderem zu der These versteht: »Es gibt nichts auf der Welt, was so unsichtbar wäre wie Denkmäler.« Durch irgend etwas, heißt es erläuternd, sind sie »gegen Aufmerksamkeit imprägniert (...). Es geht vielen Menschen selbst mit überlebensgroßen Standbildern so. Man muß ihnen täglich ausweichen oder kann ihren Sockel als Schutzinsel benutzen, man bedient sich ihrer als Kompaß oder Distanzmesser, wenn man ihrem wohlbekannten Platz zustrebt, man empfindet sie gleich einem Baum als Teil der Straßenkulisse und« – hier folgt die aufstörende, im Konjunktiv formulierte Ausnahme von der Regel – »würde augenblicklich verwirrt stehenbleiben, wenn sie eines Morgens fehlen sollten«.[1]

Seit einigen Jahren gibt es, was Denkmäler betrifft, vielerorts einen solchen »Ausnahme«-Zustand, der, so ist abzusehen, auch noch eine Weile andauern wird. Bedingt durch die politischen Umwälzungen in Deutschland, in Mittel- und Osteuropa sind Denkmäler – eine bestimmte Spezies jedenfalls – wieder *merk*würdig geworden. Sie erregen Aufsehen, sind umstritten, und ihre Geschichte wird auf den Titelseiten der Tagespresse in Bild und Text ausführlich verhandelt. Von ihrem spektakulären Ende wird berichtet, so vom Verschwinden der Lenin-, Stalin-, Hoxha- und Dserschinski-Kolossalstatuen in Riga, Vilnius, Berlin, Tirana oder Moskau. Kaum zuvor war man in aller Welt über diesen Denkmälerbestand so gut informiert wie in dem Augenblick, da er zur Disposition steht.[2]

Und folglich ruft dieser Umstand, in Musils Worten, »augenblicklich Verwirrung« hervor. Für Konfusion sorgt darüber hinaus, daß parallel zum Sturz der politischen Monumente in den vormals kommunistisch regierten Staaten, auf der anderen Seite – um nicht zu sagen: im Gegenzuge – neue politische Denkmäler aufgestellt oder gar alte, längst vergessen geglaubte Standbilder wiedererrichtet worden sind. Auch diese Aktionen haben Schlagzeilen gemacht. Denkmäler, so wird man Musils Einschätzung von der Unsichtbarkeit demnach ergänzen dürfen, sind zum einen bestens sichtbar anläßlich ihrer Einweihung, den sogenannten Enthüllungsfeiern, also am Beginn ihrer Karriere als öffentliche Monumente,[3] und dann wieder an ihrem Ende, dem Sturz vom Sockel – es sei denn, der Abriß erfolgt bei Nacht und Nebel, wie dies z. B. den Stalin-Denkmälern in der DDR gegen Ende der 50er Jahre ergangen ist.

So kann, wer heute über Denkmäler, insbesondere über das Verhältnis von Politik und Denkmal spricht, anders als dies vor wenigen Jahren noch der Fall gewesen wäre, sein Thema ganz in der Gegenwart ansiedeln: Der Gegenstand und die damit verbundenen Probleme sind aktuell, an Exempeln fehlt es nicht, und die Quellen fließen reich – kurz, Denkmäler haben, zumal in Deutschland, wieder Konjunktur. Dies steht nicht im Widerspruch zu der Tatsache, daß die Gattung Denkmal insgesamt, zumal die traditionelle Form des heroisierenden Standbildes, schon zu Beginn unseres Jahrhunderts vielfach als obsolet erachtet wurde. Daß folglich ihr Ende besiegelt schien, ergibt sich daraus, daß dieses per se konservative, auf Dauer, überzeitliche Geltung und Idealisierung hin angelegte Medium in der Moderne zwar künstlerisch, nicht jedoch politisch verabschiedet worden ist. Vielmehr hat die Politik weiter auf den Gebrauchswert von Monumenten gesetzt und daher immer wieder auch neue Denkmäler in Auftrag gegeben. Sie nutzt bis heute die Wirk- und Werbekraft von Zeichen und Symbolen, und Denkmäler gehören traditionell zu diesem Corpus politischer Symbolik und sind noch immer als historisch nobilitierte Gattung ein herausragendes Instrument staatlicher Propaganda.

Anhand einiger Beispiele der jüngeren Vergangenheit – gerechnet seit dem »Fall der Mauer« – sollen im folgenden einige der geläufigen Umgangs- und Gebrauchsformen mit und von politischen Denkmälern vor Augen gestellt werden. Dabei geht es um einen Beitrag zur Selbstverständigung einer Gegenwart, der zwar vieles aktuell ist, nur weniges aber auch auf längere Sicht bedenkenswert erscheint. Die gegenwärtige Denkmalfrage ist ohne Zweifel ein Gegenstand, der diese Beachtung verdient, da es um nichts weniger als um markante neue »kollektive Gedächtnisorte«[4] und weithin sichtbar »aufgerichtete Geschichtsbilder«[5] geht.

2

Einleitend (und zum Vergleich) sei an jene Politik mit Denkmälern erinnert, wie sie die Praxis der Nagelungsstandbilder während des Ersten Weltkrieges stellvertreten kann. Als Beispiel sei auf das Berliner Hindenburg-Denkmal (Abb. 1) verwiesen, eine Holzstatue von 12 Metern Höhe und 26 Tonnen Gewicht, die als »Kriegswahrzeichen zum Benageln« die Bevölkerung aufforderte, ihre Nagelspende zu entrichten.[6] In kurzer Frist errichtet, kam dieses Riesenstandbild schon bald außer Gebrauch und nahm in der Zeit nach 1918 wie viele andere Denkmäler dieser Spezies ein rasches Ende: Zunächst wurde das Gerüst entfernt, dann kündigte die Tiergartenverwaltung dem Monument seinen Platz, und die 21 Blöcke, aus denen die Figur gefügt war, verrotteten in einem Lagerschuppen im Berliner Norden, bevor sie anschließend als Brennholz verfeuert wurden. Das mächtige Haupt blieb zunächst erhalten; es sollte eigentlich ins Museum gelangen, paßte jedoch ob seiner Ausmaße durch keine Tür und ging im Zweiten Weltkrieg verloren.

Mit dem Beispiel der Hindenburg-Kolossalstatue ist in gewisser Weise bereits in die Gegenwart zurück- und übergeleitet worden, eine Gegenwart, die in Berlin besonders aktuell ist. In einer Kiesgrube in Köpenick wurde im Laufe des Winters 1991/92 ein anderer »Koloß« – 19 Meter hoch, 400 Tonnen schwer – abgelegt und »entsorgt«, ein Standbild, das seit 1970 in Berlin-Fried-

Abb. 1 »Der Eiserne Hindenburg«, Holzstandbild, eingeweiht am 4. September 1915 in Berlin, Postkarte

richshain seinen Platz hatte (Abb. 2) – die aus ukrainischem Granit von dem sowjetischen Bildhauer Nikolai Tomski geschaffene Lenin-Statue, deren rasch nach der »Wende« erfolgter Abriß für große Beachtung gesorgt hat. Daß der hölzerne »Hindenburg« als Denkmal nicht überleben würde, haben vermutlich selbst diejenigen, die sie errichten ließen, von vornherein gewußt, jedenfalls in Kauf genommen – seine Funktion war spätestens 1918 beendet. Als ein ephemeres Denkmal verstanden und genutzt, hatte die Skulptur ihren Dienst als Kollektivsymbol getan; über den künstlerischen Wert war darüber hinaus bereits von den Zeitgenossen nichts verlautet, so daß auch dieser Gesichtspunkt nicht zum Tragen kam. Daß sie Brennholz lieferte, war der Berliner Bevölkerung vermutlich der wesentliche Aspekt, der sie jetzt noch auszeichnete.

Anders jedoch der Fall des »Lenin« in Friedrichshain, eine Skulptur, weithin sichtbar, auch ein Wahrzeichen Ostberlins, von den DDR-Behörden bald nach der Errichtung unter Denkmalschutz gestellt, ein Schutz, der mit der Wiedervereinigung und der Geltung der neuen Gesetze nicht abgelaufen, sondern per Einigungsvertrag ausdrücklich weiterhin garantiert war, jedoch durch die für den Abriß plädierenden Senatsparteien ausgesetzt wurde. Zwar wurde eine Wiederaufstellung an anderem Ort und eines anderen, fernen Tages theoretisch in Aussicht genommen, aber die Zerlegung der Statue bereitete den Abbaufirmen erhebliche technische Schwierigkeiten, so daß sie nicht, wie anfangs geplant, sachgerecht, sondern nur mehr mit brachialer Gewalt erfolgte, wobei die Statue in Stücke zerfiel. Welchem politischen Selbst-, Staats- und Denkmalverständnis die Lenin-Figur als Devotionsobjekt historisch erwachsen ist, muß hier nicht ausgeführt werden. Vielmehr interessiert jenes Selbstverständnis, das zu ihrem Ende geführt hat. Denn ganz ohne Frage sollte die Statue, wie Denkmäler allgemein und per definitionem,

Abb. 2 N. W. Tomski, Lenin-Denkmal, Berlin-Friedrichshain, eingeweiht 1970

auf Dauer gestellt sein, ein Anspruch, von dem das Riesenstandbild ob seiner Größe, vor allem auch durch das Material, den Granit, wie selbstredend kündete. Die Unterschutzstellung lieferte dazu den rechtlichen Rahmen, verrechtlichte demnach, was das Monument besagte, und schrieb insbesondere auch die Wertschätzung als Kunstwerk fest, ein Gesichtspunkt, der neben dem historischen, so er denn anerkannt worden wäre, vielleicht den Abbruch nicht verhindert, aber immerhin einen sorgfältigen Umgang sichergestellt hätte. Aber politisch wurde der Denkmalschutz aufgehoben bzw. juristisch unterlaufen, und weder der historische noch der künstlerische Wert wurde in Anschlag gebracht. In dem diesbezüglichen Urteil heißt es: »Das Interesse des Eigentümers an dem Abbau des Denkmals ergibt sich aus dem aktuellen Interesse der Allgemeinheit, eine Statue Lenins aus dem öffentlichen Straßenbild zu entfernen, darin begründet, daß der wesentliche Grund für die Aufstellung des Denkmals die Verehrung der Person Lenins war, die die damalige Staats- und Parteiführung der DDR propagiert hat.«[7] Ein Kultbild demnach, kein Denkmal oder Kunstwerk, das hier außer Funktion gesetzt wurde. Eine der unausgesprochenen Voraussetzungen, die über die Formulierung »Interesse der Allgemeinheit« in das Urteil eingeflossen ist, kann sich schwer ausweisen. Denn es hat zahlreiche Gegner des Abrisses und Befürworter des Erhalts gegeben; möglicherweise hätte eine offizielle Umfrage eine Mehrheit für den Verbleib erbracht. So aber wurde dekretiert, was auch hätte öffentlich diskutiert werden können, zumal nur den Politikern, wohl kaum der Bevölkerung die Zeit drängte.[8]

Mit dem Sturz der Lenin-Statue ist der Berliner Senat am Ende des 20. Jahrhunderts verfahren, wie seit der Antike mit politisch unliebsamen Denkmälern, mit Standbildern in der Geschichte vielfach verfahren worden ist: man räumte sie fort und versuchte, diese wie die gemeinten Personen dem Vergessen anheimzustellen – ein Akt der *damnatio memoriae*. Man kann fragen, ob hinter diesem staatlich verordneten Bildersturm – und der Fall des Lenin-Denkmals ist nur das prominenteste Beispiel einer großen Zahl von Standbildern, die »aus dem öffentlichen Straßenbild entfernt« worden sind – nicht ein atavistischer Glauben an die Wirkmacht von Bildern und Statuen

steht, deren Bann nur dadurch zu brechen ist, daß man sie aus seinem Gesichtskreis entfernt oder gar zertrümmert. Auf der anderen Seite geht es um die Demonstration von Macht. Indem die Zeichen – und der »Lenin« gehörte als dominantes Hyperzeichen zu den zentralen Symbolen der Hauptstadt der DDR wie des Staates insgesamt – vernichtet oder jedenfalls den Blicken entzogen werden, setzt man selbst Gegenzeichen; ein Zeichenkrieg, der sich mit dem Abriß auch prompt und äußerst bildwirksam in Szene setzen ließ (Abb. 3): Lenins Kopf schwebte am Galgen, ruhte am Boden, lagerte auf der Ladefläche eines Sattelschleppers, schließlich in der Kiesgrube am Stadtrand. Die Fotoreportagen und Fernsehberichte kündeten vom Sieg der einen über die andere Herrschaft, nachdem diese – mit der »Mauer« – längst gefallen war. Man kann den Abriß auch als ein inszeniertes Medienereignis ansehen, das der Nation wie dem Ausland vorführte, wer fortan politisch das Sagen hatte. Daß der Vorwurf der Barbarei und des Bildersturms nicht lauter geworden ist, liegt vielleicht daran, daß in eben der Zeit andernorts in vormals sozialistischen Ländern ein vergleichbarer Kampf tobte. Allerdings mit einem entscheidenden Unterschied: In Moskau, Riga, Tirana oder Vilnius ging der Angriff gegen die Statuen ursprünglich und wesentlich von der Bevölkerung, von der Menge und von unten aus, die Denkmäler wurden nicht von oben, auf dem Verordnungswege, von den staatlichen Organen vom Sockel gehoben. Hier wäre dann mit ganz anderem Recht »von öffentlichem Interesse« die Rede. Man denke an das Schicksal der Kolossalstatue des albanischen Staatsgründers und Diktators Enver Hoxha in Tirana, die im Februar 1991 von Studenten gestürzt wurde – nach »33 Jahren Standvermögen«; oder an das des Denkmals für den Tscheka-Gründer Felix Dserschinski im Moskauer Stadtzentrum, das im August desselben Jahres von Demonstranten unter technischer

**Abb. 3 Demontage des Berliner
Lenin-Denkmals am 13. November 1991**

Mithilfe der Administration zu Fall gebracht wurde. In beiden Fällen begleiteten jubelnde Mengen die Ex-Thronisation der »Erz«-Väter, die entweder in Parks abgelegt oder auch umgeschmolzen wurden; letzteres in Albanien, wo aus dem Erz der Hoxha-Statue umgehend ein Denkmal für den deutschen Philosophen (und Satiriker) Georg Christoph Lichtenberg gemodelt wurde, das inzwischen in Göttingen steht[9] – Entsorgung durch Recycling von Abfall, den die Geschichte produziert hat.

Denkmäler stehen unter Schutz, das Nähere regelt ein Gesetz (und in besonderen Fällen eine Konvention). Allerdings, wie die Beispiele zeigen, nicht uneingeschränkt. Und dies betrifft gerade auch die vordem »gewollten« Denkmäler (Alois Riegl), demnach solche, die offiziell und staatlicherseits »gesetzt« worden sind, etwa um Herrschaft zu legitimieren, zu repräsentieren oder auch zu tradieren.[10] Wandelt sich die Herrschaftsform, verändern sich die Grundlagen der Wertschätzung, zumal bei prononciert politischen Denkmälern. In den Personenstandbildern – den »stellvertretenden Bildnissen« (Adolf Reinle) – werden nur mehr die Repräsentanten eines politischen Systems gesehen, die als Relikte und Überreste erachtet und *in effigie* angegriffen und abgestraft werden, sei es, daß sie von der Menge, von unten also, gestürzt, sei es, daß sie durch administrative Eingriffe von der Bildfläche verschwinden. Explizit politischen Denkmälern, sosehr sie auch nach Material und Propaganda auf Dauer hin angelegt sein mögen, läßt sich mit der Errichtung eine begrenzte Standhaftigkeit fast schon voraussagen, jedenfalls eine wechselvolle Geschichte. Eine Chance, als historische Objekte ein vergangenes, überholtes Geschichtsverständnis zu dokumentieren, und sei es im Museum, werden von den sozialistischen Denkmälern der DDR voraussichtlich nur wenige erhalten. Im »Lenin« hat jetzt beide Male eine Politik, die auf beredte Symbole aus war oder ist, ihren Fall gefunden. Inzwischen hat sich die Diskussion beruhigt, sie verläuft in geordneten Kommissionsbahnen, auch Kunsthistoriker, Denkmalpfleger und Restauratoren sind beratend wieder zugelassen.

Wurde bisher von Abriß und Denkmalsturz gesprochen, so soll jetzt auch von der Kehrseite, von der Errichtung neuer politischer Denkmäler, die Rede sein. Offenbar gehen beide Tendenzen Hand in Hand: Während auf der einen Seite die Denkmäler fallen, wird auf der anderen Seite dieses Vakuum durch Neuaufstellungen gefüllt. Dabei hat – in dem einen wie dem anderen Fall – eine öffentliche Diskussion und Anhörung nur eher eingeschränkt stattgefunden, so daß von demokratischer Legitimation weniger dem Geist als dem Buchstaben nach gesprochen werden kann. Ebenso rigoros wie die eine Denkmalklasse abgerissen wurde, wurde die andere errichtet. Drei unterschiedliche Denkmalbereiche kommen hier in Betracht, die allerdings auf politischer Ebene in Korrespondenz miteinander stehen: Erstens die Wiederaufstellung eines monarchischen Standbildes, zweitens die Restitution einer nationalen Gedenkstätte und drittens die Instandsetzung eines sogenannten »Denkmals der Kulturnation« qua Restaurierung.

Während in Berlin die Lenin-Statue der öffentlichen Hand zur Disposition stand, regte sich in Koblenz ein anderes, privates Denkmal-Interesse. Seit Jahren hatte sich dort ein Verleger für die Wiederaufstellung der Reiterstatue Kaiser Wilhelms I. – errichtet 1891–1897 – am Deutschen Eck eingesetzt, die gegen Ende des Zweiten Weltkrieges durch amerikanischen Beschuß von ihrem Sockel gestürzt und später verschwunden war; nur der Unterbau war verblieben. Dieses leere, monumentale Postament fungierte seit dem 18. Mai 1953, dem Verfassungstag von Rheinland-Pfalz, bestückt mit der bundesdeutschen Flagge, als offizielles, vom damaligen Bundespräsidenten geweihtes »Mahnmal der deutschen Einheit«. Während die Deutsche Bundespost im Frühjahr 1992 dieses Mahnmal noch farbenprächtig zur 2000-Jahr-Feier der Stadt Koblenz im Briefmarkenbild feierte (Abb. 4), zeichnete sich das Ende der Ära des Sockeldenkmals als Mahnmal bereits ab. Mit allen ihm zu Gebote stehenden, darunter erheblichen Finanzmitteln, hatte es der Koblenzer Verleger im Verein mit den zuständigen Behörden und politischen Parteien unternommen, das »Mahnmal«

im Austausch gegen eine Kopie in ein Kaiser-Wilhelm-Denkmal zurückzuverwandeln. Vorgebliches Hauptinteresse war es, den vermeintlich leeren Platz zeichenhaft neu zu besetzen, um dem Deutschen Eck, wie es hieß, wieder eine entsprechende, ansprechende touristische Attraktion zu verschaffen.  Just zum Jahrestag der Verfassung landete der »reitende Kaiser« nebst Siegesgenius 1992 in einer in Düsseldorf gefertigten Neuguß-Fassung an Ort und Stelle an (Abb. 5), um nach allerlei Querelen und gegen politische Widerstände ein Jahr später, am 2. September 1993, ausgerechnet am ehemaligen Sedanstag, dem Tag der französischen Kapitulation vor dem Deutschen Kaiserreich, als immer noch »gen Frankreich reitender Kaiser« wieder auf den alten Sockel gehievt zu werden.[11] Über den historischen Umweg über ein Mahnmal wurde so ein monarchisches Denkmal aus der Retorte regeneriert. Und das Koblenzer Beispiel hat insofern Schule gemacht, als es auch andernorts, etwa in Wilhelmshaven, Bestrebungen gibt, Kaiser-Wilhelm-Denkmäler, die längst vergessen schienen, durch Nach- und Neugüsse zu restituieren. Geschichte wird mittels Denkmal zur Verfügungs- und Verschiebungsmasse, im Krebsgang rückgängig gemacht, indem die historischen Zwischenstufen übersprungen, ja getilgt werden. Wenn an so prominenter historischer, geographischer und topographischer Stelle eine Privatinitiative in Sachen Denkmal erfolgreich sein kann, so ist dies selbstverständlich keine Privat-, sondern vorrangig eine öffentliche Angelegenheit. Die Genehmigung durch die Behörden und die Sanktionierung durch die Politik haben diese Denkmalsetzung zu einem offiziellen (Staats-)Akt werden lassen.

Während in Koblenz ein *Mahn*mal, das daran erinnern sollte, die Teilung Deutschlands nicht zu vergessen, in ein *Denk*mal, ein Kaiserstandbild, zurückverwandelt wurde, wurde unterdessen in

Abb. 4 »2000 Jahre Koblenz«, Sondermarke der Deutschen Bundespost 1992 (mit dem Sockel-Mahnmal)

Berlin ein Mahnmal der DDR in ein Mahnmal der neuen Bundesrepublik umgestaltet. Durch Umbau, Restaurierung und Austausch der zentralen politischen Symbolik wurde das »Mahnmal für die Opfer des Faschismus und Militarismus« in die »Zentrale Gedenkstätte der Bundesrepublik Deutschland« transformiert, ihre nationale Trauer- und Protokollstätte, die am Volkstrauertag 1993 eingeweiht wurde. Die von Schinkel in den Jahren 1816/18 Unter den Linden errichtete Neue Wache hat mit der jetzt vollzogenen Umgestaltung bereits die fünfte Verwandlungsstufe als Gedächtnisort hinter sich:[12] 1931 eingeweiht in der – im Anschluß an einen Wettbewerb – von dem Architekten Heinrich Tessenow geschaffenen Fassung als »Gedenkstätte für die Gefallenen des [Ersten] Weltkrieges«, wurde sie ausgestattet mit einem von einer Rundöffnung in der Decke bekrönten Zentralraum, einem schwarzen Monolith-Kubus als Gedenkstein mit aufgelegtem goldenen Eichenlaubkranz (von Ludwig Gies), einer Inschriftplatte (»1914–1918«) sowie zwei hohen Kandelabern in den Raumecken (Abb. 6). Mit dem Machtantritt der Nationalsozialisten erfolgte die Übernahme der Gedenkstätte, die in ihren Hauptbestandteilen beibehalten wurde; den wesentlichsten Eingriff stellte neben der Betonung des militärischen Charakters die Anbringung eines Eichenholzkreuzes an der Rückwand dar, wodurch die jetzt als »Ehrenmal« titulierte Stätte um ein zentrales christliches Symbol erweitert wurde – »zum Zeichen [dafür], daß wahres Christentum und heldisches Volkstum zusammengehören«[13], wie es hieß. An die Stelle der ursprünglichen Funktion der Wache, »nämlich dem stillen Gedenken an die im Weltkrieg Gefallenen zu dienen, trat die Verherrlichung des Soldatentodes. Jeweils am ›Heldengedenktag‹ [dem Vorläufer des Volkstrauertages]

Abb. 5 Anlandung des nachgeschaffenen Reiterstandbildes Kaiser Wilhelms I. am Deutschen Eck, 1993

nahm Hitler vor der Wache im Rahmen einer feierlichen Zeremonie eine Parade der Wehrmacht ab, während im Inneren des Gebäudes Kränze niedergelegt wurden.«[14] Nachdem die Neue Wache noch während der letzten Kriegswochen durch Bomben schwer beschädigt und der zentrale Granitkubus durch die Hitze stark verformt wurde (Abb. 7), blieb die Gedenkstätte lange Jahre als Trümmerstätte liegen, und es kam die Idee auf, sie als solche als denkwürdiges Mahnmal zu erhalten. Doch dazu kam es nicht, vielmehr entbrannte ein Streit um die fernere Nutzung. Erst 1951 wurden erste Wiederherstellungsarbeiten in Angriff genommen, 1956 wurde die künftige Verwendung als »Mahnmal für die Opfer des Faschismus und der beiden Weltkriege« beschlossen, das später die Widmung »Den Opfern des Faschismus und Militarismus« erhielt. In dieser Funktion wurde die Stätte in dem durch den Architekten Heinz Mehlan geschaffenen Zustand im Mai 1960 mit militärischem Zeremoniell wieder eingeweiht (Abb. 8). Ab 1962 – bis zum Ende der DDR – zogen auch Wachsoldaten als Posten vor der Wache wieder auf. Der verformte Gedenkstein diente dieser Neufassung als eindrucksvolles Symbol für die Entwicklungen und Irrwege der deutschen Geschichte. Mit der erneuten Umgestaltung der Neuen Wache zum 20. Jahrestag der DDR, die auf Beschluß des Politbüros der SED vom 14. Januar 1969 erfolgte, wurde von dem durch die bisherige Gestaltung der Wache tradierten Geschichtsbild zugunsten einer repräsentativen Selbstdarstellung der DDR Abstand genommen. Die Neugestaltung des Mahnmals durch Lothar Kwasnitza schloß sich inhaltlich an die Tradition der Gedenkstätten für den Unbekannten Soldaten an, wie sie in Paris und London bereits zu Beginn der zwanziger Jahre verwirklicht worden waren.[15] Der schwarze Granitblock verschwand, das Zentrum der neuen Anlage bildete jetzt ein Glaswürfel mit einer ewigen Flamme als »Symbol der Opfer« (Abb. 9). Vor diesem prismatisch geschliffenen

Abb. 6 Berlin, Neue Wache, Innenraum in der Neugestaltung von Heinrich Tessenow, 1931

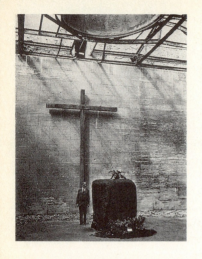

Flammenkubus wurden die Gräber des Unbekannten Soldaten und des Unbekannten Widerstandskämpfers angelegt. Die Stirnwand erhielt als Blickfang eine Steinintarsie des DDR-Staatswappens.

Mit dem Ende der DDR begannen dann die Erörterungen um die Nutzung der Neuen Wache als zentrale Gedenkstätte der Bundesrepublik Deutschland. Auf Initiative des Bundeskanzlers, wie es heißt[16], beschloß die Bundesregierung »nach parteiübergreifenden Gesprächen« im Januar 1993, Teile des Bauprogramms von Tessenow für die Gedenkstätte wiederherzustellen und mit einer im Maßstab 1:4 vergrößerten Replik der Skulptur »Mutter mit totem Sohn« von Käthe Kollwitz zu verbinden. Es gab keinen Wettbewerb, keine Ausschreibung. Im Sommer 1993 begannen die Umgestaltungsarbeiten, eine neue Muschelkalkwandverkleidung wurde angebracht und das alte Tessenowsche Fußbodenmosaik aus Basaltlavasteinen freigelegt. Der Glaskubus wurde entfernt, die Urnengräber blieben erhalten. Im Zentrum wurde unterhalb des wieder geöffneten Oberlichts die »Mutter mit totem Kind«-Skulptur aufgestellt, geschaffen von dem Berliner Bildhauer Harald Haacke und der 38 cm hohen Pietà von Kollwitz nachgestaltet (Abb. 10). Vor dieser Mittelpunktfigur befindet sich auf dem Boden die Widmungsinschrift: »Den Opfern von Krieg und Gewaltherrschaft.« Am 14. November 1993 wurde die neue Gedenkstätte von Vertretern der höchsten Verfassungsorgane in gemeinschaftlichem Akt eingeweiht.

Die Umgestaltung der Neuen Wache hat heftige Kontroversen um das Geschichtsbild, die Formen des Gedenkens und den Charakter der Gedenkstätte ausgelöst.[17] Die grundsätzliche Frage, ob es in Deutschland, gerade wegen seiner besonderen Geschichte, überhaupt eine zentrale Gedenkstätte geben müsse (oder könne), wurde

Abb. 7 Das Innere der Neuen Wache, aufgenommen 1945 von Robert Capa

immer mit dem Hinweis auf die internationalen diplomatischen Gepflogenheiten und die Notwendigkeit einer Protokollstätte beantwortet. Die andere Frage, warum die Errichtung so zügig und vorbei an aller Mitsprache der Öffentlichkeit und der Ausschreibung eines Wettbewerbs geschehen müsse, blieb hingegen unbe-
antwortet. Darüber hinaus entzündete sich die in der Öffentlichkeit, weniger in den parlamentarischen Gremien, geführte Debatte an der Frage der Widmung der Stätte, an ihrem Textprogramm also, für das die Inschrift, wie an ihrem Bildprogramm, für das vor allem die Kollwitz-Skulptur steht.

Hier kann nur auf das Zentralmotiv, die Kollwitz-Replik, eingegangen werden. Fragwürdig ist nicht nur die Transformation einer Kleinplastik, einer intimen Statue, in eine Großplastik, sondern auch die Ideologie einer als Pietà verstandenen Darstellung, die in ihrem christlichen Referenzrahmen das Gedenken gerade auch der Opfer des Holocaust entschieden erschwert, wenn nicht ausschließt. »Ein politisches Denkmal«, so der Historiker Reinhart Koselleck, »das die Erinnerung an das Massensterben und an das Massenmorden wachhalten soll, muß allen zugänglich sein, alle ansprechen, unbeschadet ihrer nationalen oder religiösen Herkunft. Eine Pietà schreibt die religiösen Barrieren fest.«[18] Problematisch ist ferner der Rückgriff auf ein Bildwerk, das 1937/38, vor Beginn des Zweiten Weltkrieges und im Gedenken an den Ersten Weltkrieg geschaffen worden ist, vor jener Katastro-

Abb. 8 »Mahnmal für die Opfer des Faschismus und Militarismus«, Neue Wache, Aufnahme Juni 1960
Abb. 9 Umgestaltung des Innenraumes der Neuen Wache 1968/69, Aufnahme 1974

phe also, die unser Geschichtsbild grundlegend und nachdrücklich gewandelt hat, eine Erfahrung, die künstlerisch kaum mehr in figürlicher Form ihren Ausdruck finden kann, jedenfalls keinen, der sich aufs Christlich-Menschlich-Allgemeine zurückzieht (Abb. 11). Dabei richtet sich die Kritik nicht gegen das Werk der Künstlerin Kollwitz, sondern gegen den Akt der ahistorischen Verwendung und Funktionalisierung, der einer hergebrachten künstlerischen Gestaltung eine Aufgabe überantwortet, die zu tragen sie nicht geschaffen wurde. Am Ende des 20. Jahrhunderts bezieht man sich auf eine künstlerische Formensprache, die längst historisch geworden ist, die den Bruch, künstlerisch wie dem Gehalt nach, nicht bezeichnet, den der Zweite Weltkrieg markiert. Indem in die Kunstgeschichte um mehr als ein halbes Jahrhundert zurückgegriffen wird, wird übersprungen, was an Denkmallösungen in der jüngeren Vergangenheit und mit Bezug auf die neuere deutsche Geschichte erarbeitet worden ist. Damit ist man der Verantwortung, sich der Gegenwart zu stellen, ausgewichen. Die jetzige Lösung nimmt Zuflucht bei einem Monument, das in diesem Kontext in erster Linie an Gefühle appelliert, auf Rührung und Sentiment setzt und dem Pathos den Vorrang vor Trauer und Nachdenklichkeit einräumt. Die historische Herausforderung und die ästhetische Antwort, die hätten zusammengeführt werden müssen, klaffen somit weit auseinander.[19]

Wo mit der Neuausgestaltung der Neuen Wache schwankender Geschichtsboden betreten und hinterlassen worden ist, dessen Brüche und Risse nur mühsam gekittet worden sind, hat man mit den sogenannten »Denkmälern der Kulturnation«[20], dem scheinbar unverbrüchlichen Denkmälerbestand, eher festen Boden unter den Füßen. Diese durch Konservierungs- und Restaurierungsmaßnahmen zu erhalten, ist Aufgabe der Denkmalpflege. Aber auch diese Form

Abb. 10 Käthe Kollwitz, Mutter mit totem Sohn (»Pietà«), Bronze 1937/38

des pfleglichen Umgangs mit Denkmälern hat politische Facetten und Kontexte, die zuweilen nachdenklich stimmen.[21] Denn es ist wohl kein Zufall, daß parallel zu den diversen Abrißunternehmen, welche die sozialistischen Denkmäler betreffen, Initiativen gestartet werden, auch über Restaurierungsprogramme neue Geschichtsbilder mit Hilfe der überkommenen zu proklamieren und zu propagieren.

Als Beispiel kann das Projekt der Restaurierung des Goethe- und-Schiller-Denkmals in Weimar dienen. Das Weimarer Doppelstandbild, geschaffen von Ernst Rietschel, eingeweiht 1857, war als Dichterdenkmal bereits zur Zeit seiner Entstehung ein politisches Denkmal, und ein politisches Denkmal ist es bis heute geblieben. Entstanden um die Mitte des 19. Jahrhunderts in einem Staatswesen, das damals eine Enklave des Liberalismus war, galt das Denkmal den Zeitgenossen als Symbol für das politische Streben national gesinnter Kreise, ein geeintes Deutschland herbeizuführen. Die Botschaft des Denkmals eröffnete den Betrachtern den neuen Horizont einer Auffassung der Klassik als Vorentwurf liberal-nationaler Einheit. »Die Diskussion um die antike oder die bürgerliche Gewandung der beiden Statuen (...) war mehr als eine bloß technisch-formale oder ästhetische Abwägung. In der Abkehr vom antikisierten Dichterheroen und der selbstbewußten Hinwendung zum Dichter im Bürgerrock spiegelte sich der Geist einer ganzen Epoche deutscher und europäischer Ideengeschichte, die danach freilich in der Realgeschichte einen ganz anderen Verlauf nehmen sollte.«[22] Dieses Denkmal, das ganz entscheidend das neue Bild der Klassik geprägt hat, ist im Verlauf der deutschen Geschichte wie der Topos »Weimar«, für den es steht, als Ikone vielfach vereinnahmt worden.

In der DDR nun hatte das Standbild, konservatorisch gesprochen, erheblichen Schaden genommen,

Abb. 11 **Der neugestaltete Innenraum der Neuen Wache, 1993**

und der nach Ausweis der Gutachten der Denkmalpfleger und Restauratoren bedenkliche Zustand erzwang rasche Abhilfe, die auch gleich nach der »Wende« umgehend dadurch erwuchs, daß eine Duisburger Immobilienfirma sich erbot, die Kosten der Restaurierung zu übernehmen. Diese wurde dann auch prompt von April bis Juli 1991 fachmännisch ins Werk gesetzt, so daß das Denkmal bereits am 19. Juli 1991 feierlich *wieder*eingeweiht werden konnte (Abb. 12 u. 13).

Der Weimarer Oberbürgermeister unternahm es, die Restaurierung als symbolischen Akt in dreifacher Hinsicht zu betrachten; sie stehe »erstens als Zeichen für den Willen, die Schlacken der Vergangenheit schnell zu beseitigen – so wie die Restauratoren die zersetzenden Schmutzschichten von der Originalpatina des Denkmals entfernten, zweitens als Würdigung der Großen der Stadt, des Landes, Europas – Goethes und Schillers und Ernst Rietschels im besonderen, drittens als Manifestation für gestaltendes Zusammenwirken von Menschen aus Ost und West, wofür die Restauratoren ein Beispiel gaben«. Der Bürgermeister schloß mit den Worten: »Aus Weimar werden in Zukunft vielfältige Impulse in alle Welt ausgehen. So wie Weimar seit dem 18. Jahrhundert immer wieder große Persönlichkeiten angezogen und durch diese immer wieder in alle Welt gewirkt hat, soll es wieder werden... Nur die Besten kommen nach Weimar, ab und an bleiben sie auch.«[23]

Durch die Restaurierung wurde das Denkmal selbstverständlich nicht neu geschaffen, aber erneuert, indem Geschichte in Form von Braunkohlenruß von den Statuen *ab*- und Wachs *auf*getragen wurde. Die neue Politur ist nicht nur der Glanz des Konservierungsmittels, sondern ein symbolischer Glanz, der die alte Geschichte, die DDR-Vergangenheit überstrahlt, jedenfalls überstrahlen will. Die Restaurierung trägt nicht nur alte Substanz vom Denkmal

Abb. 12 Weimar,
Goethe-Schiller-Denkmal,
DDR-Postkarte

ab, sondern fügt ihm auch eine neu-nationale Geschichtsauffassung hinzu, die als Geschichtskosmetik verstanden werden kann, als solche sogar verstanden werden möchte, wie die Worte des Bürgermeisters unzweifelhaft bekräftigt haben. Zur Restaurierung – nicht wie sie hier technisch, sondern wie sie hier politisch-symbolisch erfolgt ist – gehört auch die Hochglanzdokumentation in Form einer Festschrift, die den stolzen Titel »Das Denkmal« führt und im Auftrag des privaten Finanziers ediert wurde.[24]

Einer Weimarerin war das zuviel der neuen Pracht, sie beklagte den »fürchterlichen Glanz« – Goethe und Schiller wirkten so sauber und perfekt »wie alles, was aus dem Westen kommt«. Auch den Einwand, es sei doch das wichtigste, daß die originale Patina für die Zukunft konserviert sei, mochte sie nicht gelten lassen; selbst die Vorstellung, bald werde Staub den Glanz der mit Wachs überzogenen Bronze mildern, konnte sie sich als Argument nicht zu eigen machen.

Mit Hilfe der Restaurierung wurde in Weimar auch ein politisches Exempel statuiert. Zum einen wurde an einem zentralen Ort und an einem zentralen Objekt der deutschen politischen Kultur der Nachweis geführt, ja demonstriert, daß die DDR selbst diese Kulturdenkmäler von höchstem Rang zu bewahren nicht in der Lage war und daß direkt nach der »Wende«, bereits im Oktober 1990, das neue politische System umgehend zur Stelle war, um mit Kapital und Knowhow die Aufgabe zu meistern – eine gelungene Selbstdarstellung und -profilierung, die mit breiter Zustimmung und Aufmerksamkeit rechnen konnte. Zum anderen wurde über den Akt der Statuenreinigung ein neues Geschichtsbild auf den alten Sockel gestellt, das, indem es von Neubeginn und Aufschwung kündet, eine lästige Vergangenheit einfach abschüttelt und im historischen Kurzschluß Epochen beiseite schiebt und vergessen macht, um einen Faden des

Abb. 13 Weimar,
Goethe-Schiller-Denkmal,
Postkarte der Stiftung
Weimarer Klassik, nach 1991

19. Jahrhunderts wieder aufzunehmen, der längst gerissen ist: Weimar ist heute ohne das direkt benachbarte Buchenwald nicht mehr zu denken oder gar in Besitz zu nehmen.

4

Sich der »Schlacken der Geschichte«, und dies »schnell«, wie es bei der Wiedereinweihung hieß, zu entledigen, dieser Drang nach einer bereinigten deutschen Geschichte, kennzeichnet die drei angeführten Beispiele der Denkmalerneuerung. Am Koblenzer Deutschen Eck, Unter den Linden Berlins und auf dem Theaterplatz in Weimar sind historische Stätten in historistischem Rückgriff neu besetzt worden. Der alte Geist wurde ausgetrieben, der Zeitgeist hielt Einzug. Die drei geschilderten Metamorphosen schufen aus einem Mahnmal ein Kaiser-Denkmal, aus einem DDR-Mahnmal ein BRD-Mahnmal, aus einem Klassiker-Denkmal mit Altersspuren ein Denkmal der »Wende«. Alle drei Formen des Umgangs sind historisch rückwärts gewandt, mit restaurativen Tendenzen aufgeladen. Die Denkmäler fungieren nur mehr als Versatzstücke und Attrappen. Vorbei an der jüngeren Denkmaldiskussion und -kunst operiert man im Bereich der Restitution des Vergangenen: Aufgerufen wird das Jahr 1857, in dem das Goethe-und-Schiller-Denkmal entstand, das Jahr 1897, in dem das Kaiser-Wilhelm-Denkmal aufgestellt, das Jahr 1937, in dem die Kollwitz-Skulptur geschaffen wurde. Am Ende des 20. Jahrhunderts drückt man sich in überkommenen Denkmalformen aus, indem man Bronzen im Maßstab 1:1 nachgießt, im Verhältnis 1:4 aufbläst oder von historischer Imprägnierung so weit befreit, daß sie wie neu und soeben erst errichtet erscheinen. Man beruft sich auf Bewährtes, auf Kunstwerke, die auf breite Akzeptanz stoßen, weil sie sich als Figurenbilder dem Verständnis leicht erschließen und jene Denkmalauffassung repräsentieren, die dem vorigen Jahrhundert entstammt. Im Versuch, an die Tradition direkt anzuschließen, wird die Gegenwart verfehlt. Denkmäler werden regeneriert, restituiert und restauriert – solchen in zeitgemäßer Form weicht man ängstlich oder auch bewußt aus.[25] Dermaßen retrospektiv orientiert, scheint die Zukunft der Denkmäler als Zeichen von Bedeutung nur in ihrer Vergangenheit zu liegen. Geschichte wird mit ihrer Hilfe nicht erinnert oder Erinnerung gegenwärtig gehalten, sondern vergessen gemacht.

Anmerkungen

1 Robert Musil, »Denkmale« [zuerst 1927], in: Ders., *Gesammelte Schriften*, hg. v. Adolf Frisé. Bd. II, Reinbek b. Hamburg 1978, 506 f.
2 Bernd Kramer (Hg.), *Demontage... revolutionärer oder restaurativer Bildersturm? Texte & Bilder*, Berlin 1992.
3 Siehe dazu Andreas Beyer, »›Apparitio operis‹ – Vom vorübergehenden Erscheinen des Kunstwerks«, in: Vf. (Hg.), *MO(NU)MENTE. Formen und Funktionen ephemerer Denkmäler*, Berlin 1993, 35 ff.
4 Siehe dazu ausführlich Pierre Nora, *Zwischen Geschichte und Gedächtnis*, Berlin 1990.
5 Wolfgang Ernst, »Augenblicke Bismarcks. Eine historische Ausstellung als ephemeres Denkmal«, in: Vf. (Anm. 3), 296, Anm. 2.
6 Siehe dazu ausführlich den Beitrag »Nagelmänner. Propaganda mit ephemeren Denkmälern im Ersten Weltkrieg« im vorliegenden Band.
7 Urteilsbegründung des Berliner Landgerichts (Az 5W 6299/91), zit. nach *Frankfurter Allgemeine Zeitung* vom 13. November 1991.
8 Siehe die unter dem Titel *denk'mal* vom Kulturverein Prenzlauer Berg herausgegebene umfangreiche Dokumentation der Presse-Debatte zum Lenin-Denkmal, bearb. von Monika Gerlach und Ute Mirea, vervielf. Ms., Berlin 1992.
9 Siehe *Frankfurter Rundschau* Nr. 58 vom 9. März 1992, 11 (»Göttinger Posse um Lichtenberg«) und *DIE ZEIT* Nr. 12 vom 13. März 1992 (»Aus albanischer Bronze«).
10 Funktionenkatalog nach Helmut Scharf, *Kleine Kunstgeschichte des deutschen Denkmals*, Darmstadt 1984, 20.
11 *Frankfurter Rundschau* vom 3. September 1993.
12 Eine ausführliche Dokumentation hat Jürgen Tietz mit seinem Aufsatz »Schinkels Neue Wache Unter den Linden, Baugeschichte 1816–1993« vorgelegt, in: Christoph Stölzl (Hg.), *Die Neue Wache Unter den Linden. Ein deutsches Denkmal im Wandel der Geschichte*, Berlin 1993, 9–94; diesen Ausführungen liegen die Angaben hier zugrunde.
13 Zit. nach Tietz (Anm. 12), 62.
14 Ebenda, 64.
15 Ebenda, 86 f.
16 Ebenda, 92.
17 Siehe dazu den von der Berliner Akademie der Künste herausgegebenen Band *Streit um die Neue Wache. Zur Gestaltung einer zentralen Gedenkstätte*, bearb. von H. G. Hanne-

sen u. J. Feßmann, Berlin 1993; ferner die oben (Anm. 12) zitierte Schrift sowie Daniela Büchten und Anja Frey (Hg.), *Im Irrgarten deutscher Geschichte. Die Neue Wache 1818–1993* (= Schriftenreihe des Aktiven Museums Faschismus und Widerstand, Bd. 4), Berlin 1993.
18 *Streit um die Neue Wache* (Anm. 17), 32.
19 Vgl. dazu Koselleck, ebenda, 100.
20 *Das Denkmal. Goethe und Schiller als Doppelstandbild in Weimar*, Edition Haniel, Tübingen 1993, Einleitung.
21 Zum Problem politisch motivierter »Lustrestaurierungen« siehe den Aufsatz von Wolfgang Wolters, »Restaurieren oder Renovieren?« In: *Zeitschrift für Kunsttechnologie und Konservierung* 3, 1989, Sonderheft »30 Jahre Deutscher Restauratorenverband«, 43–48.
22 Marion Marquardt, »Weimar als geistige Lebensform«, in: *Das Denkmal* (Anm. 20), 40.
23 Zit. nach Winfried Hansmann, »Die Wiedereinweihung am 19. Juli 1991«, in: *Das Denkmal* (Anm. 20), 202.
24 Die bereits mehrfach angeführte Publikation (Anm. 20).
25 Die Literatur zu dieser Frage ist sehr umfangreich, hingewiesen sei auf folgende Titel (meist mit weiterführender Literatur): Ausst.-Kat. *Monumente durch Medien ersetzen*, Kunst- und Museumsverein Wuppertal 1976, bearb. von Johann Heinrich Müller; Volker Plagemann (Hg.), *Kunst im öffentlichen Raum. Anstöße der 80er Jahre*, Köln 1989; Peter Springer, »Rhetorik der Standhaftigkeit. Monument und Sockel nach dem Ende des traditionellen Denkmals«, in: *Wallraf-Richartz-Jahrbuch*, Bd. XLVIII/XLIX 1988, 365–408; Ausst.-Kat. *Gedenken und Denkmal. Entwürfe zur Erinnerung an die Deportation und Vernichtung der jüdischen Bevölkerung Berlins*, Berlinische Galerie 1988/1989, bearb. von Helmut Geisert, Jochen Spielmann u. Peter Ostendorff; Ausst.-Kat. *Kunst im öffentlichen Raum. Skulpturenboulevard Berlin 1987*, Neuer Berliner Kunstverein, Berlin 1987; Walter Grasskamp (Hg.), *Unerwünschte Monumente. Moderne Kunst im Stadtraum*, München ²1993; Christoph Heinrich, *Strategien des Erinnerns. Der veränderte Denkmalbegriff in der Kunst der achtziger Jahre*, München 1993; Young, James Edward, »Die Textur der Erinnerung. Holocaust-Gedenkstätten«, in: Hanno Loewy (Hg.), *Holocaust: Die Grenzen des Verstehens. Eine Debatte über die Besetzung der Geschichte*, Reinbek b. Hamburg 1992, 213–232; James E. Young (Hg.), *Mahnmale des Holocaust. Motive, Rituale und Stätten des Gedenkens*, München 1994; »Denkmal/Monument«, Heft 49, 1993 der Zeitschrift *Daidalos*; ferner den vom Vf. edierten Band (Anm. 3).

Die Mauer
Notizen zur Kunst- und Kulturgeschichte
eines deutschen Symbol(l)werks

WALL: Thus have I, Wall, my part discharged so;
And being done, thus Wall away doth go. [Exit]
THESEUS: Now is the mural down between the two neighbours.

Shakespeare, *A Midsummer Night's Dream*, V,1

Was war das eigentlich mit dieser Mauer?

Günter Kunert, *Nachruf auf die Mauer*, 1991

1

Wenn auch sicherlich nicht mehr alle, so führen doch immer noch viele, darunter zahlreiche kunsthistorische Wege, dann aber vor allem auch Umwege nach Rom; zu letzteren zählt inzwischen auch ein Schleichpfad, der bei der Berliner Mauer seinen Ausgang nimmt.

In einer, wie es heißt, entlegenen Ecke des vatikanischen Gartens (Abb. 1) gelangte im Sommer 1990 ein Segment des meist kurz und bündig als »Die Mauer« apostrophierten Bauwerks zur Auf- und Ausstellung.[1] Ein Geschenk, wie verlautet; vermutlich ein offiziöses Staatsgeschenk, das offenbar mit Bedacht aus dem seit dem Abriß der vormaligen »Grenzsicherungsanlage« zur Verfügung stehenden großen Fundus ausgewählt worden ist, wie ein Blick auf die Schauseite des Objekts nahelegt. Die Wandmalerei (von Yadiga Azizy und Bernhard Strecker) zeigt ein Detail der Hauptfassade der Michaelkirche am Heine-Platz im

Abb. 1 Aufstellung eines Mauersegments im Vatikanischen Garten, Rom 1990

Bezirk Mitte der damaligen DDR-Hauptstadt – die »zweite katholische Kirche Berlins, 1849–56 von August Soller errichtet, (...) eine bisher nur in der Chor- und Querschiffspartie wieder ausgebaute Ruine. Die bedeutendste Kirche der Schinkel-Schule – für Fontane die schönste Kirche Berlins überhaupt.«[2] Im Trompe l'œil des Bildes erkennt man die Langhaus-Dachschräge, einen Strebepfeiler samt Fiale sowie das Dekor der zweifarbigen Ziegelsteinbänder, die in Anlehnung an oberitalienische Backsteinkirchen den Bau horizontal gliedern; aus heiterem Himmel fahren bedrohlich drei rote Blitze auf die Fassade nieder – ein Fragment der Scheinarchitektur einer Kirchenruine des Zweiten Weltkrieges auf dem Teilstück eines geschleiften Bauwerks: deutsche Geschichte, mehrfach gebrochen, abgestellt als Schaustück in einem römischen Garten; ebendort ins Rasengrün gebettet als eine weitere Spolie in einer an solchem »Sieges- und Traditionsgut« äußerst reichen Umgebung, das Mauerelement demnach jenen geschätzten antiken »reliquiae« verwandt, wie sie die Renaissance in ihren Bauprogrammen, so etwa unter Papst Nikolaus V., zur »Veredelung« zu nutzen wußte.

Nach dem Blick aufs Detail in Rom, mit dem auch bereits etwas über den Verbleib der Mauer gesagt wäre, nun ein Blick aufs vormalige Ganze dieser Quadraturmalerei in Berlin – ein Mauerabschnitt in Kreuzberg, Waldemarstraße, Ecke Leuschner- und Legiendamm (Abb. 2). Die perspektiv-illusionistische Wandmalerei auf der nach Westen gerichteten Mauerseite ergänzt die horizontal verstellte, halbierte Sicht auf die Kirche im Ostteil der Stadt. Um

Abb. 2 Blick auf die Berliner Mauer mit Wandmalerei »Michaelkirche«

auch diesen Prospekt wieder zu vervollständigen, ein historischer Sprung über die Mauer und ein Blick auf die Kirche nebst vorgelagerter Parkanlage, wie sie sich dem Betrachter von einem vergleichbaren Standpunkt aus *vor* der Errichtung der ›Sichtblende‹ darbot (Abb. 3) und ähnlich jetzt wieder darbietet.

In ihrer raumgreifenden Dimension einer sechsspurigen Autobahn vergleichbar zieht die Grenze auf einer innerstädtischen Länge von rund 42 Kilometern (bei einer Gesamtlänge von etwa 160 Kilometern) eine nahezu 50 Meter breite, gekurvte Schneise durchs Stadtgelände. Die Totale macht deutlich, daß der als »Die Mauer« angesprochene Teil nur der Architektur-Randstreifen eines Ensembles war, das die »Grenzsicherungsanlage« bildete, ein Festungsgraben, zu dessen militärischer Topographie (Abb. 4) eine zweite Mauer (»Hinterlandmauer«), Minenfelder und Betonplatten, Unterstände, Beobachtungsbunker und -türme, Stolperdrähte und Sperrzäune, Grenzmarkierungspfähle und Hundelaufleinen, Splittersandstreifen und Spanische Reiter, Lichtmasten und Selbstschußanlagen gehörten. Aus der Vogelschau bietet sich die Sicht auf eine stark befestigte Stadt, nicht des Mittelalters oder der Frühen Neuzeit, sondern des späten 20. Jahrhunderts. Nur welcher Stadthälfte? Für einen Orts- und Geschichtsunkundigen ist nicht auszumachen, welche Seite sich hier vor welcher Seite verschanzt, in welche Richtung die Mauer eigentlich weist, gegen wen sie gerichtet ist.

Traditionell läßt sich auf den ersten Blick ein Innen und Außen der Mauer, ein Intra oder Extra muros (bei einer Festung: Kontrescarpe und Escarpe) unterscheiden. Das will hier nach dem übli-

Abb. 3 St.-Michael-Kirche, Berlin, Bezirk Mitte
Abb. 4 Blick auf die »Grenzsicherungsanlage« zwischen Acker- und Gartenstraße, 1969

chen Schema nicht gelingen, so daß sich, sieht man aus der Vogelperspektive auf den Gesamtverlauf der Mauer, eher vermuten ließe, der *West*-Teil Berlins habe sich gegenüber dem Umland und der Nebenstadt abgeriegelt, so wie dies im 13. Jahrhundert mit den beiden Nachbarstädten Cölln und Berlin, bevor sie durch einen gemeinsamen Mauerring vereinigt wurden, ähnlich der Fall war.[3]

2

Dieses markante und signifikante Bauwerk namens Berliner Mauer hat zwar Geschichte, aber bislang offiziell keine Kunstgeschichte gemacht; und dies, wiewohl es zu den prominentesten Architekturen der letzten Dezennien gehört hat. In den Handbüchern zur Denkmalpflege, in den Kunstführern und Lexika oder auch in der seriösen Guidenliteratur beider Berlin begegnen nur knappe, beiläufige Erwähnungen, meist eine Pflichtübung der Verfasser im einleitenden Abriß der Stadtgeschichte, wiewohl einige Seiten zuvor von anderen Mauern, den bereits erwähnten historischen Berliner Stadtmauern, ausführlich zu lesen war.[4]

Nicht daß dieses Verhältnis sich jetzt, nach dem Verschwinden der Mauer, gänzlich umkehren wird, aber die Proportionen werden sich vermutlich wandeln. Der Mauer wird, posthum gewissermaßen, als Denkmal – ursprünglich geplant auf einer Länge von 200 Metern an der Bernauer Straße – Platz eingeräumt.[5] Auf welche Weise diese Würdigung ferner erfolgen wird, steht noch dahin. Vielleicht wird auf die Topoi der geläufigen Mauerrhetorik, wie sie im Westen während des kalten Krieges geprägt worden sind, zurückgegriffen, demnach also möglicherweise zu lesen sein von der »Schandmauer«, dem »Schanddenkmal«, dem »grauen Betonmonstrum«, der »Todesmauer« oder dem »berüchtigsten Bauwerk der Welt«; die einzelnen Bezeichnungen – richtiger wohl als Beschwörungsformeln anzusprechen – jeweils mit der Vorsilbe »Ex-« versehen und in Anführungszeichen gesetzt. Und über Anführung, Zitat und indirekte Rede, mit der man auf Distanz zu gehen pflegt, verbleibt ein Rest jener Berührungsangst, die es vordem geradezu verbot, über die

Mauer anders als metaphorisch oder metonymisch zu handeln: Die Mauer stand – wie der ältere »Eiserne Vorhang« – zeichenhaft, gleich einem Teilungs- oder Trennungsstrich, für eine politische Realität; als *Ding*realität jedoch, als Objekt war sie so gut wie nicht vorhanden, so häufig sie auch von der Westseite aus abgelichtet worden und ins öffentliche wie ins private Bild gekommen ist. Doch diese Aufnahmen wollten weniger die Mauer selbst als vielmehr das verantwortliche politische System sichtbar machen, oder aber, mit Beginn der achtziger Jahre, nur einen spezifischen Teil derselben, nämlich die bunte Graffiti-Oberflächenhaut des Baukörpers, seine Tätowierung, die sich als Volks-, wo nicht gar als Hochkunst goutieren und schließlich sogar gewinnbringend verkaufen ließ.

Diesen allgemeinen, kaum je angesprochenen Restriktionen des Westens im Umgang mit der Mauer – eine Art Selbstzensur oder Denkverbot als eine der Voraussetzungen, durch welche die Stilisierung zum Mythos und Kollektivsymbol gelang – entsprach auf der DDR-Seite ein striktes und streng geahndetes offizielles Nähertreten- und Fotografier-, demnach Bildverbot, das sich, internalisiert, vermutlich auch zu einem generellen Blickverbot ausgeweitet hat. So wurde denn beiderseits im Alltag von der Mauer keine Notiz genommen und eher von ihr ab-, mittels erhöhter Zuschauerplattformen über sie hinweg- oder aber ganz an ihr vorbeigesehen; jedenfalls kaum auf sie *hin*gesehen.

Handgreiflich in Besitz und erstmalig wieder wie zu Zeiten der Errichtung wahrgenommen wurde die Mauer mit und seit dem 9. November 1989, als man mit ihrer Öffnung jetzt selbst darangehen konnte, sich an dieser Architektur ebenso praktisch wie psychologisch abzuarbeiten, häufig auch einfach um des schnöden Mammons willen. Die Mauer fiel und verschwand binnen kürzester Frist (wieder) aus dem Gesichtsfeld; einige Reste ausgenommen, die längst geschützt sind, sogar geschützt werden müssen, wie es heißt, um sie authentisch erhalten zu können.[6]

Unversehens rasch avancierte das dem Willen des Regimes wie seiner Bausubstanz nach auf Dauer angelegte[7], vordem geschmähte und verwünschte Monument, nunmehr Fragment und Ruine geworden, zum erhaltenswerten Denk- und Mahnmal und gelangte in Teilstücken oder Brocken umgehend zu in- und ausländischen Museumsehren.

Inzwischen muß der Gegenstand, Geschichte geworden, rekonstruiert werden. Als Anschauungsobjekt existiert er in der Hauptsache allenfalls noch überführt in einen anderen Aggregatzustand, dessen Substanz – »Stahlbeton hoher Dichte, z. T. unter Verwendung von Achat-Granulat«[8] – sogar »frosttauglich« ist, wie einer der Bauunternehmer in Berlin-Pankow bescheinigte, denen vom Verteidigungsministerium die Weiterverarbeitung von rund 250 000 Tonnen historischen Berliner Mauergesteins überlassen worden war. Eine großtechnische »Mauerbrecheranlage« besorgte im Sommer 1991 zügig die Umwandlung der durch die Abräumkommandos in ihre Kompartimente zerlegten Mauer zu »güteüberwachtem« Straßenschotter, d. h. zu »Steinchen (mit einem) Durchmesser von maximal 32 Millimetern«.[9] Die Öffentlichkeit war eingeladen, am Bildschirm als Zuschauer an diesem technischen Schauprozeß teilzunehmen.[10] Die Berichterstattung über diesen vorerst letzten Abschnitt der materiellen Geschichte der vormaligen »Grenzsicherungsanlage« ähnelte jener über die Hinrichtung eines vermaledeiten Delinquenten, der man mit leisem Schaudern, aber auch mit tiefer Genugtuung und somit zugleich mit unverhohlenem Genuß beiwohnt. Die letzten »Zeugen der [Berliner] Steinzeit«,[11] so ein Kommentar, wurden hier »zermalmt«.[12] In der Reportage der *Frankfurter Allgemeinen Zeitung* wurde aus diesem Vorgang ein detailliert beschriebenes Folterspektakel: »22 Sekunden benötigt die moderne Technik, um über den Willen Ulbrichts zu triumphieren. Im hinteren Winkel des Gleisdreiecks heben Raupenbagger die Mauersegmente am Stück auf eine Transportrinne. Sie verschwinden hinter schweren Eisenketten in einem rechteckigen Gehäuse, einen Moment lang ist lautes Hämmern zu hören, dann fallen zerkleinerte Betonbrocken seitwärts auf ein Förderband; die Stahl- und Eisenarmierungen aus den Mauerplatten werden von einem Magneten nach hinten weggezogen. Die Brocken transportieren weitere Förderbänder zunächst in einen Zwischenspeicher, dann in einen ›Nachbrecher‹, der sie nochmals zerkleinert. Schließlich bleiben Halden grauen Schotters übrig.«[13]

Somit endete die Mauer, in alle Himmelsrichtungen verbracht, zu weiten Teilen als Bauschutt unter den Asphaltdecken deutscher Straßen. Ihre Geschichte aber ist auf diesem mechanischen Zerkleinerungswege, den bereits die »Mauerspechte« beschritten hatten, kaum zu Ende gegangen, selbstverständlich auch ihre Symbolgeschichte nicht. Als abwesende wird die Mauer als das präsent bleiben, was sie nicht zuletzt auch als abwesende zuvor gewesen ist – ein Symbol des deutschen (Politik-)Alltags der vergangenen Jahrzehnte.

Spurenelemente als beglaubigte Original-Relikte und zertifizierte Reliquien, als Souvenirs in aller Welt verwahrt und als Denk- oder Mahnmal vor Ort erhalten oder (wieder-)errichtet und/oder ins Museum verbracht – so allein ins Deutsche Historische Museum 33 Segmente[14] –, werden künftig in dinglicher, verdinglichter Gestalt von diesem prominenten »Gedächtnisort« (Pierre Nora) deutscher Historie Zeugnis ablegen.

Was da offiziell verkauft oder privat verhökert, von Staats und Museums wegen sichergestellt oder im Ministeriumsauftrag zermahlen worden ist, bildete bis zum Fall der Mauer den schier unüberwindlich geglaubten, sogenannten antifaschistischen Schutzwall des Ostberliner Regimes.

Der im Westen geläufigste Name dieser Wallanlage (»Die Mauer«), der bereits vor ihrer Errichtung in einer Pressekonferenz Ulbrichts vom 15. Juni 1961 mehr oder weniger beiläufig fällt,[15] wurde am Tag des Mauerbaus vom einfachen Namen, der über den bestimmten Artikel auf ein Berliner Bauwerk festgelegt war, dadurch zum Symbol, daß er sich von der unmittelbaren Bezeichnung einer Architektur erweiterte zur Metapher für Einsperrung, Abriegelung und für das verantwortliche politische Regime insgesamt. Über diese Bezeichnung avancierte das eben erst erstellte politische Bauwerk rasch auch zu einem politischen Symbolwerk.

Dieses Bau- und Symbolwerk läßt sich demnach in doppelter Perspektive untersuchen: zum einen als Bollwerk, das heißt konkret als Fortifikationsanlage und damit als politische Architektur der Sparte Herrscherbauten, zum anderen als Kollektivsymbol, das heißt als ein, so die Definition, »kulturspezifisches System stereotyper, übersprachlicher, nicht willkürlicher Zeichen, das die Diskurse und Praktiken einer Gesellschaft, die praktischen und theoretischen Bereiche einer Kultur integriert«.[16]

Für beide Aspekte, den der politischen Architektur wie für den des Kollektivsymbols, läßt sich zum Vergleich hinweisen auf ein anderes Bollwerk, dessen Schleifung sich in eben dem Jahr, als in Berlin die Mauer fiel, zum 200. Mal jährte: auf die Bastille, gleichfalls ein nationales Symbol und ein ebensolcher Mythos, der seinen Ausgang von einem Bauwerk nimmt, das (ähnlich der »Mauer«) zunächst als Symbol der Knechtung und Unfreiheit angesehen, dann, nachdem die Festung genommen war, zugleich, und darin liegt seine Bipolarität oder Ambivalenz, als ein bis heute gültiges Freiheitssymbol verstanden wurde.[17]

Die der »Mauer« zukommenden Umgangs- und Redeweisen kennzeichnen sie deutlich als Kollektivsymbol. Ihr Name gewann gleich mit der Errichtung als Metapher semantische Sekundarität. Darüber hinaus eignete sich die »Mauer« als konkretes Bauwerk, »typisch in Gestalt und Umriß« – und dies ein weiterer Ausweis des Kollektivsymbol-Charakters –, zu emblematisch-bildlicher Vereinfachung, und kam darin dem starken »Bedürfnis nach Sinnfälligkeit und Verbildlichung« politischer Verhältnisse entgegen (Ikonität). Ferner ist das Mauer-Symbol mehrdeutig, d. h., es steht zugleich für Unrechtherrschaft wie – inzwischen – für Revolution und Freiheit, bezeichnet demnach Gegensätzliches (Ambiguität). Und schließlich, die Mauer rief und ruft als politisches Symbol, dessen Bedeutung und Wertung breite gesellschaftliche Gruppen teilen, »kollektive Gefühlsreaktionen hervor, die politisch-soziales Handeln motivieren, lenken und beeinflussen« (emotionaler Appellcharakter).[18]

Aufgabe einer Symbol- und Kulturgeschichte der »Mauer« hätte es zu sein, die eminente Zahl an Dokumenten zu sichten, die auf dem Assoziationsfeld der »Mauer« gereift sind. Dazu gehören das Bildverbot ebenso wie die Mauer-Lieder der Grenztruppen, der Auktionsverkauf der Mauer wie der Handel mit Mauerstein-Souvenirs und -Talismanen, der Meldeton der Reportagen wie die Fotos vom Mauerbau, die Sammlung des »Haus(es) am Checkpoint Charlie« wie die Postkarten-Flut, die japanischen »Mauer«-Schokoladentorten[19] wie die italienische Plastik-»Mauer« in Rimini[20] oder die Berliner Styropor-»Mauer« als Kulisse eines Rockkonzertes,[21] Schallplatten und Videokassetten mit Mauerstein-Beilagen, Münzprägungen und Briefmarken ebenso wie Buchobjekte, Werbeanzeigen, Karikaturen, Witze und »Grenzfallgedichte«, Romane, Theaterstücke und Filme, Hehres und Triviales, Kitsch und Kunst – eine Symbolverwertung und -geschichte, die in vielfacher Hinsicht jener verwandt ist, die der Bastille widerfahren ist.

3

Der Symbolgeschichte der »Mauer« zur Seite steht die ›Realgeschichte‹ des Bauwerks. Die »Schutzwall« genannte Mauer-Architektur – dem Typ und der Struktur nach ein geradezu klassischer, mit modernen Mitteln realisierter Wehrbau zur Stadtbefestigung – ist aus kunsthistorischer Perspektive in engerem Sinn vorrangig unter dem Gesichtspunkt einer politischen Architektur zu behandeln. Hinzu käme die Motivgeschichte – »Die Berliner Mauer in der Kunst« (Malerei, Zeichnung, Druckgraphik, Skulptur, Denkmal, Karikatur)[22] – sowie die Geschichte der Graffiti- und Wandmalerei unter dem Rubrum »Kunst an/auf der Mauer« nebst dem jüngsten Sproß des Mauerkults und der Mauerkultur: »Das Mauersegment als Denkmal/Kunstwerk/Kunstdenkmal.«

Wendet man sich der Mauer als einem Beispiel und Phänomen der politischen Architektur[23] zu, so gelangt das Berliner Monument zunächst etwa über die Stichworte Mauerwerk, Wehrbau und Stadtbefestigung in eine Traditionslinie, die für die Kunstgeschichte bis weit ins frühe Mittelalter hinein auszuziehen ist. Nicht daß diese Gegenstände in der Vergangenheit auf bevorzugtes Interesse der Disziplin gestoßen wären. Denn, so die Bilanz des *Lexikons der Kunst*: »Stadtbefestigungen werden zusammen mit anderen Wehrbauten von der architekturgeschichtlichen Forschung wenig beachtet, obwohl sie mit anderen Profanbauten gemeinsam einen wesentlichen Teil der Architektur vieler Epochen ausmachen.«[24] Doch die vorliegenden Untersuchungen zur politischen Ikonographie und Ikonologie der öffentlichen Architektur vom Mittelalter, über Renaissance und Barock bis hin zur NS-Baukunst und »Bonner Staatsarchitektur« reichen bei weitem hin, um auch die Berliner Mauer kunst- und architekturhistorisch auf den Begriff zu bringen.[25] Hier stehen Definitionen und Methoden bereit, die es gestatten, der Mythisierung, Mythologisierung, Tabuisierung und Dämonisierung einen kritischen Versuch zur Seite zu stellen.

Einen Nebeneffekt hätte dies möglicherweise zudem. Wo jetzt die Kunstgeschichte bei der Beschreibung historischer Stadtmauern fast regelmäßig ins Schwärmen geraten kann (Qualität und Schönheit des Mauerverbandes, der Anlage etc.), weil die ursprüngliche, wehrtechnische Funktion historisch erledigt ist, da läßt sich aus dem Studium der Berliner Mauer eine Art Korrektiv dieses beinahe interesselosen Wohlgefallens erwarten, das im Blick auf ein *Kultur*monument von seiner historisch meist zugleich auch barbarischen Funktion absieht. Andererseits hat der ideologisch gesteuerte Blick auf die Mauer deren ästhetische Dimension ausgegrenzt. Erinnert sei in diesem Zusammenhang an die Einlassung eines Künstlers, und zwar an den 1964 von Joseph Beuys gemachten Vorschlag, die Berliner Mauer aus Proportionsgründen um fünf Zentimeter zu erhöhen – eine Äußerung, die dem Künstler seinerzeit heftige Kritik der Öffentlichkeit und politische Schelte der Obrigkeit einbrachte.[26]

Im Sinn der Gegenstandssicherung im Vorfeld einer wissenschaftlichen Untersuchung fehlen allerdings, was die Mauer betrifft, sicherlich noch zahlreiche Daten und Angaben. Man kennt die Bauherren, aber nicht ihre Architekten, viele der Baumaterialien, aber nicht die Produktionsstätten, zahlreiche Details, auch einige Protokollnotizen, aber wohl kaum sämtliche Archivunterlagen, die aber vermutlich näheren Aufschluß über Entstehungsgeschichte, gewandelte Auftraggeberintentionen und -maßgaben geben können. Ferner fehlt es zur hinlänglichen Dokumentation auch an sachlichen, dokumentarischen Fotografien, die weniger auf Stimmungswerte und Emotionen aus sind als die Mehrzahl der veröffentlichten Abbildungen; fraglich allerdings, ob es diese gibt.[27] In vieler Hinsicht jedoch ist die Berliner Mauer gegenüber vergleichbaren »Vorgänger«-Bauten bestens dokumentiert.

Zu den allgemeinen Aspekten, die eine Architektur zu einem politischen Faktor machen,²⁸ rechnen der Wirtschaftsaspekt (Bauaufträge für die Kommunen), der Sicherheitsaspekt, d. h. die faktische oder auch nur demonstrative Gewährleistung von Schutz für die Machtträger – hierher gehören als Stichworte etwa »Wehrkirchen, Burgen, Stadtmauern, Wachtürme, Gräben, Wälle und Bunker, Geschlechtertürme, Sockelgeschosse mit Buckelquadern, Portale und Eisengitter«²⁹ –, wobei »psychologische Abwehrstrategien und Einschüchterungen« historisch jeweils eine bedeutende Rolle gespielt haben; schließlich, als dritter Punkt, die explizite politische Demonstration von Macht und Machtverhältnissen, die sich quantitativ etwa auch bis hin zur Dominanz einer Stadtsilhouette entfalten kann.³⁰ Keine Frage, daß die Berliner Mauer in ihrer letzten Gestalt, die noch vor Augen steht, als Zweckbau über die militärtechnische Gebrauchsfunktion hinaus »politische Botschaften« verkündet hat und verkünden wollte und daß sie diese Botschaften über die gewählte Architektursprache verlautet hat.

Bei der Betrachtung der Berliner Mauer als Bauwerk der traditionsreichen Gattung einer europäischen »architettura militare« dominieren zunächst die fortifikatorischen Aspekte, deren prägnanteste äußere Kennzeichen historisch jeweils die technischen Bauformen Mauer, Turm und Zinne waren, die im Verein sich zum Bollwerk (in vielerlei Gestalt) formieren ließen.³¹ Zur Erläuterung und Veranschaulichung sei ein historisches Beispiel vorgestellt:

»Der Weg innerhalb der Mauern war 16 Ellen breit, die Mauer 3½, der Wall 35, der äußere Weg 13½. Die Inschrift selbst zieht die Summe. Es sind 70 Ellen oder rund 41 m. Die dritte Mauer [...] war der größte Bauauftrag, den die Gemeinde jemals zu vergeben hatte. Über die Baugeschichte dieser dritten Mauer [...] sind wir genau unterrichtet. Schon Villani, der selbst lange Jahre in der obersten Baubehörde einen Sitz hatte, konnte ihre Entstehungsgeschichte in allen Etappen aufzeichnen. Sie war 1284 begonnen, 1330 vollendet worden. Umschloß die römische Mauer eine Fläche von 32 ha, die Mauer von 1172 rund 105 ha, so die neue Mauer 512 ha und damit einen Bezirk, der noch 1870 für die Hauptstadt des geeinten Italiens ausreichte. Sie war rund 8500 m lang, 2–3 m stark, 11,60 m hoch und besaß 73 Türme von 23 m Höhe und alles in allem 15 Torburgen. Dieses herrliche Werk hat man 1879 nördlich des Arno bis auf drei Tore abreißen lassen. Südlich des Arno steht es noch heute fast völlig aufrecht [...]. Große Mühe verwandte man auf gleichmäßige Gestaltung des Mauerrings selbst. Er sollte rings aus den gleichen Steinen, in der gleichen Höhe und mit gleicher Stärke emporwachsen. Besonderen Wert legte man auf die regelmäßige Abfolge der 73 Türme. Nur die Tore waren verschiedenartig gestaltet. An ihrem Bau nahm die Bevölkerung lebhaften Anteil.«[32]

Von Florenz und seiner mittelalterlichen Stadtmauer ist die Rede. Sachlich rapportierend liefert dieser Bericht auch eine knappe Kunst- und Baugeschichte, die sich – wenige kommentierende Akzente ausgenommen – für die Berliner Mauer analog abfassen ließe. Die Daten sind weitgehend zur Hand, wenn auch bislang nicht zuverlässig gesichert, zum Teil oben bereits referiert. Hier ein entsprechend gerraffter Nachtrag[33]: Mit dem Bau der Mauer wurde in der Nacht vom 12. auf den 13. August 1961 auf Geheiß des damaligen Staatsratsvorsitzenden Walter Ulbricht und unter der Oberaufsicht Erich Honeckers als Sekretär (später Vorsitzendem) des Nationalen Verteidigungsrates begonnen. Zunächst wurden von Bautrupps und Soldaten der Volksarmee Stacheldrahtverhaue als Straßensperren sowie Palisaden aus Holz errichtet; sofort anschließend erste Mauern von noch unterschiedlicher Höhe und Stärke aufgeführt, bekrönt von Stacheldraht (Abb. 5); nach einem Jahr bereits ragten 130 Beobachtungstürme auf, im fünften Jahr war die Mauer auf eine Länge von 25 km gewachsen; 1963 wurde die (Hohlblock-)Steinmauer an vielen Stellen durch eine erste Betonmauer (Stärke bis zu 1 m) ersetzt (Abb. 6), ab 1965 kamen Bunker hinzu; 2 Jahre später wurden einigen Mauerabschnitten auf der nach Westen weisenden Seite Kunststoffplatten vorgeblendet; ab etwa 1974 wurde die dritte Mauergeneration errichtet, bestehend aus vorgefertigten Betonplatten, die horizontal zwischen Betonpfählen oder T-Trägern eingelassen wur-

Abb. 5 Berliner Mauer, um 1963

den; Höhe der Mauer jetzt 3,70 m, Stärke 10 cm, Bekrönung durch ein auf*gelegtes* Betonrohr (statt Stacheldraht; Abb. 7); ab 1979 datiert die vierte Mauergeneration (Abb. 8): eine fugenlose Stahlbetonmauer, aus weiß grundierten Fertigelementen (Abb. 9), die auf einem integrierten Sockel vertikal dicht nebeneinander, also ohne Zwischenstützen, aufgestellt werden und  durch ein jetzt über die obere Mauerkante *gestülptes*, geschlitztes Betonrohr nach oben hin abgeschlossen werden; Höhe in diesem Fall samt Rohr 4,10 m, Breite des Segmentes 1,20 m, Sockeltiefe 2,10 m, Wandstärke 15 cm, Gewicht 2,6 t.

Dieser Mauerring hatte über 28 Jahre und drei Monate Bestand, in den Augen der stolzen Erbauer galt er als das »beste Grenzsicherungssystem der Welt«.[34] Diesem »System« genannten Bollwerk, das den Schießbefehl für die Grenztruppen einschloß, fielen an der deutsch-deutschen Grenze insgesamt nahezu 200, davon allein an der Berliner Mauer etwa 80 Menschenleben zum Opfer.[35]

Bei diesem Durchgang durch das grobe Datengerüst fällt auf, daß die technische Bauform der Mauer während der knapp drei Jahrzehnte ihres Bestehens fortlaufend Gestaltungsänderungen unterzogen worden ist. Ihr Erscheinungsbild hat sich einige Male gewandelt, und verschiedene Wehrbaumotive haben einander abgelöst. Die Abbildungen lassen zudem deutlich werden, daß die technische Qualifizierung des Bauwerks einhergegangen ist mit einer ästhetischen. Die Mauer ist in dem Maße, in dem ihre fortifikatorische Qualität (Steinmau-

Abb. 6 Berliner Mauer, um 1963
Abb. 7 Berliner Mauer, um 1974

er/Stahlbeton) gestiegen ist, zugleich im Sinn einer Ästhetisierung ›geschönt‹ worden (Abb. 10): von der rohen, ›unbehauenen‹, sperrigen Stacheldrahtbarrikade hin zur schlanken, glatten, abgerundeten, fugenlosen, genormt einheitlichen, weiß geschlemmten Betonwand, die sogar auf das gemeine Abzeichen der Abschreckung, den Stacheldraht, verzichtet. Diese letzte Gestalt der Mauer hätte (und hat) in verwandter Form auch in der ehemaligen Bundesrepublik in Brokdorf, an der Frankfurter Startbahn West oder auch in Wackersdorf[36] ihren Abwehr- und Abschirmdienst gegen Kernkraftwerks- und Flughafenbau-Gegner leisten können, ja hätte selbst als Lärmschutzmauer am Rande oder Sichtblende auf dem Mittelstreifen westdeutscher Autobahnen getaugt; sie wäre, steht zu vermuten, in ihrem SED-Design nicht weiter aufgefallen, ebensowenig die Peitschenmasten der Lichtanlage, die die Mauer des Nachts zu entschatten hatte.

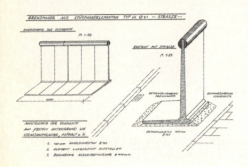

Sosehr die Mauer auch weiterhin ihre fortifikatorisch-militärische Funktion zu erfüllen hatte – die Mauerstärke war, über den verwendeten Stahlbeton, umgekehrt proportional der Festigkeit –, wurde sie darin jedoch wesentlich entlastet; nicht mehr in erster Linie die Mauer, sondern der hinter bzw. vor ihr liegende Geländestreifen übernahm die kalkuliert todbringende, unüberwindliche Hindernisfunktion. Fortlaufend wurde diese Militärflur, von den Türmen und Panzersperren abgesehen, bereinigt[37] und sogar über Gebietsaustausch (zuletzt 1988) begradigt und zu einem harmlos erscheinenden Rasenstück nebst Sandstreifen gemodelt. Der tödliche Schrecken war nur mehr erahnbar, wenn auch selbstverständlich gewußt. Die Mauer selbst wurde zu einem Akzidens, zu einem Accessoire und Attribut des Wehrbaus, genannt »Grenzsicherungsanlage«. Sie wurde zur Fassade Ostberlins, insbesondere in ihrer »feindwärts«-Richtung, auf der dem westlichen Stadtteil zugekehrten Seite. Und

Abb. 8 Konstruktionszeichnung für Mauersegment Typ UL 12.41, 1979/80

dieser Westteil hat die (»Außenland-«)Mauer schließlich angenommen, jedenfalls hingenommen und sich ihr genähert, indem er sie durch seine Jugendlichen verzieren ließ. Aus dem weißen Beton-Mauerband wurde ein kilometerlanges Wandbild, gepriesen als die »größte Graffitisammlung, die es wohl je gegeben hat«.[38] Ihren martialischen Schrecken hatte sie verloren, jedenfalls war dieser wesentlich abgemildert, und die Rede vom »häßlichsten Bauwerk der Welt« war nurmehr Politparole des Westens, längst nicht mehr architektonische Realität.

Eine der wesentlichen Botschaften der »Mauer« als politischer Architektur hat sich auf diesem Militärtechnik- und Design-Änderungswege nicht nur der Sache nach, sondern auch hinsichtlich der berechneten Wirkung und »Ausstrahlung« im letzten Jahrzehnt der Existenz des Bauwerks erfüllt; Design ist nicht nur unsichtbar, wie der Titel eines Sammelbandes und eine entsprechende Theorie lautet[39], sondern kann eben auch helfen, unsichtbar zu machen, ästhetisch zu tarnen, ohne die Funktion zu beeinträchtigen – ein Prozeß der Ästhetisierung einer Politik durch Industriedesign.

Im Berlin-Museum lassen sich im Eingangsbereich zwei in Edelholz ausgeführte Maßstab-Modelle der »Grenzsicherungsanlage« aus den achtziger Jahren besichtigen, vor die regelmäßig Honecker als Vorsitzender des Nationalen Verteidigungsrates zu treten pflegte, wenn es darum ging, hohen politischen Beamten die Grenzsicherung anschaulich zu machen: rote Kontrollampen bezeichnen potentielle Fluchtwege, grüne den Weg der »Organe« der Grenztruppen. Die Modellmauer fügt sich dabei »naturwüchsig« ins übrige Stadtbild ein, eine Stadtarchitektur unter anderen. Nichts mehr von einer Allusion an die Umfassungsmauer eines Konzentrationslagers, sondern auf ihre Weise auch eine »sprechende Stadtdominante«[40], die sich vorzeigen ließ, zumal die Betonplatten-Bauweise der Mauer

Abb. 9 Berliner Mauer, um 1980

auch der gleichzeitigen Fassadengestaltung der Wohnarchitektur eigen war. Nach Westberlin hin bildete sie nur mehr eine politische Lärmschutzmauer und Sichtblende (auf den Todesstreifen). Daß die üblicherweise nach außen, gegen den anstürmenden Feind gerichtete Escarpe des Berliner Bollwerks nach innen, gegen die »Republikflüchtlinge« im eigenen Land gerichtet war, hat dem Westen geholfen, über das als antifaschistisch propagierte, tatsächlich vielmehr terroristische, terrorisierende Bauwerk eines repressiven Regimes hinwegzusehen. In der ästhetischen Dimension der »Mauer« (der achtziger Jahre), die es im übrigen auch erst ermöglicht hat, nach dem Abriß die einzelnen Fertigteil-Segmente als Kunstwerke, als freitragende, bemalte Skulpturen zu behandeln, ist auch ihre ideologische Bedeutung faßbar – ein Stück Propaganda für ein System, das aus der politischen Defensive in die ästhetische Offensive gegangen ist: Die Mauer auf dem Weg von einer vormals utilitären hin zu einer repräsentativen Profanarchitektur, die sich etwa neben dem »Palast der Republik« sehen lassen konnte. Sie war sowohl anschauliches Bild dieser Macht als auch eines der Instrumente der Macht(erhaltung), das militärisch sogenannten Schutz, ferner Sicherheit und Ordnung gewährleistete, technisch Zweckmäßigkeit garantierte, politisch Souveränität und Stärke zu propagieren hatte und durch Signete der Herrschaft wie Symmetrie und Regelmäßigkeit ästhetisch in ideologische Funktion treten konnte.[41]

Abb. 10 Berliner Mauer, um 1989

4

In seiner Schrift über das Bauen (*De re aedificatoria*) aus dem Jahr 1452 hat der Renaissance-Baumeister Leon Battista Alberti zur politischen Psychologie von Festungsmauern folgendes bemerkt: »Es scheint mir unangebracht, Privatbauten mit Zinnen und Türmen auszurüsten: dies gehört sich für Festungen, und insbesondere für Tyrannenburgen, aber nicht für einen wohlorganisierten Staat und eine friedliebende Bürgerschaft, denn es spiegelt ein Klima der Furcht und der Einschüchterung.«[42] Auf eben dieses Klima wollte ein Zeitgenosse Albertis, der eingangs erwähnte Papst Nikolaus V. (1447–1455), setzen. Er beabsichtigte, die ganze Neustadt Roms mit Dom und Vatikanpalast, »mit Kirchen, Klöstern, Brunnen, Gärten, Portiken, Bibliotheken (...) mit einer hochgetürmten Mauer (zu) umgeben, so daß die Papstburg (...) nur den Vögeln des Himmels ersteigbar sein konnte; und er gefiel sich in dem Gedanken, inmitten dieses Papstpalastes zu thronen wie ein Großfürst Asiens in seinem Paradies«.[43] Noch auf dem Totenbett, so heißt es, habe er davon gesprochen, es sei sein oberster Leitsatz gewesen, »den Vatikanpalast gegen äußere Feinde und gegen Aufstände in der Stadt zu sichern«.[44] Und die dieser päpstlichen Maxime zugrundeliegende Theorie lautete: »Um im Bewußtsein des einfachen Volkes feste und unverrückbare Überzeugungen zu schaffen, muß etwas vorhanden sein, was zum Auge spricht; ein Glaube, der nur durch Dogmen unterstützt ist, wird stets schwächlich und wankelhaft bleiben. Wenn es aber gelänge, die Autorität des Heiligen Stuhls in majestätischen Bauten sichtbar zu machen, in unverwüstbaren Denkmälern, die so aussehen, als wären sie von Gott selbst errichtet, würde der Glaube von selbst wachsen und erstarken.«[45] Die geplante römische Einfassungsmauer wurde nicht gezogen; im Garten des Vatikans steht heute, über ein halbes Jahrtausend später, als Spolie ein Teilstück einer deutschen Mauer, die nahezu archaisch, jedenfalls atavistisch in eine ähnliche Funktion getreten ist, wie sie sich Nikolaus V. ausgemalt hatte.

Zu den pragmatischen Aspekten der »Bildersprache militärischer Stärke« gehört – der Renaissance-Studie über *Turm und Bollwerk* von

Stanislaus von Moos folgend – »vor allem die Frage nach dem Zielpublikum, an das sich diese Darstellung von politischer Macht und Legitimität richtet«.[46] Diese Demonstration ziele, so der Autor, der das Beispiel des italienischen Palast- und Villenbaus vor Augen hat, »soziologisch, nach unten. Ob Einschüchterung gemeint ist oder das Versprechen von paternalistischem Schutz vor Unrecht und Ausbeutung: Adressat dieser Bildersprache von Recht und Ordnung ist das ungebildete Volk. Und so erweisen sich die Kürzel von Turm und Bollwerk in besonderer Weise als Instrumente innerhalb der ästhetischen Technik, es zu regieren.«[47]

Diese Analyse muß, auf den vorliegenden Fall angewendet, in einem Punkt erweitert werden: die Bildersprache von Turm und Bollwerk hat im 20. Jahrhundert auch das sogenannte gebildete Volk, beiderseits der Grenze, erreicht und eingeschüchtert, ja für die Dauer von beinahe dreißig Jahren stumm gemacht.

Anmerkungen

1 Angaben nach Wolfgang Röhl, »Eine Mauer für die Ganze Welt«, in: *Stern* H. 46, 1990, 56 ff., hier 73 u. 77.
2 *Reclams Kunstführer Berlin*, Stuttgart ³1987, 81.
3 Beide Orte hatten zunächst jeweils eine eigene Wallanlage; die Spree bildete die natürliche Grenze; gegen Ende des 13. Jahrhunderts war die Doppelstadt bereits von einem gemeinsamen Mauerring umgeben und seit 1307 in »Landes- und Verteidigungsangelegenheiten vereinigt«. (*Dehio-Handbuch der deutschen Kunstdenkmäler: Berlin/DDR und Potsdam*, München/Berlin 1983, 4).
4 Siehe z. B. die knappen Erwähnungen in den Bänden *Reclams Kunstführer Berlin* (Anm. 2), *Dehio-Handbuch* (Anm. 3) und *Handbuch der historischen Stätten Deutschlands, Bd. X: Berlin und Brandenburg*, Stuttgart ²1985; ausführlicher behandelt findet sich die Berliner Mauer dagegen in den eher populären Reiseführern; siehe dazu Burkhart Lauterbach: »Berlin-Reiseführer heute. Zum Umgang mit Geschichte in einem touristischen Gebrauchsmedium«, in: B. Bönisch-Brednich, R. W. Brednich u. H. Gerndt (Hg.), *Erinnern und Vergessen. Vorträge des 27. Deutschen Volkskunde-Kongresses in Göttingen 1989*, Göttingen 1991, 381–393, hier 387 f.
5 Siehe zur Diskussion um den Denkmalschutz für die Berliner Mauer auch den Ausst.-Kat. *Erhalten, Zerstören, Verändern? Denkmäler der DDR in Ost-Berlin*, Neue Gesellschaft für Bildende Kunst 1990, vor allem den Beitrag von Hans-Ernst Mittig, »Zur Eröffnung der Ausstellung«, 8 ff.; ferner Peter Möbius u. Helmut Trotnow

(Hg.), *Mauern sind nicht für ewig gebaut. Zur Geschichte der Berliner Mauer*, Frankfurt/M. u. Berlin 1990, 9f.; vgl. über die Berliner Senatsentscheidung den Beitrag von Thomas Rietzschel in der *Frankfurter Allgemeinen Zeitung* Nr. 188 vom 15. August 1991, 23 (»Ein Glashaus für die Geschichte. Neue Beschlüsse und neue Unsicherheit über das Gedenken an die Berliner Mauer«); vgl. außerdem die vom Berliner Senator für Stadtentwicklung und Umweltschutz Anfang 1991 in Auftrag gegebenen Gutachten über den Denkmalwert einzelner Mauerabschnitte (Bereich Invalidenfriedhof, Berlin-Mitte; Bernauer Straße zwischen Acker- und Bergstraße; Südseite Mühlenstraße zwischen Straße der Pariser Kommune und Warschauer Straße/Oberbaumbrücke); für die Überlassung dieser Gutachten sei der Senatspressestelle gedankt.

6 Dazu Möbius u. Trotnow (Anm. 5), 12.

7 »Die Mauer wird in 50 und auch in 100 Jahren noch bestehen bleiben. Das ist schon erforderlich, um unsere Republik vor Räubern zu schützen.« Erich Honecker am 20. August 1989, zit. nach *Zitty Magazin* [Berlin] Nr. 17, 1990, 32; vgl. eine ähnlich lautende Äußerung Honeckers vom 19. August 1989, angeführt bei Möbius u. Trotnow (Anm. 5), 83f. – Zum Aspekt der Dauer in der Denkmaldiskussion siehe Hans-Ernst Mittig, »Dauerhaftigkeit, einst Denkmalargument«, in: Vf. (Hg.), MO(NU)MENTE. Formen und Funktionen ephemerer Denkmäler, Berlin 1993, 11–34.

8 *Die Mauer. Einmalige Versteigerung der Berliner Mauer*, Auktionskatalog Galerie Parc Palace/LeLé Berlin Wall, Monaco 23. Juni 1990, o. Pag.

9 *Frankfurter Allgemeine Zeitung* Nr. 120 vom 27. Mai 1991, 7 (»Der Schutzwall zerbröselt zu Straßenschotter«).

10 »Kennzeichen D«, ZDF-Fernsehsendung vom 5. Juni 1991.

11 Ebenda.

12 *Frankfurter Allgemeine Zeitung* (Anm. 9).

13 Ebenda.

14 Lt. Auskunft von Monika Flacke, Deutsches Historisches Museum, Berlin (Bf. an den Vf. vom 14. Mai 1991).

15 Walter Ulbricht: »Ich verstehe Ihre Frage so, daß es in Westdeutschland Menschen gibt, die wünschen, daß wir die Bauarbeiter der Hauptstadt der DDR dazu mobilisieren, eine Mauer aufzurichten. Mir ist nicht bekannt, daß eine solche Absicht besteht. Die Bauarbeiter unserer Hauptstadt beschäftigen sich hauptsächlich mit Wohnungsbau, und ihre Arbeitskraft wird dafür voll eingesetzt.« Zit. nach Rainer Hildebrandt, *Es geschah an der Mauer*, hg. vom Verlag Haus am Checkpoint Charlie Berlin, Berlin [17]1990, 10.

16 Hans-Jürgen Lüsebrink u. Rolf Reichardt, *Die Bastille. Zur Symbolgeschichte von Herrschaft und Freiheit*, Frankfurt/M. 1990, 12; die Autoren lehnen sich mit dieser Definition, die hier übernommen ist, eng an das vor allem von Jürgen Link entwickelte Konzept einer modernen »Kollektivsymbolik« an und verweisen dazu insbesondere auf Axel Drews, Ute Gerhard u. Jürgen Link, »Moderne Kollektivsymbolik. Eine diskurstheoretisch orientierte Einführung mit Auswahlbibliographie«, in: *Internationales Archiv für Sozialgeschichte der deutschen Literatur*, Sonderheft 1, Tübingen 1985, 256ff.

17 Siehe dazu ausführlich Lüsebrink u. Reichardt (Anm. 16), hier 13 u. passim.

18 Die begriffliche Systematik in diesem Abschnitt nach Lüsebrink u. Reichardt (Anm. 16), 12f., die die Autoren in ihrem Buch am Beispiel der Bastille explizieren.
19 Siehe *Hamburger Abendblatt* vom 14. Februar 1990 (»Berliner Schokoladenmauer«).
20 Siehe *Süddeutsche Zeitung* Nr. 70 vom 24./25. März 1990, 13 (»Berliner Mauer wird zur Kulisse«).
21 Berliner Benefizkonzert der Rock-Show »The Wall« (Pink Floyd/Roger Waters) am 21. Juli 1990 auf dem Potsdamer Platz; siehe z. B. den Vorbericht in der *Frankfurter Rundschau* Nr. 161 vom 14. Juli 1990, 10.
22 Vgl. dazu etwa den von der »Arbeitsgemeinschaft 13. August« edierten Band *Maler interpretieren die Mauer*, Berlin 1985.
23 Dieser Begriff in seiner prononcierten Verwendung als Kategorie übernommen aus dem von Martin Warnke herausgegebenen Sammelband *Politische Architektur in Europa vom Mittelalter bis heute – Repräsentation und Gemeinschaft*, Köln 1984; vgl. vor allem die begriffserläuternde Einführung des Herausgebers, 7–18.
24 *Lexikon der Kunst*, Leipzig 1968–1978, Bd. IV, 634 (s. v. Stadtbefestigung); als Profanbau ließe sich hier an den Berliner »Palast der Republik« denken; über diesen Bau hat der Historiker Arnulf Baring in einem Artikel (*Frankfurter Allgemeine Zeitung* vom 11. Mai 1991) wie folgt geurteilt: »Dieser Palast einer sogenannten Republik war *das* Symbol der Diktatur. Er ist so etwas wie unsere Bastille gewesen.« Diese Einschätzung ist hinsichtlich des Possessivpronomens, verwendet von einem *west*deutschen Historiker, merkwürdig und, was die Qualifizierung des Parlamentssitzes (»Bastille«) betrifft, eher irreführend, da dieser gerade *nicht* ›erstürmt‹ und geschleift wurde.
25 Hingewiesen sei vor allem auf die Beiträge in der von Warnke herausgegebenen Aufsatzsammlung (Anm. 23), ferner auf Stanislaus von Moos, *Turm und Bollwerk. Beiträge zu einer politischen Ikonographie der italienischen Renaissancearchitektur*, Zürich/Freiburg 1974, sowie auf Wolfgang Braunfels, *Mittelalterliche Stadtbaukunst in der Toskana*, Berlin 1953, ⁴1979.
26 Beuys empfahl die »Erhöhung der Berliner Mauer um 5 cm (bessere Proportion!)«, ein Konzept, das er anläßlich des »Festivals der neuen Kunst« in Aachen am 20. Juli 1964 als Station programmatisch in seinen »Lebenslauf/Werklauf« aufgenommen hat; in einem Aktenvermerk erläuterte er seinen Vorschlag: »Die Betrachtung der Berliner Mauer, aus einem Gesichtswinkel, der allein die Proportion dieses Bauwerkes berücksichtigt, dürfte doch wohl erlaubt sein. Entschärft sofort die Mauer. Durch inneres Lachen. Vernichtet die Mauer. Man bleibt nicht mehr an der physischen Mauer hängen. Es wird auf die geistige Mauer hingelenkt, und diese zu überwinden, darauf kommt es ja wohl an…« Und weiter: »Reden Sie nicht soviel von der Mauer! Begründen Sie durch Selbsterziehung eine bessere Moral im Menschengeschlecht und alle Mauern verschwinden.« (in: Ausst.-Kat. *Joseph Beuys – Werke aus der Sammlung Karl Ströher*, Basel 1969/70, 14f., zit. nach Götz Adriani, Winfried Konnertz u. Karin Thomas, *Joseph Beuys. Leben und Werk*, Köln 1981, 133f.; vgl. zu Anlaß und politisch-administrativen Auseinandersetzungen um diese Äußerungen auch Heiner Stachelhaus, *Joseph Beuys*, Düsseldorf 1987.
27 Das Berliner (Privat-)»Museum der Verbotenen Kunst« zeigte 1991 unter dem Titel »Das Innenleben der Mauer« eine Ausstellung, die von den DDR-Grenztruppen aufgenommene Fotos der Mauer präsentierte; wenn auch diese Fotos keineswegs sach-

lich in besagtem Sinne sind, so zeigen sie doch bislang unbekannte Ansichten der »Grenzsicherungsanlage« aus ungewöhnlichem Blickwinkel. Vgl. den Hinweis auf diese Ausstellung in der *Frankfurter Allgemeinen Zeitung* Nr. 186 vom 13. August 1991, 3 (»Die ›Mauer von innen‹«).
28 Nach Warnke (Anm. 23), 12 f.
29 Ebenda, 13.
30 Vgl. die von Hermann Henselmann seit 1966 entwickelte Theorie der sprechenden Stadtdominante, zit. bei Warnke (Anm. 23), 8.
31 Historisch hierzu ausführlich Moos (Anm. 25).
32 Braunfels (Anm. 25), 64 f.
33 Als Grundlage für diese Angaben dienten insbesondere die Publikationen von Rainer Hildebrandt (Anm. 15 sowie ders., *Die Mauer spricht*, Berlin ⁶1990).
34 Zit. nach Hildebrandt, *Die Mauer spricht* (Anm. 33), o. Pag.
35 Vgl. dazu ausführlich Werner Filmer u. Heribert Schwan, *Opfer der Mauer. Die geheimen Protokolle des Todes*, München 1991. – Im September 1990 kam schließlich bei Abrißarbeiten an der Mauer durch einen Unglücksfall (herabstürzendes Segment) noch ein 14jähriger Schüler ums Leben (lt. *Frankfurter Rundschau* Nr. 204/36 vom 3. September 1990).
36 Dieser Schutzzaun auf dem ehemaligen Baugelände für die atomare Wiederaufbereitungsanlage Wackersdorf war 4,8 km lang, mehr als 3 m hoch und bestand aus 1200 Stahlsegmenten, je 765 kg schwer; Beginn der Abrißarbeiten Ende März 1990 (Angaben nach *Frankfurter Rundschau* vom 22. März 1990).
37 Z. B. durch die – zur »Schaffung freien Schuß- und Sichtfeldes« – im Jahr 1985 erfolgte Sprengung der Versöhnungskirche.
38 Ausst.-Kat. *Narrenhände... ? Graffiti und Fotografien von Fritz Peyer*, Altonaer Museum, Hamburg 1991, 25.
39 Vgl. Helmuth Gsöllpointner, Angela Hareiter u. Laurids Ortner, *Design ist unsichtbar*, Wien 1981 (Titelaufsatz von Lucius Burckhardt).
40 Begriff des DDR-Architekten Hermann Henselmann, zit. bei Warnke (Anm. 23), 8.
41 Vgl. zu den angeführten Begriffen (Sicherheit und Ordnung, Zweckmäßigkeit, Souveränität und Stärke, Symmetrie und Regelmäßigkeit) die von Moos (Anm. 25), 210 explizierten Vitruv-Begriffe aus *De architectura* (firmitas, utilitas, fortitudo, venustas).
42 Zit. nach Moos (Anm. 25), 80.
43 Giannozzo Manetti, *Vita Nicolai V.*, ed. Muratori, zit. nach Moos (Anm. 25), 71.
44 Ebenda.
45 Ebenda.
46 Moos (Anm. 25), 220 f.
47 Ebenda, 221.

142 Volk im Schafspelz
Propaganda in der Werbung oder Montage
als (Gebrauchs-)Kunstprinzip

> There's a fine line between information and propaganda
> Jenny Holzer, *Truisms* 1977–1979

Im Politik-Teil der *Frankfurter Allgemeinen Zeitung* vom 2./3. Oktober 1990, erschienen am Vorabend des jüngsten Staats- und ersten Nationalfeiertages, sprich zum Geburtstag der neuen Republik, findet sich ein blattgroßes Inserat des italienischen Textilherstellers Benetton (Abb. 1).[1]

Wie viele andere, kaum zu übersehende Industrie-, Handels- oder Bankanzeigen in den Tagen um das politische Vereinigungsfest herum, die meist ebenfalls ganzseitig, häufig von den Nationalfarben eingefaßt, sich dem Neu-Staat präsentierten und ihm Glück und Gelingen wünschten (Tenor: »Wir freuen uns auf Deutschland«), so

erweist auch die zitierte Annonce diesem auf ihre Vexierbild-Weise die gebührende Reverenz. In einer Bilderrede an das Volk, das sich der Industrielle respektive der von ihm beauftragte Werbeagent wohl doch in erster Linie nur als Käuferschar vorzustellen vermocht hat, läßt er seine Wollprodukte anpreisen. Seine Adresse ans Publikum ist in die Erzählform einer modernen Tierfabel gehüllt und in die Bildgestalt eines Emblems gekleidet. Das Grimmsche Wörterbuch überliefert den Topos der *Schafsrede* (»mel in ore, fel in corde«), aber es wäre ein methodisch unerlaubter Vorgriff, ihn bereits an dieser Stelle zur Kennzeich-

Abb. 1 Benetton-Anzeige, erschienen in
Frankfurter Allgemeine Zeitung
Nr. 229/230 vom 2./3. Oktober 1990

nung heranzuziehen, wiewohl zumindest das »Gleisnerische« im Reklamebereich einen angestammten Platz behauptet.

Erst der spezifisch politische Kontext der Fest-Zeitungsdoppelnummer hat vermutlich die Offerte der Aufmerksamkeit des Lesers empfohlen – der übliche flüchtige Blick jedenfalls fand beim Durchblättern auf der erwähnten Seite Halt. Kurz, die Anzeige in ihrem scheinbar schlichten, unaufwendigen Schwarzweiß tat, was sie tun sollte, und sprang selbst dem zeitungsmüden Zeitgenossen ins Auge.

Der Blick geht über einige Schafrücken im Vordergrund auf eine riesige Herde, die sich bis in die weite, sacht gewölbte Horizontferne erstreckt – Schafe, soweit das Auge reicht, eine Schar, deren dicht gedrängt stehende Mitglieder zwei Drittel der Anzeigenfläche einnehmen – eine Massenversammlung von Wiederkäuern unter freiem, leicht bewölktem Sommerhimmel. Weit hinten, aber in perspektivisch kaum regelentsprechend verkürzter Flucht und somit hervorragend einsehbar, ist eine Großbildleinwand oder Anzeigentafel jener Art aufgestellt, wie sie von Stadtausfahrten, aus Fußballstadien oder Freilichtkinotheatern, nicht zuletzt auch von politischen Massenveranstaltungen, drinnen wie draußen, gleichermaßen bekannt ist. Auf dieser Bildwand-im-Bild mimen in Großaufnahme zwei Protagonisten der Tierwelt, die sich in ihrem Alltag, wo nicht als Erzfeinde, so doch zumindest artfremd gegenüberstehen – aber: »Wer fragt darnach in einer Schäferstunde?« (Goethe) –, über Gattungsgrenzen hinweg eine rührende Begegnungsszene. Ein schwarzes Jungschaf im Tête-à-tête, oder genauer: Tête-à-bête[2], mit einem silbrig weißen Wolfshund, vertieft in ihr Liebesspiel, das vor allem die glanzvollen Augen regieren.

Die einzelnen Bildelemente und -motive dieser Fotomontage und ihr Pastorale-Arrangement sind vertraut. Man vergleiche etwa Grandvilles Zeichnungen zu den Fabelbüchern La Fontaines – jene

Abb. 2 Grandville, Der Schäfer und seine Herde. Illustration zu La Fontaine, *Sämtliche Fabeln*, Buch 9, Fabel XIX

zur Fabel XIX des neunten Buches (Abb. 2), welche die Herde im Blick über den Rücken der Tiere gesehen und ausgerichtet auf die Zentralfigur des Ansprache haltenden Hirten präsentiert; ferner jene zur Fabel XIII des dritten Buches (Abb. 3), die ins Mittelfeld den durch Pfotenschlag bekräftigten Vertragsabschluß zwischen Leithammel und Wolfsrudelführer rückt und als Nebenszene am Rand links die herzliche Umarmung und den Bruderkuß zweier Volksvertreter vorführt – eine Demonstratio ad oculos, wie sie jener auf dem billboard (oder Videoscreen) der Anzeige entspricht. Als realistisches Korrektiv dieser Verbrüderungsszenerie mag noch die Illustration zur zehnten Fabel von Buch I (Abb. 4) angeführt sein, die das gewohnte, instinktregulierte Distanz-Rollenspiel der Protagonisten trefflich schildert. In Standardfasson ergänzt ein kleines Rundbild (Abb. 5) aus Zincgreffs Sammlung *Emblematum ethicopoliticorum centuria* (Heidelberg 1619) unter dem drastischen Motto »Pereunt nullo discrimine« (»Sie gehen ohne Unterschied zugrunde«) diese Szene um das im Reich der Tiere alltägliche, schonungslose Finale.

Die Benetton-Anzeige hat entschieden teil an dieser Tradition eines Orbis pictus moralisatus und des ›verkleideten Sprechens‹. Und dies nicht nur dem formalen Aufbau und dem Aussagegehalt nach, sondern auch in bezug auf die Adressaten- und Appell-Funktion. Ihr Stoff, das heißt zunächst die dramatis personae, entstammt der Tierwelt – naheliegend und selbstverständlich für einen Schurwollproduzenten, im metonymischen Akt auf das Milieu und Metier der Schafe zurückzugreifen, zumal dann, wenn das Reich der Natur als idyllisches Gegenbild zu einer allseits geläufigen (Um-)Welt aus Beton und Plastik gemeinhin bestens taugt und folglich im Plakat heftig umworben ist. Nun hätte auch bereits eine im Foto vorgeführte Schafherde für sich genommen diesen allgemeinen Naturverweis-Dienst erfüllt. Allein, der Märchen- oder Fabelton wäre auf

Abb. 3 Grandville, Die Wölfe und die Schafe. Illustration zu La Fontaine, *Sämtliche Fabeln*, Buch 3, Fabel XIII

diese Weise kaum anzuschlagen gewesen und das Inserat hätte allenfalls zu einer allgemeinen Schurwoll-, nicht jedoch zu einer spezifischen Firmen- und Image-Anzeige getaugt. Die charakteristische, also *fabel*hafte Fassung einer *Benetton*-Anzeige als Bilderzählung machte demnach zum einen die Montage notwendig, das heißt die Installation einer zweiten Ebene, die als  Kommentar fungieren konnte, und hatte zum anderen die Integration des Slogans (»United Colors of Benetton«) in dem doppelten Sinn der Aufnahme als Text (und Schriftzug) einerseits wie der Umsetzung ins Bild andererseits zu bewerkstelligen. Dies ist nach dem offenbar bewährten Serienmuster der Anzeigenkampagne geschehen, die mit dem Wortbedeutungsfeld von ›united‹ spielt und assoziativ auf Begriffe wie Vereinigung, Verbindung, Zusammenschluß, Bund, Gemeinschaft, Genossenschaft, Einheit etc. abstellt, wohl aber als Werbebotschaft vorrangig nur Einheitlichkeit, sprich *Uniformität* der Kleidung, das heißt den in die entsprechende Modefarbe getunkten Schafspelz à la Benetton meint. So sind in einem anderen Inserat des Unternehmens unter eben diesem Motto zwei einträchtig miteinander spielende Kinder, das eine von weißer, das andere von schwarzer Hautfarbe, vorgeführt worden, eine Anzeige, die in den Vereinigten Staaten, dem mutmaßlich größten Absatzmarkt der Firma, kaum ohne Bezug auf das politische Problem des Rassismus gelesen worden ist, während sie in Deutschland wohl eher unter dem anderen, unverbindlicheren Motto einer allgemeinmenschlichen Entente cordiale (»Ein Herz für [alle] Kinder«) aufgefaßt worden sein mag.[3] Dieser Appell zur Verständigung wird zeitgleich auch von der Zigarettenindustrie unter der Devise »Come together and learn to live as friends« (Stuyvesant, 1990/91) bis hin zum Berliner Senat (»BerlinerInnen aller Länder vertragt euch!«[4]) flankiert und ist getragen von der Idee der multikulturellen Gesellschaft.

Abb. 4 Grandville, Der Wolf und das Lamm. Illustration zu La Fontaine, *Sämtliche Fabeln*, Buch 1, Fabel X

Im behandelten Schwarzweiß-Anzeigenfall ist nun das »Black and White (are beautiful)«-Programm kurzerhand für den Bundesbürger ins anthropomorph ausgestattete Reich der Tiere übersetzt. Das schwarze Schaf, vorgestellt von einem Lamm, in traulichster Genossenschaft mit dem Stellvertreter seines Führers, dem Wolfshund des Hirten, der es regiert. Spätestens hier wird man aufs Emblem als historischer Bildinstanz verwiesen. Zunächst unter formalen Gesichtspunkten, die die Analogie nahelegen. Der traditionelle Dreistufen-Aufbau eines Emblems aus Motto, Pictura und Subscriptio ist auch der Anzeige eigen. Motto und Pictura sind bereits vorgestellt, fehlt noch die Subscriptio, die als Bildunterschrift gemeinhin die Anwendung und Auslegung enthält, das, was hier wie im Fabelpoem moralische Didaxis heißt. Sie lautet, besiegelt durch das unendliche Schleifenband des Schurwoll-Signets, kurz und bündig: »Millionen Schafe,/nur ein großer Produzent.« Ein fürwahr stolzer, wenn nicht gar herrischer Satz, dessen elliptische Fassung dem Leser die Sprache verschlägt. Denn dort, wo in einem Satz das Prädikat, das gewöhnlich die Sinnbeziehung und Modalität stiftet, fehlt, da läßt sich's schwer einreden. Vorerst sei jedoch nur die Konjunktion von Fabelmotiv und Emblemaufbau im Zeichen des Wollgütesiegels vermerkt.

PEREUNT NULLO DISCRIMINE.

Befragt man, nachdem die Einzelbestandteile aufgezählt sind, zum Vergleich nochmals die Emblemliteratur hinsichtlich der in ihr aufgehobenen und versammelten Bildweisheiten, so stößt man zur näheren Erläuterung der Hauptszene der Anzeige mit ihrem »United«-Motto, die wie ein Einsatzbild über der Hügellandschaft aus Schafen schwebt, auf (mindestens) zwei verwandte Bild- bzw. Aussageideen, von denen die eine den inzwischen gelesenen Anzeigensinn bestätigt, die andere ihn kontrastiert.

Die *Monumenta emblematum christianorum virtutum tum politicarum, tum oeconomicarum chorum centuria* der Georgia Montanea von 1571

Abb. 5 Emblem aus Zincgreff,
Emblematum Ethico-politicorum
***Centuria*, Heidelberg 1619,**
Kupferstich von Matthäus Merian

(lat. 1619) enthalten ein Emblem zum Thema der »vollkommenen Eintracht« (»Foedere perfecto«; Abb. 6), das den paradiesischen Bund von Löwe, Lamm und Wolf präsentiert: ohne Rangstreit knabbern die Tiere *gemeinsam* an einem Strohbündel, gehen demnach friedlich ihrer Nahrungsaufnahmewege. Dabei hatte es die Zeitgenossen (wie die Nachgeborenen) selbstverständlich nicht zu stören, daß neben dem Schaf auch Wolf und Löwe als Pflanzenfresser vorgestellt werden. Die utopische Idee der Eintracht regiert übergeordnet das Bild, der die Wirklichkeit auf dem Fuße, und sei es ein hinkender, zu folgen hat. Die moralische Wunschbild-Summa, die die Subscriptio liefert, sei im Schlußsatz der deutschen Fassung zitiert: »Denn würd es so zugehen nur/Wie man sicht hie an der Figur/Daß allenthalben Einigkeit/Ist zwischen jederman bereit.«[5] Anzumerken

bleibt, daß der Kupferstich die Übertragung der Szene aus dem Fabelreich ins Land der (Real-)Politik im Hintergrund gleich erläuternd mitliefert, wo am Fuße eines Bergrückens zwei Kriegsparteien offenbar eben den ausgehandelten Waffenstillstand besiegeln.

Bleibt ferner auf eine formale Entsprechung hinzuweisen, daß nämlich im Kupferstich wie in der Anzeige das Motto qua Schriftband beziehungsweise Insert ins Bild selbst, und zwar jeweils am Oberrand, aufgenommen ist.

Während sich das Emblem auf das Alte Testament (Jesaia 11,6f.: »Da werden die Wölfe bei den Lämmern wohnen und die Panther bei den Böcken lagern«) beziehen und berufen kann, verweist die Schwarzweiß-Anzeige auf ihr Textilprogramm der Farbeintracht und damit auf den Hersteller als Instanz dort, wo vorzeiten die Autorität Gottes zitiert wurde. Dieser ist bekanntlich in Gestalt seines Sohnes unter anderem auch als »Guter Hirte« zum Bildtopos geworden, eine Berufsrolle, in die seit alters auch Regenten von Zeit zu Zeit geschlüpft sind, und zwar jeweils dann, wenn die Bildpropaganda es verlangte. Aus diesem Fundus sei nur ein zeitgenössisches Bei-

Abb. 6 Emblem aus Georgia Montanea, *Monumenta Emblematum Christianorum Virtutum*, Frankfurt/M. 1619, Kupferstich

spiel (Abb. 7) angeführt, das das politische Mummenschanz-Motiv vom Wolf im Schafs- oder Geißenpelz, also das Gegenbild zum Pastor fido, im Porträt eines altbundesdeutschen Paladins vorstellt.[6] Über diesen Anwendungsfall ist die Gegenwart wieder ins Spiel gebracht und auf den eingangs zitierten politischen Kontext des Inserates verwiesen.

Das ideologische Gegenstück zur Harmonie-Propaganda des Eintracht-Emblems bildet ein Renaissance-Holzschnitt (Abb. 8) aus der *Hecaton-Graphie* des Gilles Corrozet, der mit dem Motto »Amour Fainte« (»Geheuchelte Liebe«) überschrieben ist und die Äsop-Fabel vom Wolf und dem Schaf aufgreift. Hier wird nun wieder gegen alles Wunschdenken an die gemeine Erfahrung appelliert, die sich am Gegebenen, nämlich am Naturverhältnis von Raub- und Beutetier, orientiert: »Der Wolf fordert das Schaf in heuchlerischer Weise auf und sagt: ›Wir wollen gute Freundschaft zusammen halten!‹ Das Schaf spricht: ›Das erscheint mir nicht gut, du willst zwar lieben, aber auf grausame Art.‹«[7] So die Sentenz, die bar jeder Illusion sich ausspricht und ihre Adressaten vor Anbiederung und falschen Freunden warnen möchte.

Im Reich der Waren regiert der Produzent, seine Herolde ziehen übers Land und rühren, immer auf der Suche nach offenen Ohren für ihre Botschaft beim Volk der Verbraucher, eifrig die Werbetrommel. Nach außen hin, das heißt dem veröffentlichten Selbstverständnis nach, ist das weite Feld des Marktes nicht das der Politik, aber über ein Wirtschaftsverständnis, das auf Einfluß, Absatz und folglich Expansion drängt, sowie über das Plündern des Inventars des allgemein zugänglichen Reichs der kulturellen Zeichen kommt es nicht selten, bisweilen auch unfreiwillig, zu Verschränkungen. Dann wird auch aus Reklame wieder, was sie vormals, unter altem Namen, einmal war, nämlich Propaganda – und zwar jetzt ohne Umschweife und

Abb. 7 Titel *Der Spiegel* vom 29. September 1986

sensu strictu indoctrinationis. Begibt man sich jedenfalls auf die seit Menschengedenken als Vergleich herangezogene Wort- und Bild-Trift von Wolf und Schaf, Schäferhund und Schafsvolk, so betritt man ein Gelände, das traditionell von Politik (im weitesten Sinn) besetzt ist.

Der Titel »Reclamenwolf in der Schafhürde« – so ein Feuilleton von Ferdinand Kürnberger aus dem Jahr 1872[8] – hätte auch als Überschrift für den vorliegenden Text gepaßt. Denn das annoncierte Bild von der Schafherde, der auf der grünen Wiese eine Hollywood-Schmonzette in Cinemascope vorgeführt wird, taugt ebensogut als eindringliche Metapher für die durch die Anzeige angestrebte Beziehung zum Betrachter. Zunächst im (beinah) geschlossenen System der Bildsprache des Inserates selbst: die vor Augen gestellte Idylle trügt, sie hält nur dem flüchtigen Blick – also dem kalkulierten Apperzeptionsmodus –, nicht aber eingehender Betrachtung stand. Das dem Werbezweck unterlegte Foto der Schafherde als Natur-Allusion ist in Wahrheit ein apokalyptisches Bild, das nicht mehr von einer Pastorale, sondern vielmehr vom kurz bevorstehenden Schlachtbank-Ende der Tiere kündet. Denn diese erscheinen als Masse derart eingepfercht, daß ihnen der gebotene Bewegungsfreiraum genommen ist. Und dies unabsehbar weit. Der Horizont erscheint als gekrümmte Linie, untrügliches Anzeichen dafür, daß das Segment als ein pars pro toto der Hemisphäre aufgefaßt werden *will*, *soll* oder *muß* – die Vision der Erde als ein überfülltes Schaflager (»Millionen Schafe«). Nicht einmal die kleine Freiheit, dem gebotenen Spektakel auf der Leinwand einen Blick zu schenken, verbleibt, so daß diese Inszenierung von den Massen gar nicht mehr wahrgenommen werden kann und zynisch ›über ihre Köpfe hinweg‹ wie zum Selbstzweck arrangiert ist – wäre da nicht noch der Betrach-

Abb. 8 Emblem aus Gilles Corrozet,
Hecaton-Graphie, Paris 1543, Holzschnitt

ter. So jedenfalls bezeugt es diese Sinn-Bruchstelle der montierten Fotos: ein Arbeitstierlager des »*einen* großen Produzenten«, dem kein Kartellamt mehr beikommt und aus dem die Typographie der entsprechenden Zeile beinahe einen »*groben*« Produzenten macht, so als hätte die Tendenz der totalitären Bildaussage hier unfreiwillig unterstrichen werden sollen.

SIC DUCIS URGET AMOR.

Der Anthropomorphismus, den die Annonce über Motiv, Metapher und Montage installiert, hebt das Zwiegespräch von Werbebotschafter und Adressaten zwingend auf die politische Ebene der Propaganda. Man möchte alles für anspielungsreiche Ironie nehmen, gar für eine Satire halten, aber die Sentenz von dem *einen* (und damit suggeriert: einzigen) Produzenten läßt dies schließlich doch nicht zu. Sie klingt in gegenwärtigen bundesdeutschen Zeiten (und Zeitungen) gerade so, als stünden Landnahmen eben bevor und als melde man sich rechtzeitig zur Stelle, Territorialansprüche im gen Osten erweiterten Verbraucherland anzumelden, am besten im Politik-Teil eines notorisch seriösen Blattes, das die Wirtschaft bevorzugt. Man kann und will mit der Schafsnatur rechnen und darf auf blinde Gefolgschaft spekulieren – bis hin zum Sprung über die Mauer (Abb. 9).

Daß ein Schaf einmal aufbegehrt oder gar revoltiert hätte, darüber gibt es kaum Nachrichten. Und doch, ein Bildbeispiel wenigstens läßt sich – bei Joachim Camerarius am Ende des 16. Jahrhunderts – finden (Abb. 10): ein Schaf, das die Stirn besitzt, gereizt und angewidert Zepter und Krone beiseite zu stoßen. Und auch ein 1990 publiziertes Buch signalisiert bereits im Titel eine verwandte Protesthaltung, Erich Loests Tagewerk-Band *Der Zorn des Schafes*.[9]

Wie denn überhaupt die Wolf/Lamm-Topik in den letzten Jahren eine auffällige, über das gewöhnliche Maß eines geradezu klassischen Verweisfeldes hinausgehende Anwendung und Verbreitung gefunden hat, international wie national, ein ubiquitärer Kontext, auf den sich offenbar auch die Benetton-Strategie bezieht und von dem sie ebenso inspiriert ist wie sie davon – zumal im »Jahr des Scha-

Abb. 9 Emblem aus Zincgreff,
Emblematum ethico-politicorum centuria,
Heidelberg 1619, Kupferstich von
Matthäus Merian

fes«[10] 1991 – profitiert. Da heißen Spielfilme *Der mit dem Wolf tanzt* (Regie Kevin Costner) und *Das Schweigen der Lämmer* (Regie Jonathan Demme), Romane *Das Lächeln des Lammes* (David Grossman) und *Schafspelz* (Peter Schmidt), Gedichtbände *Steppenwolfidyllen* (Ines Eck), Fernsehfilme *Wolfskinder* (Eberhard Fechner) und Theaterstücke *Zeit der Wölfe* (Ulrich Plenzdorf), da greifen die Karikaturisten und Witzzeichner das Schafsthema auf, da melden die Zeitungen die neue, durch den Zusammenschluß bedingte marktwirtschaftliche Not der deutschen Schäfer[11], da berichten sie sogar davon, daß im nordwestlichen Brandenburg in einem Wald nahe Perleberg ein veritabler Wolf gesehen und erlegt worden ist, der zur großen Verwunderung aller Beteiligten *nicht* aus einem Tierpark stammte.[12]

Vielerlei Meldungen mehr aus der Sparte »Aus aller Welt« ließen sich anführen, nicht zu vergessen – mit Bezug auf das Konnotationsfeld der Anzeige – die längst in Buchform inventarisierten Demonstrations-Sprüche der Ex-DDR-Bevölkerung, die da etwa lauteten »Aus Wölfen werden keine Lämmer!«, »Keinen Markus Wolf im Schafspelz!« oder »Zuviele Wölfe von gestern im Reformerschafspelz von morgen«.[13] Auch der vielzitierte Reiß*wolf*, dem so manche Stasi-Akte zum Opfer fiel, gehört vermutlich hierher. Und nicht zu vergessen der »Sündenbock«, als der unter anderem Erich Honecker »von seinen Kreaturen«[14] dem Volkszorn präsentiert worden ist. Ferner das Titelblatt der Silvesterausgabe des Neuen Deutschland, mit dem das abgelaufene Jahr der Vereinigung verabschiedet wurde: Zu dem »Kopf hoch«-»Foto des Jahres« (Blick auf eine Schafherde) heißt es erläuternd in der Bildunterschrift »Augen auf und Ohren steif halten! (…) Und nicht vergessen: Lieber mal ein schwarzes Schaf als immer mit den Wölfen heulen! Lammfromm, sanft und schafsgeduldig will sich ND auch im neuen Jahr nicht zeigen.«[15]

Soviel von den »Figuren der Fabel« und den »Lektionen von Wolf und Lamm«[16] der zeitgenössischen Politikrhetorik. In Zeiten, die

Abb. 10 Emblem aus J. Camerarius, *Symbolorum et Emblematum Centuria Altera*, Nürnberg 1605, Kupferstich

"Der Begriff des »Tieres« ist abzulehnen. Er verdeckt und verfälscht die Verschiedenheiten von Schaf, Huhn, Gans, Esel, Pferd, Hase, Kalb, Ziege, kurz jener Wesen, die nur dazu da sind, von mir gefressen zu werden."

von realen oder auch vermeintlichen Gegensätzen, von Opposition und Oppositionsdenken, von Macht, Ohnmacht, Unterwerfungs- und Übermachtsgefühlen geprägt sind, blüht die Schwarzweiß-Malerei, aus der die Annonce des Mailänder Textilunternehmens[17], dessen Firmenphilosophie, wie aus dem Hause Benetton verlautet, auf »Harmonie zwischen den Rassen und dem Weltfrieden«[18] gestimmt ist, eine die Gegensätze schlicht aufhebende Anzeigen-Graumalerei zu machen versteht: »Wir sind stark interessiert am Frieden und einer gewissen Universalität. Unsere Kleidung findet Anklang in den verschiedensten Ländern der Welt, und Menschen, die dasselbe Produkt konsumieren, haben einen Weg mehr, sich zu verständigen.«[19] Aus diesem Kommerz-Geist der Völkerverständigung qua Konsum erwachsen die Anzeigenkampagnen, für die der Firmenchef, Luciano Benetton, der Modefotograf Oliviero Toscani und die französische Werbeagentur Eldorado verantwortlich zeichnen.[20]

Mit der behandelten Anzeige – einer Ost/West-Fabel und Versöhnungs- und Vereinigungs-Ikone – hat man sich auf das Gebiet der politischen Fotomontage begeben, als deren – seit Heartfield (Abb. 11) – traditionelles Prinzip der (politische) Widerspruch gilt[21]: Die Gegensätze werden herausgestellt, in der Karikatur kenntlich und eindeutig gemacht, die politischen und ideologischen Positionen trennscharf bezeichnet, die topische Feindschaft von Wolf und Lamm zur Charakterisierung von Machthaber und Beherrschtem genutzt, keine Adynata insinuiert. Während beim Altmeister der Fotomontage die NS-Rassenideologie angeprangert und drastisch über die Gestalt des geifernden Göring-Wolfes vor versammelter (Rest-)Kreatur ins Bild gesetzt wird, findet in der Montage Toscanis die feierliche Versöhnung der Rassen über dem Volk der Schafsköpfe statt. Dort der Demagoge, in leibhaftiger (Tier-)Gestalt, der, darin Carl Schmitt folgend, die »Verschiedenheiten von Volksgenosse,

Abb. 11 John Heartfield, Die Lehre des Wolfes, Fotomontage, erschienen in *Arbeiter Illustrierte Zeitung* Nr. 47 vom 21. Dezember 1935

Reichsbürger, Ausländer, Jude usw.«[22] predigt, hier die Demonstration der Aussöhnung im Bild, dessen Protagonisten gleichsam *praktisch* Vollzug melden. Diesem verleihen die pathosformelhaften Elemente der Bildgestaltung (Axialsymmetrie, Blickrichtung in die Tiefe, von unten nach oben) zusätzlich sakrale Wei-

hen einer »multicolorierten« Gesellschaftsordnung und zwingen den Anzeigenbetrachter in eine »Quasi-Devotions-, um nicht zu sagen Adorationshaltung«[23], als ginge es um die christliche Anbetung des mystischen Lammes.

Dies alles vielleicht doch nicht ohne jenen leisen »Unterton von Ironie, der eine allzu ernsthafte Festlegung ausschließt«[24] und den Interpreten anhält zu überprüfen, ob er in seinen Schlußfolgerungen nicht zu weit gegangen ist.

Da springt diesem jedoch ein weiteres Inserat derselben Firma und Agentur bei, das nur wenige Monate später geschaltet wurde, wiederum in die aktuelle politische Situation hinein, und belegt den unbedingten, bis hin zur Tabuverletzung reichenden Anspruch auf Mitsprache des Unternehmens in »rebus publicis« (Abb. 12): das Bild eines christlich-jüdisch alliierten Soldatenfriedhofes im Sonnenlicht der Versöhnung der Gegensätze, eine doppelseitige Annonce, die, so die Absicht, bereits während des Golfkrieges weltweit hatte verbreitet werden sollen, dann aber erst nach dessen Beendigung und nur mehr eingeschränkt zum Einsatz kam – und, vermutlich wie kalkuliert, in der Öffentlichkeit ob der »Geschmack- und Pietätlosigkeit« des Pullover-Imperiums heftig diskutiert und kritisiert wurde.[25] Hier findet die Versöhnung über den Soldatengräbern statt, Benetton geht gewissermaßen ›über Leichen‹, und wieder sind es religiöse Symbole, deren man sich in diesem Predigtfalle bedient. Von Produktwerbung im hergebrachten Sinne ist selbstverständlich nicht mehr die Rede. Es geht ums Image, koste es, was es wolle.[26]

Abb. 12 Benetton-Anzeige, erschienen in *stern* Nr. 14 vom 27. März 1991

Und dieses Image ist auf Einmischung programmiert und auf Schocks, gelinde oder kräftige. Vorwürfe, man geriere sich – bei aller Harmoniepropaganda – aggressiv, weist das Unternehmen entschieden zurück, auch Ehrgefühle habe man nicht verletzen wollen: »Wir wollen mit der Kampagne auf den Krieg aufmerksam machen und zur Auseinandersetzung auffordern«, so die Firmensprecherin beschwichtigend.[27] Des weiteren wurde die Aktion mit der »pazifistischen Botschaft« der Anzeige, die als eine private Antikriegskampagne zu interpretieren sei[28], begründet.

Über dem Golfkrieg und seinen blutigen Nachwirkungen ist im übrigen einem Karikaturisten noch einmal das Wolf/Schaf-Paradigma eingefallen (Abb. 13), eine Zeichnung, die auf dem Höhepunkt der militanten Kurdenverfolgungen wieder das Trugbild der Harmonie und des Interessenausgleiches über diesen Fabel-Topos vor Augen stellt.

Eine Sprichwortweisheit besagt, es sei nicht not, daß man die Schafe frage, allein die Wolle gelte. Die Anzeigenkampagnen des Textilunternehmens Benetton verzichten auf die Präsentation ihrer Produkte. Ihre Botschaft ist das offen politisierte Medium der Werbeanzeige, für das alle Register der hohen Kunst der Bildorganisation gezogen werden, darunter auch das der Fotomontage, das es gestattet, (Bild-)Wirklichkeit zu modeln, zu synthetisieren und zu simulieren, kurz ästhetisch frei zu schalten. Die Provokation dieser Tableaus, die die Wirtschaftswerbung unverblümt als Feld politischer Kommentare nutzen, liegt zum einen in dem selbstbewußt vorgetragenen Machtanspruch eines Industriemagnaten, zum anderen aber und nicht zuletzt in der ästhetischen Qualität dieses Vortrags, dem alles daran gelegen ist, Irritation auszulösen und dadurch die Aufmerksamkeit auf sich zu ziehen.

Abb. 13 »Liebesgrüße aus Bagdad«,
Karikatur von Schoenfeld
aus *Hamburger Abendblatt*
vom 27./28. April 1991

Anmerkungen 155

1 *Frankfurter Allgemeine Zeitung* Nr. 229/230, 15; die Schlagzeile der Titelseite lautet: »Die Deutschen gewinnen die Einheit in Freiheit/Die Nation findet wieder zusammen.«
2 Vgl. zu diesem Wortspiel Sigmund Freud, »Der Witz und seine Beziehung zum Unbewußten« [1905], in: Ders., *Psychologische Schriften*, Studienausgabe Bd. IV, Frankfurt/M. 1989, 28 u. 74.
3 Siehe hierzu ausführlich den Beitrag »Schwarz, Weiß, Rot und Gelb...« im vorliegenden Band.
4 So das Motto einer Plakatanzeige der Senatsverwaltung für Gesundheit und Soziales im Jahr 1990; siehe die Abb. etwa im *taz DDR-Journal* 2, 1990, 69 oder in der Beilage *GEO-Special* (»Metropole Berlin«) Nr. 1, 1991, 10.
5 Zit. nach Arthur Henkel u. Albrecht Schöne (Hg.), *Emblemata. Handbuch zur Sinnbildkunst des XVI. und XVII. Jahrhunderts*, ergänzte Neuausgabe, Stuttgart 1976, Sp. 389 f.
6 Vgl. auch das auf der Berliner Demonstration vom 4. November 1989 gezeigte Plakat mit der Karikatur ›Egon Krenz als Rotkäppchens Großmutter‹ (»Großmutter, warum hast du so große Zähne«?); Abb. in Ausst.-Kat. ›*Ein Vorschlag für den 1. Mai: Die Führung zieht am Volk vorbei*‹ – *Die Demonstration vom 4. November in Berlin (Ost)*, Werkbund-Archiv, Berlin 1989/90.
7 Zit. nach Henkel/Schöne (Anm. 5), Sp. 452.
8 Abgedruckt in F. Kürnberger, *Literarische Herzenssachen. Reflexionen und Kritiken*, Wien 1877, 319–329.
9 Erschienen Künzelsau 1990.
10 Vgl. dazu Rolf Schneider »Im Jahr des Schafs. Wenn die Löwen kommen, bläst die Kulturbaracke zur Jagd«, in: *Frankfurter Allgemeine Magazin*, H. 572 vom 15. Februar 1991, 40–46.
11 Siehe den Leserbrief in der *Frankfurter Allgemeinen Zeitung* Nr. 265 vom 13. November 1990: »Mit Öffnung der Handelsgrenze in Ost-West-Richtung am 1.8.1990 kommen verstärkt große Mengen Schafe und Lämmer nur in die [alte] Bundesrepublik. Diese Tiere sind von der SED-Regierung planwirtschaftlich erzeugt worden, so wie jetzt von der Bundesregierung planwirtschaftlich gefördert.«
12 Siehe *Frankfurter Allgemeine Zeitung* vom 4. Mai 1991 (»In Brandenburg einen Wolf erlegt«).
13 Zit. nach Ewald Lang (Hg.), *Wendehals und Stasi-Laus. Demo-Sprüche aus der DDR*, München 1990.
14 Heiner Müller, »Für Gunter Rambow 1990«, in: Ausst.-Kat. *Kommentare zur Gesellschaft – Plakate von Gunter Rambow*, Akademie der Künste der DDR, Berlin 1990, Umschlagrückseite.
15 *Neues Deutschland* Nr. 304 vom 31. Dezember 1990, Titelseite.
16 Siehe dazu Dolf Sternberger, *Figuren der Fabel*, Berlin 1950, 7–24 (Titelaufsatz der Essaysammlung).
17 Jahresumsatz (lt. *Süddeutsche Zeitung* vom 23./24. März 1991, 37): DM 2,7 Mrd.
18 Zit. nach *Transatlantic* H. 10, 1990, 66.
19 Zit. nach ebenda.

20 Der Jahresetat für direkte Produktwerbung betrug 1991 DM 7,8 Mio.
21 Siehe dazu Hilmar Frank, »Visuelle Rhetorik. Zur Theorie der Fotomontage« [1973], in: *John Heartfield – Der Schnitt entlang der Zeit. Selbstzeugnisse, Erinnerungen, Interpretationen. Eine Dokumentation*, hg. von Roland März, Dresden 1981, 525–532, hier 530.
22 Zit. nach dem der Fotomontage Heartfields im Original der *Arbeiter Illustrierte Zeitung* vom 21. Dezember 1935 eingefügten Erläuterungstext, in dem es heißt: »Die ›Arbeitssitzung der Reichsfachgruppe Hochschullehrer im Bunde nationalsozialistischer Deutscher Juristen‹, die unter dem Vorsitze von Prof. Carl Schmitt tagte, stellte den folgenden (...) Lehrsatz auf: ›Der Begriff des ‚Menschen' ist abzulehnen. Er verdreht und verfälscht die Verschiedenheiten von Volksgenosse, Reichsbürger, Ausländer, Jude usw. «; wiedergegeben in: Wieland Herzfelde, *John Heartfield – Leben und Werk*, Dresden ²1971, 365.
23 Hermann K. Ehmer, »Zur Metasprache der Werbung – Analyse einer DOORNKAAT-Reklame«, in: Ders. (Hg.), *Visuelle Kommunikation. Beiträge zur Kritik der Bewußtseinsindustrie*, Köln 1971, 176.
24 Leo Spitzer, »Amerikanische Werbung – verstanden als populäre Kunst«, in: Ders., *Eine Methode, Literatur zu interpretieren*, München 1966, 90.
25 Die doppelseitige Anzeige, publiziert im *stern* Nr. 14 vom 27. März 1991, löste nach Erscheinen in der Öffentlichkeit wie bei den Mitarbeitern des Verlagshauses Gruner + Jahr und beim Deutschen Werberat Proteste aus; siehe etwa die Berichte in der *Süddeutschen Zeitung* vom 23./24. März 1991, 37 (»Schrille Töne um ›United Colors of Benetton‹«), *Frankfurter Allgemeinen Zeitung* vom 3. April 1991 (»Streit um Benetton-Werbung«) und in der *tageszeitung* vom 28. März 1991, 4 (»Farbenfroh ins Massengrab«).
26 Die Kosten belaufen sich im Fall der zitierten Benetton-Anzeige im *stern* auf DM 170 000 (lt. *die tageszeitung* vom 28. März 1991, 4).
27 Lt. *Frankfurter Allgemeine Zeitung* vom 3. April 1991.
28 Lt. *die tageszeitung* (Anm. 26).

Schwarz, Weiß, Rot und Gelb
Aus der politischen Farbenlehre der Werbung

Als ich gegen Abend in ein Wirtshaus eintrat und ein wohlgewachsenes Mädchen mit blendendweißem Gesicht, schwarzen Haaren und einem scharlachroten Mieder zu mir ins Zimmer trat, blickte ich sie, die in einiger Entfernung vor mir stand, in der Halbdämmerung scharf an. Indem sie sich nun darauf hinwegbewegte, sah ich auf der mir entgegenstehenden weißen Wand ein schwarzes Gesicht, mit einem hellen Schein umgeben, und die Bekleidung der völlig deutlichen Figur erschien von einem Meergrün.

Goethe, *Schriften zur Farbenlehre*, 1810

We Are Colour Blind – Stop Racism
Creative Colour GmbH, Hamburg, Werbepostkarte 1993

›*Rothaut und Bleichgesicht*‹ – Als im Jahr 1992 die Halbjahrtausendfeier der Entdeckung Amerikas zu begehen war, zollte auch die Deutsche Bundespost diesem Ereignis den ihr gemäßen Tribut und ließ für ihre Europa-Serie eine neue Briefmarke entwerfen (Abb. 1). Vor hügeliger Landschaft zeigt sie zwei dicht beieinander stehende männliche Gestalten; die linke Figur hat den Arm auf die Schulter des Nachbarn gelegt, mit der anderen Hand weist sie offenbar bildauswärts. Der Rechtsstehende stützt den einen Arm in die Hüfte, der andere Arm hält, in Schrägstellung auf den Boden gestützt, demnach aufgepflanzt, eine Lanze. Die bei-

Abb. 1 Europa-Briefmarke der Deutschen Bundespost, 1992

den recht freundlich dreinblickenden Protagonisten sind farbenprächtig gekleidet. Rechts ein Kostüm, das den Körper von Kopf bis Fuß einhüllt, der ein wenig größere Mann links trägt ein spärlicheres Gewand, eigentlich nur einen Schurz, dazu eine originelle Kopfbedeckung sowie Fuß- und Halsschmuck, im übrigen ist er nackt; allerdings ist sein Körper von einer Ornament-Tätowierung bedeckt. Am Boden rings um die beiden Männer liegen ein Köcher, etwas weiter hinten ein Korb mit Früchten, ferner zwei sack- oder beutelähnliche Gegenstände sowie ein Bogen mit gelockerter Sehne. Die Farbigkeit, ja Buntheit der Kostüme, der Accessoires, der Früchte und der Hügellandschaft vermitteln den Eindruck einer Idylle.

Will man bei dem Helden rechts nicht an Theatergarderobe oder an Faschingskleidung denken, dann muß man ein historisches Kostüm vermuten. Die Gewandteile verdeutlichen, daß es sich um eine spanische oder spanisch inspirierte Mode des 16. Jahrhunderts handelt, wie sie die Granden im damaligen Europa trugen. Die Gestalt erinnert an ein Gemälde Tizians (Abb. 2), dessen allegorisch überhöhter, vermutlich italienischer Edelmann nach Kleidung, Haltung und Gestik dem Briefmarkenhelden ähnelt: ein energischer Mann mit entschiedener Miene und selbstbewußtem Gebaren.

Abb. 2 Tizian, *Bildnis eines italienischen Edelmannes*, um 1550–52, Kassel, Staatliche Kunstsammlungen Gemäldegalerie Alte Meister

Der Tizian-Vergleich hat jedoch auf der Suche nach einer Vorlage – zunächst – in die falsche Richtung geführt, da das Augenmerk nur dem Lanzenträger, nicht seinem Begleiter gegolten hat. Dessen Kennzeichen und Attribute (beinah nackt, tätowiert, Kopf- und Fußschmuck, Pfeil und Bogen) lassen nur den Schluß zu, daß es sich um einen irgendwo ›Eingeborenen‹ handelt, dem eine Art ›Spanier‹ zur Seite steht. »Irgendwo« heißt, das belegt auch die Beischrift der Marke, irgendwo in der sogenannten Neuen Welt.

Die Marke präsentiert ein Begegnungsbild. Der auf Grund seiner Kleidertracht als Spanier bezeichnete Mann ist ein Europäer, der Tätowierte ein Amerikaner. Demnach lautet die Botschaft: Irgendwann, vor einem halben Jahrtausend, trafen sich einmal ein grellbunt gekleideter Kundschafter Europas und ein halbnackter Vertreter Amerikas: Der eine legte dem anderen die Hand auf die Schulter und bedeutete ihm mit der anderen Hand irgend etwas; beide führten sie die landesüblichen Waffen und nährten sich von den Früchten des einen oder anderen Landes. Soweit dieses Briefmarkenmärchen von dem Einen und von dem Anderen: von dem ›Farbigen‹ mit blaßgrauer Hauttönung und dem Buntscheck mit rosafarbenem Inkarnat.

Daß Briefmarkenentwürfe nach Vorlagen entstehen[1], ist nichts Ungewöhnliches. Häufig erfinden die Zeichner nicht selbst, sondern überarbeiten, übersetzen eine Bildquelle in eine für die zur Verfügung stehende Fläche von nur wenigen Quadratzentimetern gemäße Form und Bildsprache. So auch in diesem Fall. Geht man dem hier präsentierten, beinah klassischen Motivpaar Eingeborener/Eroberer nach, trifft man als Vorlage auf einen Kupferstich aus dem berühmten De Bryschen Reisekompendium über Amerika (Abb. 3), das ab 1590 in diversen Ausgaben erschienen ist – ein vor allem der Illustrationen wegen äußerst geschätztes Werk der frühen Amerika-Literatur.[2]

Die Briefmarke zitiert nur einen Ausschnitt des Kupferstichs, und zwar einen Teil der rechten Hälfte. Dem Buntstift des Nachzeichners zum Opfer gefallen sind das Zentrum, der Hügel samt Säule und Beiwerk, die gesamte Szene links sowie die bewaffnete Soldateska vom Rand rechts. Die am Boden verstreut liegenden Utensilien sind zur Seite verschoben, zusammengezogen und den Markenhelden vor und hinter die Füße gelegt worden. Es handelt sich dabei

Abb. 3 »Wie die Wilden in Florida die Seul/ vom Obersten in seiner ersten Schiffahrt aufgerichtet/verehrt haben«, Kupferstich von Theodor de Bry aus *Warhafftige Abconterfaytung der Wilden in America*... Frankfurt/M., D. de Bry 1603, Bl. Cii

um Weihegaben, die im Original vor der Säule mit dem französischen Königslilienwappen aufgereiht sind. Diese Säule wird von der Gruppe links kniefällig verehrt. Der Zeigegestus des mit Waschbärenfell-Haube geschmückten Indianers, der im Kupferstich mit seiner Rechten deutlich in die Mitte weist, geht auf der Briefmarke ins Leere. Der historische und kulturhistorische Zusammenhang ist aufgehoben, die beiden einander fremden Kulturen sind aufs Gemeinsame verpflichtet, das Soldatisch-Militärische, das Brenzlige der Situation weitgehend entschärft. Auch vom Herrschaftsanspruch, von der Usurpation, von der als Landmarke der Wappenpfahl kündet, ist keine Rede mehr. Bleiben zwei Händler mit ihren Südfrüchten zurück.

Die historische Szene spielt an der Küste »Floridas« (South Carolina) im Jahr 1564 (und nicht 1492, wie die Marke suggeriert, so daß man meinen könnte, hier Kolumbus vor Augen zu haben).[3] Die beiden Dargestellten sind der Franzose René de Laudonnière, der die Expedition unternahm, und der Häuptling Athore. Wo der Stecher (wohl nach einem Aquarell des Malers Jean-Jacques Le Moyne, der die Expedition begleitet hat)[4] sich redlich um eine »warhafftige Abconterfaytung«[5] der Szene bemüht, ohne dabei sein an der europäischen Kunst geschultes Auge zu verlieren (vgl. Tizian), da bastelt die Briefmarke aus Zitaten eine willkürlich eigene Welt aus der fremden, die im Stich, wie verfälscht und dramatisch in Szene gesetzt auch immer, noch mit der Wirklichkeit der Reiseschilderung in der Bildlegende verbunden ist.[6]

Die Briefmarke als Wiedergabe eines Kupferstichs, der nach einem zeitgenössischen Aquarell gearbeitet wurde, zieht dieser Überlieferung das Klischee eines Glanzbildchens ab. Geschichte wird synthetisiert und synthetisierend vergessen gemacht. Die europäische Idee der Brüderlichkeit beherrscht geradezu das Briefmarkenbild. Völkerverständigung heißt 1992 das Programm, das auch das Geschichtsbild retrospektiv überformt. Eine Legende wird dekoriert, ein Stereotyp verfestigt, Geschichte abgezogen auf ein Freund-Freund-Schema. Die Historie, die bestens dokumentiert und überliefert ist, wird in der staatsöffentlichen Botschaft karnevalisiert und eingesetzt für eine Propaganda zum Thema ›Rothaut und

Bleichgesicht‹ – ein neo-koloristisches Historienbild, gemodelt über einer Bilderfindung der Renaissance. Die einzige Zutat ist das Ausgegrenzte, das Ausgesparte sowie die fröhliche Farbigkeit. Und die entstammt den Modekatalogen der Gegenwart.

Das durch de Bry überlieferte Beziehungs- und Bildmodell ›Begegnung‹ zwischen Kolonisator und (Ur-)Einwohner, zwischen Ausländer und Inländer hat als Motiv auch in anderen Medien nachgewirkt. So kehrt es rund 300 Jahre später im stereotypen Bild besagten Nebeneinanders in einer Vielzahl von Fotografien wieder, die jeweils den damals bereits obligatorischen Besuch des Ethnologen oder Touristen in der Fremde festhalten. Als Beispiel mag ein Foto von 1896 (Abb. 4) dienen, das den Hamburger Kunsthistoriker Aby Warburg in Begleitung eines Puebloindianers zeigt, beide ins Kameraobjektiv des Fotografen blickend. Zwar haben die Protagonisten inzwischen die Seiten (kaum aber ihre Rollen) vertauscht, und der »weiße Mann« steht ein wenig zurück – höflich, schüchtern, bescheiden, respektvoll? –, aber immer noch ist ihre Haltung der ›Vorlage‹ ähnlich und nach wie vor ist ihre Kleidung deutlich verschieden. Anders als bei de Bry aber gibt es keine Berührung, und von Verbrüderung gar ist hier nicht die Rede, allenfalls könnte das sehr verhaltene Lächeln der Protagonisten darauf anspielen.

Auch in den geläufigen Faschingskostümen für Kinder begegnet noch ein Reflex dieses Beziehungsmodells in der Form des Mummenschanzes: ›Bleichgesicht‹ und ›Rothaut‹, die jeweils die Waffen sprechen lassen – eine harmlose Mode als Wiederkehr des Immergleichen? Der Ideenvorrat ist offenbar klein.

Körper, Kleidung, Propaganda – Mit der Europamarke der Bundespost – einer Amtsgraphik und einem Werbe-Bild von Staats wegen, das

Abb. 4 Puebloindianer und Aby Warburg, 1896, Fotografie

in einer Massenauflage um die Welt ging – wurde ein vielleicht eher harmlos zu erachtendes, jedoch nur scheinbar unverfängliches Beispiel für jene in den letzten Jahren verstärkt zu beobachtende Tendenz zitiert, vor dem Hintergrund der Diskussion um (Selbst-) Eingrenzung der Eigenen und Ausgrenzung der Fremden, um Ethnozentrik und Xenophobie den üblichen Feind-Bildern ausgesprochene Freund-Bilder einer sich multikulturell verstehenden Gesellschaft gegenüberzustellen.[7] Bei dieser Bildproduktion spielen die Aspekte Körper, Kleider und Propaganda, anders gesagt, (Haut-) Farbe, Mode und Politik oder genauer die symbolische Repräsentation dieser Trias eine wesentliche Rolle. In der Farbenlehre der Werbung, die Haut und Mode prononciert ins Spiel bringt und systematisch kombiniert, sind die genannten Stichworte durch diese Verbindung sowohl der Intention wie der Rezeption nach politisch wirksam. Die zentrale Rolle übernimmt dabei das Stichwort Hautfarbe, das erst mit der Aufklärung als Begriff verstärkt in die wissenschaftliche Diskussion kommt. Jetzt wird Hautfarbe im Kontext von Rasse-Denken, Rasse-Lehren und schließlich Rassismus zum Kriterium. Hatte man bis dahin zur Erklärung der unterschiedlichen Hautfarben überwiegend auf eine bis in die Antike zurückführende Klimatheorie Bezug genommen (der Äthiopier, d. i. ›der Sonnenverbrannte‹), zog man jetzt das äußere Merkmal Hautfarbe als Kennzeichen von Rasse heran. Zugleich setzte man es zur sozialen Konfliktdeutung ein und verband es mit Hierarchie, Rangordnung und Überlegenheitsvorstellungen. Spekulierend unternahm man es zum vorgeblich Besten der »Menschenkenntniß« (Lavater), vom schlicht Äußeren, vom Aussehen, von der Physiognomie auf Charakter- und konstante Rassemerkmale rück- und kurzzuschließen. Die Hautfarbe war jetzt nicht mehr an klimatische, sondern an rassische Bedingungen, das heißt an Blut und Blutsbande geknüpft. Spätestens aus diesen Tagen datiert eine konsequent politische Hautfarbenlehre mit ihren diversen Oppositionen, Weiß versus Schwarz, Weiß versus Gelb etc.[8]

Versuche, an dieses Oppositionsmodell einerseits anzuknüpfen und es andererseits zugleich aufzuheben oder zu unterlaufen, unternimmt seit einigen Jahren auf spezifische Weise die Werbung, indem sie in ihren Bildern gezielt mit dem Phänomen Hautfarben umgeht. Dabei läuft sie allerdings nicht selten Gefahr, rassistischem Denken Vor-, besser gesagt, Nachschub zu leisten. Daß dies in den meisten Fällen unbedacht und unfreiwillig, ja teils sogar wider wohlmeinend-beste Absichten geschieht, ändert an der Tatsache nichts. Daß aber auch Leichtfertigkeit, riskantes Kalkül und Spekulation gelegentlich eine Rolle spielen, leitet sich her aus den (Markt-)Gesetzen, die das Metier regieren.

»*Come together*« – Als in den Jahren um 1900 die Werbung in Deutschland noch offiziell ›Propaganda‹ hieß, verstand man darunter ausschließlich die Produktwerbung, kurz die Reklame. Daß diese sich dem Selbstverständnis nach in irgendeiner Weise politisch begriffen hätte, darüber gibt es keine Nachrichten – es wäre, historisch gesehen, wohl ein Mißverständnis. Daß sie jedoch gerade im Zeitalter des Kolonialismus und der Kolonialwaren (aber auch darüber hinaus) tatsächlich politisch war, läßt sich ihren Plakaten entnehmen (Abb. 5), die sich auch als alltagspolitische Graphik und als ›Anschläge‹ unter der Maßgabe ›Weltanschauung‹ lesen lassen. Da wird im Bild etwa jene ›Exoten‹-Spezies als Statisterie vorgeführt, die auch das *Reallexikon zur deutschen Kunstgeschichte* in seinem dritten Band aus dem Jahr 1973 kennt und mit einem Eintrag versehen hat. Begriffserläuternd heißt es dort in aller Unbefangenheit und Unbedachtheit: »Als Exoten bezeichnet man in außereuropäischen Ländern lebende und dorther stammende Menschen, vornehmlich Angehörige anderer Rassen, zumindest anderer Religionen. Alle Epochen hatten, wenn auch in ungleichem Maße, Interesse am Aussehen fremdländischer Bevölkerung, vor allem an ihrer Kleidung und an den Formen ihres gesellschaftlichen Zusammenlebens. In der Zeit, in der Exoten-Darstellungen Mode waren und breitesten Raum einnahmen, im Barock, begriff man sie als ›Cu-

Abb. 5 Plakat, Berlin vor 1914

riosa‹.«[9] Diese als Barock-Mode präsentierte Vorstellungswelt mit ihren Sensationen hat, was die Imagerie Populaire angeht, Gültigkeit noch bis ins 20. Jahrhundert, ja bis in die Gegenwart hinein. Andere Konnotationen sind hinzugekommen, so etwa jene eines unverhohlenen Sexismus. Massenhaft kann sich die auf die Exotismus-Tradition abgestellte Bildwelt öffentlich entfalten, wie es vor nicht langer Zeit ein Kaufhaus vorgeführt hat (Abb. 6), indem es eine bis auf die Unterkleider nackte Frau in kniefällig-subordinierender Haltung in den Reklamelichtkästen an den Straßenrändern und in den Anzeigen der Tageszeitungen bundesweit präsentierte. Man setzt auf die Ver*fremd*ung, auf den Farb-, sprich Hautkontrast, den man als Blickfang inszeniert. Mit der vorrangig kennzeichnenden Funktion (Herkunft des Produkts) hat dieses ›exotische‹ Bild nichts mehr zu tun, man spekuliert mit der Kuriosität, Originalität, Attraktivität und Symbolkraft exotischer Zeichen und Farben.[10] Und die Hautfarbe fungiert (zusammen mit dem zur Schau gestellten, jetzt weiblichen Körper) als zentrales Distinktionsmedium.[11]

Von dieser Traditionslinie setzt sich, wohl auch aufgrund wachsender Kritik eines Teils der Öffentlichkeit an den voyeuristischen Elementen eines solchen Ethno-Exhibitionismus, der ›farbige Weiblichkeit‹, ›Rasse‹ und Geschlecht (›Rasseweib‹) inszeniert, seit einigen Jahren der neue Trend der »Come together« (»and learn to live as friends«)-Werbung ab (Abb. 7). Sie plädiert, jetzt mehr und mehr auch offen politisch argumentierend, für grenzüberschreitende Freundschaft, für Harmonie und ›Völkerverständigung‹ und setzt die Begegnung der Weltkulturen ins Bild. Zur Kennzeichnung dienen Inszenierungen der Nähe, des Kontaktes, der Berührung, des Kleider(aus)tausches – Begegnungsbilder, ähnlich den oben angeführten. Zur Verdeutlichung greift man auf vertraute Muster

Abb. 6 Plakat für Hennes & Mauritz, 1992 (Agentur Rönneberg)

zurück:[12] Mode und Kleidung, Frisur und Hautfarbe, auch traditionelles Zeremoniell gelten als äußere Abzeichen – in der Zigarettenwerbung schlüpft die angloamerikanisch-europäische Frau lächelnd in die Rolle einer Geisha, indem sie die Nationaltracht überstreift: Welttourismus und Weltkultur, beglaubigt durch das Gütesiegel eines Globus-Signets.

»Die Embleme«, so Walter Benjamin, »kommen als Waren wieder.«[13] Und mit der Produkt- und Warenwerbung, so ließe sich ergänzen, in den Plakaten und Anzeigen das emblematische Sprechen durch sinnstiftende Bilder, durch Sinnbild-Bilder. In diesem Fall ist es das Motiv der *Concordia*[14], der Eintracht (der *einen* Tracht). Die Aufforderung »Come together« dient in der Überschrift als Motto, die Fotografie im Zentrum als Pictura und die untere Textzeile mit der Mahnung »Learn to live as friends« liefert als Subscriptio die moralische Belehrung.[15]

Daß es sich um Wunschbilder einer heilen und hilflosen Welt des Antirassismus und um Projektionen handelt, muß nicht eigens betont werden, zumal in Deutschland nicht, wo im Jahr 1992 nach amtlicher Auskunft 2200 Gewalttaten gegen Ausländer verübt worden sind.[16]

»*United Colors*« – Eine entschiedene Variante des »Come together«-Trends der Werbung, der auf Ausstattungs-Folklore à la *Madame Butterfly* setzt, stellen die Plakat- und Anzeigenkampagnen des italienischen Textilunternehmens Benetton dar.[17] Die in 87 Ländern vertretene Firma hat – zur Überraschung selbst der Branchenkenner – in den vergangenen Jahren die Welt der Werbung umgekrempelt und mit ihren Annoncen, wiederum weltweit, Aufsehen erregt. Sie habe, so heißt es, die traditionelle Produktwerbung inzwischen ganz hinter sich gelassen.[18] Mit immensem Kostenaufwand geht es jetzt

Abb. 7 Stuyvesant-Plakat, 1992

um die nachhaltiger wirkende Imagewerbung, welcher der (Eigen-)Name keineswegs Schall und Rauch, sondern vielmehr als universelles Markenzeichen beinah alles ist. Dieses Firmen-Image ist auf Einmischung programmiert und auf Schocks, gelinde und kräftige. Seitdem gehen Politik und Werbung auf neuartige, enge und ausdrückliche Weise zusammen. Nicht länger mehr wird Glück nur versprochen, sondern es werden Wege zum Glück gewiesen.[19]

Unter dem Slogan »United Colors of Benetton« wird Harmoniepropaganda betrieben. Dabei macht man sich zwei Wortbedeutungsfelder zunutze, zum einen das Adjektiv »united«, das assoziativ abstellt auf Begriffe wie Verbindung, Zusammenschluß, Bund, Gemeinschaft, Vereinigung (und dabei nicht zuletzt auch auf Institutionen wie UNO, UNESCO, USA anspielt), zum anderen den schillernden Begriff »color«, der Farbe ebenso wie Hautfarbe bezeichnet. So versteht man im Angloamerikanischen unter einem *colored gentleman* einen Farbigen, und beschreibt mit dem Wort *color-line* die soziale Trennungslinie zwischen Weiß und Farbig, also die Rassengrenze. Und weil man weiß, daß eine Abbildung, wie es Roland Barthes formuliert hat, gebieterischer ist als die Schrift, da sie uns »ihre Bedeutung mit einem Schlag auf(zwingt), ohne sie zu analysieren, ohne sie zu zerstreuen«,[20] hat man sich ganz auf das nicht weiter durch Schrift kommentierte Bild und die Fotografie verlegt. Ausgenommen ist die Trademark (Slogan auf grünem, sprich farbsymbolisch hoffnungs- und wachstumsversprechendem Kästchengrund), die seither alle Bilder Benettons begleitet und als Weltbilder beglaubigt. Auch in diesen Darstellungen wird die fremde farbige Haut zu Markt getragen.

Ältere Anzeigen und Plakate präsentieren in kleinen Fotoinszenierungen noch das Produkt (Abb. 8), ›Nationaltrachten‹ à la Benetton für Zwölfjährige, die als schwarz-weißes Kinderpaar zu ernst drein-

Abb. 8 Benetton-Anzeige 1985

blickenden Botschaftern des jeweils eigenen Landes, aber mehr noch der binationalen, wenn nicht der Weltverbrüderung werden (man legt die Hand auf die Schulter und verknüpft die Finger). Der aufgebotene Apparat an Attributen ist um 1985 im Vergleich zu späteren Kampagnen noch recht aufwendig (Gestik, Mimik,  Hautfarben, ferner Fähnchen und darauf abgestimmte Kleidung), und es dominiert die Palette der Modefarben. Wo in diesen Anzeigen noch explizit politische Signale vorhanden sind, da verläßt man sich schon bald ausschließlich aufs Allgemein-Menschliche und Anrührende, treibt aber den Kontrast der Hautfarben (unter anderem durch die Nahaufnahme) noch einprägsamer, krasser hervor und geht mit einer Anzeige des Jahres 1991 zur Allegorie über (Abb. 9).

Hier wird die Opposition von Weiß und Schwarz in zwei puppenhaften Kindergesichtern verkörpert. Es stehen sich gegenüber, richtiger, halten sich in Armen: das ›Engelchen‹ mit Korkenzieherlocken, über beide Wangen strahlend, und das ›Teufelchen‹ mit seiner Hörner-Ondulation – vertrauliche Zweisamkeit, demonstrativ zur Schau gestellt. »Anrührend, herzig, allerliebst« – ein Bild und seine kalkulierte Apperzeption und Rezeption. Das Kindchen-Motiv erheischt, ans Gefühl appellierend, Aufmerksamkeit. Bleibt nur der befremdete, den Betrachter auch befremdende Blick des dunkelhäutigen Kindes, der im gewohnten ›freundlichen Lächeln‹, wie es das Gegenüber vorführt, nicht aufgeht. Der Umstand, daß die Kinder unbekleidet sind, erzählt auch von den Mythen Natur und Ursprung, vom Zustand der Vor-Zivilisation und des Paradieses. Die Aufmachung verweist der Intention nach auf die wohl spielerisch-ironisch gedachte Übernahme des Klischees vom weißen Engel und schwarzen Teufel, eine Vorstellung, die zur populären Hautfarbensemantik und -symbolik der europäischen Kultur gehört. In dieser Referenz und Tendenz liegt bereits die Diskriminierung: Es ist die Sicht

Abb. 9 Benetton-Plakat, 1991

der Weißen (wozu ja auch die augenzwinkernd-ironische Distanz gehört), die hier Farbbild geworden ist, auch über die prominente Links-im-Bild-Plazierung des weißen Mädchens, dem nach geläufigem Wahrnehmungsschema zuvörderst die Blicke des Betrachters gelten.

Dem Anschein nach wird in dieser Anzeige eine zeitlos gültige, ressentimentfreie Aussage formuliert. Daß diese ihrer Bildsprache und dem Gehalt nach ihre ideologiebefrachtete (Vor-)Geschichte hat, darüber kann ein Vergleich mit einer Buchillustration Aufschluß geben (Abb. 10). Es handelt sich um eine in London verlegte Lithographie von Louisa Corbaux zu einer Episode des Romans *Uncle Tom's Cabin* von Harriet Beecher-Stowe, der in Fortsetzungen 1851/52 veröffentlicht und als Buch umgehend zum Bestseller wurde. Diese Graphik erschien als eine von vielen Illustrationen noch im Jahr der Erstausgabe und gehört ebenso prototypisch zur politischen Ikonographie der ›Rasse‹-Gegensätze, wie sie Teil der »imaginären Ethnographie« (Fritz Kramer) der weißen, euroamerikanischen Kultur ist.

Wie zuvor zeigt sie ein Kinderpaar, nicht namenlos, sondern Eva und Topsy, ein weißes, blondes Mädchen mit Locken- und ein pechschwarzes mit Kraushaarkopf, die gegenüber der Anzeige die Plätze im Bild getauscht haben und hier als Ganzfiguren gegeben sind. Ihre Haltung erinnert von fern an Overbecks Gemälde *Italia und Germania* – der Auffassung des Malers zufolge ein Bild, das die Aufgabe hat, die »beiden Elemente [Germania/Italia], die sich (...) fremd gegenüberstehen« zu verschmelzen: »Es ist (...) die Sehnsucht gemeint, die den Norden beständig zum Süden hinzieht.«[21]

In beiden Bildern, in der Anzeige wie in der Romanillustration, sehen die Heldinnen einander nicht an; der Blick geht entweder aus dem Bild und auf den Betrachter zu oder über Kreuz in eine nachdenklich sinnende Leere. Die »engelgleiche« Eva, Tochter des Süd-

Abb. 10 Louisa Corbaux, *Eva und Topsy*, 1852, Lithographie

staatenaristokraten Augustine St. Clare und heftigen Gegners der Sklaverei, die von dem Sklaven Tom vor dem Ertrinken bewahrt wird, und die »quirlige« Topsy, vor dem Verkauf als Sklavenkind errettet, im rührseligen Verein unschuldiger Kinderharmonie. Neben der Hauptcharakterisierung durch die Farben der Haut spricht auch die rangstufende Kleiderordnung von den sozialen Gegensätzen. Der Text der Bildlegende liefert das schwarze Mädchen vollends dem Mitleid aus: ohne Eltern, ohne Freunde, geliebt als armes, mißhandeltes und geschmähtes Kind, getröstet durch die Zuneigung des Schutz-›Engels‹ Eva.

Die Lithographie ist bemerkenswert noch durch einen anderen Umstand. Im klaren Gegensatz zur Wiedergabe des Kopfes des weißen Mädchens ist die Zeichnung des Gesichts des schwarzen Kindes ›irgendwie‹ mißlungen. Die offensichtlich zugrundeliegende, sich selbst auferlegte Maßgabe, hier neben der Hautfarbe weitere ›Rasse‹-Merkmale sichtbar werden lassen zu müssen, macht aus dem Kopf mit mandelförmigen Augen, hohen Backenknochen und seltsamem Haarschopf unfreiwillig-zwangsläufig eine Art Katzengesicht – ein Vorgang, der aus Darstellungen des »Mohrentypus« (Jacob Burckhardt), z. B. unter den Heiligen Drei Königen, in der Kunstgeschichte geläufig ist.[22]

Die Fotografie sollte – den menschlichen Blick ausgenommen – als technisches Reproduktionsmedium mit diesem Aspekt einer unverzerrten Darstellung eigentlich keine Probleme mehr haben. Im Vorfeld der Aufnahme wird das geeignete Modell-Gesicht, das dann im Bild beredt ›sprechen‹ soll, ausgewählt, und eben hier fallen gezielt die Vorentscheidungen hinsichtlich der relevanten ›Merkmale‹. Wie das Team der Agentur sein Foto ›stylisiert‹, hat sich auch die Buchillustratorin ihre Vorstellungen zusammengeklaubt und aus äußeren und inneren (Vor-)Bildern ihr Blatt komponiert. Dem eingeübten Idealtypus Weißes Mädchen, den ihre Feder prototypisch und zügig umsetzt, antwortet auf der Gegenseite das ungeläufige, ungewohnte und daher ungelenke Bild des vermeintlich ganz Anderen im Stereotyp eines ›Freaks‹. Wo durch mitleidvolle Zuneigung die Gegensätze als aufgehoben erscheinen sollen, dort müssen sie zuvor sichtbar gemacht worden sein. Es wird klar, daß es sich im Rahmen dieses Spannungsfeldes, das soziale, kulturelle und ethnische Gegensätze akzentuieren will, nicht um die Wiedergabe natürlicher, sondern symbolisch konstitutierter Körper(bilder) handelt.

Der Roman von Harriet Beecher-Stowe hat großes Aufsehen erregt. Die Rezeption war (und ist) gespalten, ähnlich wie die Illustration signifikant gespalten ist. Dem Erfolg auf der einen Seite und der Einschätzung als sozialer Anklageschrift steht die vehemente Ablehnung gegenüber, die das Buch bis heute erfährt: Trotz bester Absichten, so die Kritik, komme der Rassismus der Autorin unverhohlen zum Ausdruck, ihr Bild vom »Neger« sei von Stereotypen gekennzeichnet und ihre Ursachenanalyse der Situation der Sklaven unreflektiert. Im Gegensatz zur zähen, überlegenen angelsächsischen Rasse werde der Schwarze als naiv, weich und kindlich dargestellt. Und so sind denn auch die Empfehlungen, welche die Autorin den Weißen mit auf den Weg gibt, kaum dazu angetan, eine neue Weltsicht zu begründen, wenn es heißt, man möge den schwarzen Brüdern und Schwestern (im christlichen Sinne) gönnerhaft die Hand entgegenstrecken und ihnen gegenüber »richtig empfinden«.[23] »Gönnerhaft« gibt sich wohl auch das blonde Kind bei Benetton. Es hat im Rollenspiel der Fotoinszenierung gewissermaßen der Toleranzforderung der Aufklärung nachzukommen, die »dort am leichtesten zu erfüllen (ist), wo sie dem Schwachen, Ungefährlichen, dem ›Mohrchen‹ gilt«.[24]

Daß die Romancharaktere sich als Prototypen verselbständigt haben und daß die Story zum Mythos (auch durch Kinderbuchfassungen und Verfilmungen) geworden ist, muß nicht angeführt werden. Daß aber dieses christliche und zugleich manichäische Weltbild auch rund 150 Jahre später noch herbeizitiert wird, ist sicherlich mehr als diese Erwähnung wert. Und man wird es kaum als Zufall ansehen können, wenn der

Abb. 11 US-Präsident Bill Clinton mit Kindern, Pressefoto, *Hamburger Morgenpost* vom 15. Februar 1993

neue amerikanische Präsident sich wenige Wochen nach seiner Inauguration publikumswirksam als lächelnd-lachendes ›Weltkind in der Mitten‹ präsentiert (Abb. 11), auf dem rechten Arm ein schwarzes, auf dem linken Arm ein weißes Kind haltend, damit ein allbekanntes Werbebild als Welt- und Programmbild seiner Politik zitierend und nutzend.[25]

Aufschlußreich (gerade auch im Hinblick auf das angeführte Bill-Clinton-Pressefoto) ist der Vergleich mit einem fast gleichzeitig publizierten, von Art Spiegelman gezeichneten Titelbild der Zeitschrift *The New Yorker* (Abb. 12), das einen orthodoxen Juden und eine schwarze Frau zeigt, die sich in den Armen halten und küssen.[26] Dieser gemalte »Kuß«, der sich möglicherweise ebenfalls an ein Benetton-Werbefoto anlehnt[27], sollte dem Künstler zufolge die Versöhnung zweier verfeindeter Gruppen über religiöse und ethnische Grenzen hinweg ins Bild setzen, stieß jedoch ringsum auf heftige Ablehnung und machte Schlagzeilen.[28] Der Appell ging ins Leere, die symbolisch vollzogene Tabuverletzung erregte die Gemüter, und der Zeichner wurde der Diskriminierung geziehen, so daß er sich gehalten sah, öffentlich Abbitte zu leisten.

Reality-Advertising – Benetton hat in den vergangenen Jahren durch seine Kampagnen eine Weltbeschreibung in Bildern, geradezu eine Kosmographie geliefert und in einer eigenen Zeitschrift unter dem Titel *Colors* vorgestellt.[29] Man hat sich inzwischen von dem oben zitierten (Lieb-)Reiz der ›Schwarz/Weiß‹-Malerei mit Kindern bereits wieder ab- und dem politischen Grauen, dem politisch grauen Alltag zugewandt. Jedenfalls zur Hälfte. Denn der Orbis pictus von Benetton besteht heute aus zwei Teilen, einerseits aus dem Makrokosmos der Großflächenplakate, auf denen im Foto Berichte zur Lage der poli-

Abb. 12 Art Spiegelman, *Valentine's Day*, Titelzeichnung *The New Yorker* vom 15. Februar 1993

tischen Welt erscheinen, die Außenwelt sozusagen im Historienbild, und andererseits aus dem Mikrokosmos, der über die in den Boutiquen ausliegenden Modekataloge ausgebreitet wird, mit deren Hilfe die Kunden in Genrebildern über die Produktpalette informiert werden: Mikro- und Makrokosmos sind interdependent verfaßt, denn der Katalog ist, wendet man ihn um, zugleich eine Zeitschrift »über den Rest der Welt« (so der Slogan), ein Zwitter demnach, der Innen- und Außenwelt verbindet.[30] Während in den Modekatalogbildern die reine, streng geordnete Atelier-Einheitswelt à la Benetton geträumt wird, präsentiert man auf den Werbetafeln draußen im Breitwandformat die ungeordnete, chaotische vermeintliche Wirklichkeit (Abb. 13). So ist eine spezifische Sparte der Fotografie hervorgebracht worden, die Werbebild-Reportage oder Reportagebild-Werbung, deren Produkte Aufsehen erregen und den Firmennamen wie eine eigene Währung in Umlauf bringen. Diese Bilder wollen provozieren und Proteste hervorrufen, die zu Stellungnahmen, Erklärungen und Verlautbarungen wie zu Gegendarstellungen in Form von Artikeln, Vorträgen und Diskussionen Anlaß geben. Diese wiederum werden in einem geschlossenen Verwertungskreislauf in der Hauszeitschrift in füglicher Auswahl genüßlich zitiert.[31] Unterdessen geht der Verkauf sehr munter, wie es heißt, weiter. Während also die Plakatwände für das Aufsehen der Öffentlichkeit der Straße sorgen, bleibt die Innenwelt via Katalog jenen vorbehalten, die aus Passanten zu Kunden geworden sind.

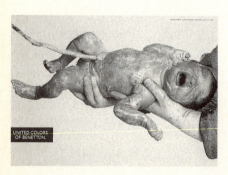

Abb. 13 Plakatwand mit Benetton-Werbung, Essen 1992
Abb. 14 Benetton-Plakat, 1991

Von den beiden Enden dieser Welt muß deshalb gesprochen werden, weil deren vergleichende Betrachtung es besser als die Betrachtung einer einzelnen Anzeige erlaubt, die Denkhorizonte auszumachen, die diese Werbung ein- und ausschließt. Die Außenwerbung stellt ab auf außerordentliche Lebensstationen und -situationen, und zwar als Bilder-

bogenzyklus von der Wiege bis zur Bahre: hier Verhütung, dort Geburt (Abb. 14), hier Folter (Abb. 15) und leidende Kreatur, hier Sterben (Abb. 16), dort Bestattung, hier Mord und Totschlag, dort Krankenbett (Abb. 17) – demnach der Kampf um Leben, Überleben und Tod, kurz, das alttestamentliche *blood, sweat and tears* und der *survival of the fittest*, d. i. der Nicht-Betroffenen, der Zuschauer.

An dieser Stelle kann nur auf das Bild des Schwarzen aufmerksam gemacht werden, wie es komplementär zu den Modefotos auf den Wandtafeln erscheint, denn hier zeigt sich ein Widerspruch, den nur die Ethnopsychoanalyse erläutern kann:[32] Der Mannequin-Schönheit des schwarzen Menschen, sei es als Baby, Kind oder Jugendlicher beiderlei Geschlechts (Abb. 18), die immer im Kontrast oder Verein mit anderen Hautfarben gezeigt wird und immer in gleichberechtigtem Kontakt miteinander, antwortet auf der straßenöffentlichen, anderen Seite das Bild des Wilden, sei es das des Kannibalen, sei es das der Kralbewohner im Baströckchen (Abb. 19). Wieder sind diese Bilder über dem Hauptmerkmal, dem Schwarzweiß-Kontrast inszeniert: der weiße Oberschenkelknochen (eines Weißen?) in den Hän-

Abb. 15 Benetton-Plakat, 1991
Abb. 16 Benetton-Plakat, 1992

den des schwarzen Milizionärs, das Albino-Mädchen unter Schwarzen. Hier wird ohne Scheu an Instinkte appelliert, und es werden Ängste heraufbeschworen, die sich in dem Augenblick verflüchtigen, wo man sich dem Benetton-Gral nähert: Im Katalog blätternd setzt man sich – begleitet von den Akkorden der Hautfarben – dem Farbrausch der Pullover, Kopftücher und Sportmoden aus und trifft auf das nach europäischem, klassischem Winckelmann-Maß und -Kanon gemodelte Bild des »schönen Schwarzen« (Abb. 20).

Besagte Innen- und Außen(welt)bilder sind miteinander verschränkt kongruent, sie liefern zwei Weisen der Repräsentation des Fremden, das eine Mal in ausgrenzender und xenophober, das Monströse betonender, das andere Mal in eingrenzender und exotischer, das Göttliche betonender Deutung.[33]

Die Indienstnahme und Funktionalisierung solcher Vorstellungsbilder durch die Werbung, die sich darauf versteht, in unseren Köpfen vorgeprägte Bilder in Neufassungen (und in beiden Fassungen zudem) zeitgemäß zu präsentieren und darüber erfolgreich ans schlechte Gewissen zu appellieren (oder es rechtzeitig zu besänftigen) und ins (Verkaufs-)Gespräch zu kommen, kann nicht überraschen, und so zielt denn auch – bei allem Widerspruch und Protest, der angemeldet wird – die Kritik nicht gegen die verantwortlichen Produzenten dieser Bilder, sondern in erster Linie gegen die eigene Unfähigkeit, sich von diesen Denkmustern und -schemata, von diesen Vor- und Nachbildern befreien zu können. Es sind hier nicht an diese oder jene Werbeagentur, sondern an die Kultur, die sie stellver-

Abb. 17 Benetton-Plakat, 1992
Abb. 18 Benetton-Modefoto, Saison Herbst/Winter 1992/93

treten, Fragen zu stellen. Denn hier werden Adressatenwünsche inszeniert, nicht erfunden und oktroyiert.³⁴

Vielleicht haben ähnliche Aspekte, wie die hier erörterten, dazu geführt, daß die Anzeigen der Firma Benetton inzwischen sowohl in kunst- und kulturgeschichtlichen Ausstellungen gezeigt werden, als auch in Kunstmuseen anzutreffen sind.³⁵ Die Wandtafeln der Werbung haben die Wandmalereien und Tafelbilder als Medium zwar nicht abgelöst, sich aber mit einem berechtigten Anspruch auf Geltung, nicht nur als wertvolle, weil aussageträchtige Dokumente der Zeit, sondern auch als Werke der Bildkunst den bildenden Künsten längst hinzugesellt.

Anmerkungen

1 Der hier behandelte Entwurf stammt von Erna de Vries, Westmount, Kanada; siehe das Informationsblatt der Generaldirektion Deutsche Bundespost Postdienst (GDP), Bonn, Nr. 16/1992.

2 Die von Theodor de Bry besorgte lateinische Ausgabe der sog. *Großen Reisen* erschien in sechs Teilen zwischen 1590 und 1596; dazu aus kunsthistorischer Sicht ausführlich Susi Colin, *Das Bild des Indianers im 16. Jahrhundert*, Idstein 1988 (= Beiträge zur Kunstgeschichte 102); eine Kompilation der Reisewerke de Brys ist leicht zugänglich in dem Faksimileband der deutschen Sammelausgabe (De Bry, *Americae*, München 1970).

3 Zum historischen Hintergrund allgemein siehe Hellmuth Günther Dahms, *Geschichte der Vereinigten Staaten von Amerika*, München 1953, 30ff.

4 Dazu Götz Pochat, *Der Exotismus während des Mittelalters und der Renaissance. Voraussetzungen, Entwicklung und Wandel eines bildnerischen Vokabulars*, Stockholm 1970 (= Stockholm Studies in History of Art 21), 196 sowie Colin (Anm. 2), 9, 151 u. 245ff.

Abb. 19 Benetton-Plakat, 1992
Abb. 20 Benetton-Modefoto,
Saison Frühling / Sommer 1992

5 So der Titel der deutschen Ausgabe (*Warhafftige Abconterfaytung der Wilden in America*, Frankfurt/M. 1603).
6 Dort heißt es u. a.: »Er aber führet sie in die Insel, in welcher der Herr Ribald [Ribaut] auff einem Bühel ein steinerne Seul, darinn deß Königs auß Frankreich Wapen gegraben, auffgerichtet hatte. Da sie nun nahe hinzu kamen, merckten sie, daß die Indier diesen Stein nicht anderst als ein Götzen verehrt: Denn in [i. e. da ihn aber] der König selbst mit solchen Geberden (wie ihm seine Unterthanen zu thun pflegen) geehrt, unnd darauf geküsset, welchem alsbald seine Unterthanen gefolget, uns auch selbst solchs zu thun vermahnet. Vor diesem Stein lagen mancherley Gaben von Früchten deß Lands unnd Wurtzeln, die gut zu essen oder zur Artzney dienstlich, auch Gefäß mit wolrichendem Oel, Bogen und Pfeil […] Als sie nu [die Franzosen] dieser elenden Leut Weiß [Weise] gesehen, haben sie sich wider zu den iren gewendet, mit fleissiger betrachtung, wohin sie am füglichsten ein Festung oder Schloß bawen möchten. Dieser König Athore aber ist eine schön Person, klug, züchtig, starck und groß, anderthalben Schuch länger dann der grösseste unter uns, [von] einer gebürlichen Dapfferkeit, daß man an im ein scheinbarliche Herzlichkeit sahe.« De Bry, *Warhafftige Abconterfaytung* (Anm. 5, Bl. Cii); siehe hier die Abb. 3.
7 Erinnert sei nur an die gegen Ausländerhaß und Fremdenfeindlichkeit gerichtete Anzeigenkampagne der Berliner Senatsverwaltung für Gesundheit und Soziales (»Berlin! Berlin! BerlinerInnen aller Länder vertragt euch!«) aus dem Jahr 1990 (Abb. in *taz DDR-Journal* 2, 1990, 69), an die Plakataktion der Hamburger Museen (Motto: »In Hamburgs Museen sind Ausländer zu Hause«) oder an den Aufruf der *Frankfurter Allgemeine Zeitung* GmbH (»Brüderlich – Mit Herz und Hand«) vom Frühjahr 1993.
8 Siehe dazu die grundlegende Untersuchung von Immanuel Geiss, *Geschichte des Rassismus*, Frankfurt/M. 1988 sowie den Aufsatz von Walter Demel, »Wie die Chinesen gelb wurden«, in: *Historische Zeitschrift* 255, H. 3, 1992, 625–666.
9 *Reallexikon zur deutschen Kunstgeschichte*, Bd. III, München 1973, Sp. 1491; vgl. hierzu neuerdings auch Doris Mosbach, »Coming together? Exotische Menschen als Zeichen in europäischer Anzeigen- und Plakatwerbung«, in: *Zeitschrift für Semiotik* 16, 1994, H. 3–4.
10 Vgl. zu diesem Aspekt Tilmann Osterwold, »Exotik in der Gegenwart«, in: Ausst.-Kat. *Exotische Welten – Europäische Phantasien*, Institut für Auslandsbeziehungen und Württembergischer Kunstverein, Stuttgart 1987, 432–469.
11 Ein Diskussionsteilnehmer wies den Vf. empört darauf hin, daß in dieser Anzeige kein namenloses Mannequin, sondern das »Topmodell« Naomi Campbell posiere; dieser Hinweis auf die Dargestellte als einer weithin bekannten, ja prominenten Person suchte die These von der ins Bild gesetzten Subordination zu entkräften.
12 Hier läßt sich als Beispiel an ein Werbeplakat von Ludwig Hohlwein aus den frühen 20er Jahren denken (Abb. in Ausst.-Kat. *Exotische Plakate*, Stuttgart 1987, Tf. 56).
13 Walter Benjamin, »Zentralpark«, in: Ders., *Gesammelte Schriften*, hg. von Rolf Tiedemann u. Hermann Schweppenhäuser, Frankfurt/M. 1974, Bd. I/2, 681.
14 Vgl. die Abb. 9 im folgenden Beitrag.

15 Vgl. zum Rückbezug der Werbung auf die Emblematik auch den Beitrag »Volk im Schafspelz« des vorliegenden Bandes.
16 Siehe z. B. die Meldung »Junge Inderin auf offener Straße niedergestochen« in der *Hamburger Morgenpost* vom 10. Dezember 1992; Hautfarbe und Gewand, so heißt es, hätten das Opfer ›verraten‹.
17 Die Literatur über die Anzeigen- und Plakatkampagnen der Fa. Benetton, für die seit 1984 Oliviero Toscani als Fotograf und Gestalter verantwortlich zeichnet, ist kaum mehr zu überblicken; in diesem Zusammenhang sei hingewiesen auf den Beitrag von Claus Leggewie, »Europa in den ›United Colors of Benetton‹. Ein Multikultur-Marktbericht«, in: *Kunstforum* 118, 1992, 147–157 sowie von Barbara Prücklmair, »Divided Colors of Benetton. Eine Werbekampagne zwischen Rassismus und Völkerverständigung«, in: *Transatlantic* H. 10, 1990, 66 f.
18 Dazu Cordt Schnibben, »Die Reklame-Republik. Über den Aufstieg der Werbung zur fünften Gewalt im Staate«, in: *Der Spiegel* Nr. 52, 1992, 114–128.
19 So Schnibben (Anm. 18), 125; vgl auch Vf. (Anm. 15).
20 Roland Barthes, *Mythen des Alltags*, Frankfurt/M. 1964, 87.
21 So seine Programmatik erläuternd Johann Friedrich Overbeck in einem Brief vom 31. Januar 1829, zit. nach Ausst.-Kat. *Johann Friedrich Overbeck*, Museum für Kunst und Kulturgeschichte der Hansestadt Lübeck, Lübeck 1989, 142.
22 Vgl. dazu den Aufsatz von Otto Heinrich von Bockelberg, »Das Morgenländische in der Anbetung der Könige, ein Beitrag zu ihrer Ikonographie«, in: *Deutschland – Italien. Beiträge zu den Kulturbeziehungen zwischen Norden und Süden. Festschrift Wilhelm Waetzoldt zu seinem 60 Geburtstage*, Berlin 1941, 91–134.
23 Diese Angaben nach *Kindlers Literatur Lexikon*, Taschenbuchausgabe, München 1974, Bd. 22, 9725 ff.
24 Elke und Jochen Vogt, »›Und höre nur wie bös er war‹. Randbemerkungen zu einem Klassiker für Kinder«, in: *Die heimlichen Erzieher. Kinderbücher und soziales Lernen*, hg. von Dieter Richter u. J. Vogt, Hamburg 1974, 17.
25 Siehe den Bericht in der *Hamburger Morgenpost* vom 15. Februar 1993, 4 unter der Überschrift »United Colors of Clinton«.
26 Ausgabe vom 15. Februar 1993.
27 Siehe das Plakat aus dem Jahr 1991, das in ähnlichem Ausschnitt und verwandter Haltung einen Kuß zwischen einem (schwarz gewandeten) Priester und einer (weiß gekleideten) Nonne zeigt; Abb. in *Colors* 1991, H. 1, o. Pag.
28 Vgl. dazu die Notiz in: *Der Spiegel* Nr. 7, 1993, 246 sowie den Artikel von Monika Gierig, »Der Kuß, der zum Skandal wurde. Schwarze und jüdische New Yorker zanken sich um ein Titelbild«, in: *Frankfurter Rundschau* vom 3. April 1993, ZB 8.
29 Die erste Nummer dieser in New York redigierten, in mehreren Sprachen publizierten Katalogzeitschrift erschien im Herbst 1991. – Heft 4 (Frühjahr/Sommer 1993) ist ganz dem Thema »Rassismus« gewidmet: »Normalerweise halten wir uns nicht mit schlechten Nachrichten auf. Rassengewalt ist eine schlechte Nachricht. Diese Ausgabe behandelt Rassendiskriminierung, die nicht immer so auffällig ist, wie die hier gezeigte, und den Einfluß, den ›Rasse‹ auf unser Leben hat. Wir möchten das Problem mit diesen Bildern unverblümt ansprechen. Es wird uns Zeit kosten, Lösungen aufzuzeigen.« (Editorial, 5).

30 In dieser Form ist die erste Ausgabe von *Colors* (1991) gestaltet; dort heißt es S. 62: »Wenn Sie weiterblättern, werden Sie bald bemerken, daß Sie keine Zeitschrift mehr lesen. Statt dessen schauen Sie sich einen Katalog für Freizeitkleidung an; das ist unser Nachbar, der Benetton-Katalog.«

31 Siehe dazu die entsprechende Rubrik in den vorliegenden Ausgaben des Magazins *Colors*; in Italien ist ein Taschenbuch mit einer Auswahl solcher Stellungnahmen erschienen: Paolo Landi u. Laura Pollini (Hg.), *Cosa c'entra l'Aids con i maglioni? Cento lettere di amore – odio alla Benetton*, Mailand 1993.

32 Siehe dazu den Beitrag von Mario Erdheim, »Zur Ethnopsychoanalyse von Exotismus und Xenophobie«, in: Ausst.-Kat. *Exotische Welten* (Anm. 10), 48–53.

33 Dazu Erdheim (Anm. 32), 51 (über den »echten« und »unechten« Wilden). Vgl. jetzt auch ausführlich Peter Martin, *Schwarze Teufel, edle Wilde. Afrikaner in Bewußtsein und Geschichte der Deutschen*, Hamburg 1993; siehe ferner auch Raymond Bachollet, Jean-Barthélemi Debost u. a., *NégriPub. L'image des noirs dans la publicité*, Paris 1992.

34 Vgl. zur Frage der »Adressatenwünsche« in allgemeinerem Zusammenhang Martin Warnke, »Politische Ikonographie«, in: *Die Lesbarkeit der Kunst. Zur Geistes-Gegenwart der Ikonologie*, hg. von Andreas Beyer, Berlin 1992, 23–28.

35 So z. B. in der von Peter Greenaway konzipierten Ausstellung *The Physical Self* im Museum Boymans-van Beuningen in Rotterdam (1991/92), so als Installation auf Zeit im Frankfurter Museum für Moderne Kunst (seit 1992). – Von der neueren Literatur seien die beiden Ausst.-Kat. *Benetton par Toscani. FAE Musée d'art contemporain*, Pully/Lausanne 1995 sowie *Gefühlsecht. Graphikdesign der 90er Jahre*, bearb. von Jürgen Döring, Museum für Kunst und Gewerbe Hamburg 1996 erwähnt.

Handzeichen der Macht
Anmerkungen zur Bildrhetorik politischer Gesten

»... und wie neuerlich die Priester müssen ganz
neuerdings auch die Politiker immer lächeln.«
Martin Warnke, *Goyas Gesten*, 1981

»Wenn sich in Bonn zwei Menschen länger als 45 Sekunden
die Hand geben, ist das meist so wichtig, daß wir das Bild am
nächsten Tag in der Zeitung sehen. Und deshalb wimmelt
es nur so von Bildberichterstattern, wenn der Kanzler mal
Besuchszeit hat. Jeder von ihnen weiß, daß bereits die
ersten Aufnahmen sitzen müssen, weil Politikern das
Lächeln oft schnell vergeht. Das könnte auch der Grund
sein, warum so viele unserer Kameras in die Politik gehen.«
Aus dem Text einer Anzeige der Nikon GmbH, 1993

1

Als ein Blatt der Serie »Actualités« veröffentlichte die satirische Zeitschrift *Le Charivari* im Jahr 1867 eine Lithographie ihres Zeichners Amédée de Noé, genannt Cham, die einen Blick in das Pariser Abgeordnetenhaus gewährt (Abb.1).[1] Den Vordergrund nimmt ein Parlamentarier am Rednerpult ein, hoch über ihm, auf dem Podium, thront der Kammerpräsident; dem Redner zu Füßen sitzt dicht gedrängt die Zuhörerschaft, und auf der Galerie haben die Fotografen mit ihren Apparaten Stellung bezogen.[2] Der Vortragende hat sich soeben in Positur gebracht: Den Kopf im Nacken, den Blick zur Decke gerichtet, den Oberkörper betont vorgewölbt, die

Abb. 1 Amédée de Noé, gen. Cham, »Outre la tribune des Sténographes...«, *Le Charivari*, Serie: Actualités, No. 28, 1867, Lithographie

Rechte in die Seite gestützt, die Linke unter das Revers seines Fracks geschoben, wirft sich der Politiker in die Brust. Die Menge blickt teils amüsiert, teils verdutzt drein. Der Mann am Pult hat offenbar gerade seine Rolle gewechselt, statt zu sprechen, ist er in einer selbstgefälligen Bühnenpose erstarrt, die augenscheinlich an ein anderes Publikum als das im Saal gegenwärtige adressiert ist. Diese Haltung hat er auf einen Wink hin eingenommen. Das Signal hat der erhobene, den Moment der Aufnahme anzeigende Arm eines Fotografen auf der für die Zuhörerschaft nicht einsehbaren Tribüne gegeben, ein Fingerzeig, dem der Politiker mit Eifer nachgekommen ist. Die Irritation ist perfekt. Für einen Augenblick hat sich das Parlament unter der regieführenden Hand des Fotografen in ein Atelier verwandelt, wo Imponierposen dieser Art inzwischen zum Studioalltag rechneten; so jedenfalls in der Sicht der Karikaturisten, wie sie etwa Daumier in einem Blatt der Serie »Les bons Bourgeois« bereits zwanzig Jahre zuvor in derselben Zeitschrift mitgeteilt hatte.[3]

Der Karikatur Chams ist an politischer Kritik der Politikergesten im Zeichen des anbrechenden Medienzeitalters gelegen. Dabei werden Gesten- und Medienkritik miteinander verschränkt. Die Bildlegende plädiert dafür, in der Deputiertenkammer analog zur Tribüne der Stenographen auch eine solche für die Fotografen zu installieren, »um die Herren Redner zu veranlassen, ihre Attitüden mit Sorgfalt zu wählen und sich eines angemessenen Benehmens zu befleißigen«. So wie das Stenogramm die Worte aufzeichnet, die Texte protokolliert und überliefert, so fixiert das Foto›gramm‹ die außersprachliche Rede, das Bild des Redners, seinen Habitus, seine Posen, seine Mimik und Gesten. Auf diese Weise können Text *und* Bild öffentlich und der Kritik zugänglich gemacht werden – das Objektiv des Fotografen (und die Geste des Fotografierens[4]) als Korrektiv des Gehabes, der Attitüden. Dies der Idealfall. Die Karikatur zeigt jedoch die Kehrseite und verweist zugleich auf ihr eigenes Medium als ein tauglicheres, da unabhängigeres publizistisches Instrument der Kritik. Denn der Zeichenstift hält insbesondere auch jenen Einfluß fest, den der öffentliche Blick der Kamera damals auszuüben beginnt. Nicht genug damit, daß die Redner sich von alters her in Pose zu werfen pflegen, die Tribüne mit dem Bühnenboden verwechseln und zu Auftritten nutzen – eine Gepflogenheit, die bereits in der Antike zu kritischen Einlassungen, etwa eines Cicero oder Quintilian, geführt hat[5] – das junge Aufzeichnungsmedium Fotografie befördert, teils mechanisch (lange Belichtungszeit), teils psychologisch (überdauerndes, bleibendes Bild) bedingt, den Hang zu eitler Selbstdarstellung, Imponiergehabe und übertreibender Körpersprache. Da die Bilder dem Redner das Wort gleichsam abschneiden, rücken an deren Stelle die ›sprechenden‹ Gesten nach, deren Rhetorik auf diesen Aspekt hin abgestellt wird. Das Spottbild verzeichnet die Konsequenzen: Der Redner schweigt, statt zu sprechen, waltet nicht mehr seiner angestammten Profession, sondern bosselt an seinem öffentlichen Bild und Gesicht, das im 20. Jahrhundert landläufig *Image* heißen wird.[6] Dieser Prozeß der ›Gesichtsbildung‹, den die Pressekarikatur mit ihren Zerr-Bildern konterkariert, setzt zu Chams Zeiten mit der Pressefotografie ein.[7] Politiker oder, allgemeiner, Menschen des öffentlichen Lebens, »sind nicht länger nur Träger eines Namens, eines Titels, sondern sie sind auch und vor allem Träger eines *Bildes*«.[8] Der Entwicklung dieser breiten, massenhaften Bildwerdung qua technischem Medium wohnt als Augenzeuge der Karikaturist bei; als Künstler zeichnet er sie nach, wobei seine Tage insofern gezählt sind, als er sich auf Dauer der kommenden Bilderflut kaum wirksam wird entgegenstellen können. In noch stärkerem Maß als der klassische Porträtmaler wird er von der Fotografenzunft mehr und mehr an den Rand gedrängt, wie dies die Heerschar der Kameramänner auf einer Karikatur des Jahres 1898 signalisiert, die einen gestiefelten und gespornten Kaiser Wilhelm II. in – so das zitierte Klischee – hergebrachter Atelierpose[9] unter freiem Himmel zeigt (Abb. 2); nur ein einziger (Hof-)Maler ist noch zugegen, und dieser wird sich redlich mühen müssen, mit der (Belichtungs-)Zeit Schritt zu halten.

In die Anfänge dieses Konkurrenzkampfes verwickelt, präsentiert der Zeichner Cham mit seiner Karikatur-Inkunabel zum Thema ›Pressefotografie‹ den Redner, der sich in seiner Körperhaltung, ganz lebendes Bild, selbst ein Denkmal setzt und eine Büste formt, der das Pult als Sockel dient.[10] Zum Rampenlicht tritt verstärkend das helle Licht des Fotografen hinzu, das dieser für seine Aufnahme benötigt, eine Tageshelle, die dem Darsteller zusätzlichen Glanz verleiht. In der Karikatur von Cham wird diese Lichtregie ebenso buchstäblich wie metaphorisch reflektiert in der leuchtend weißen Wand

des rückwärtigen Podiums, das den Poseur wie eine Projektionsleinwand hinterfängt, vor der er sich ins rechte Licht rücken kann, eine Art leerer Bildschirm, vor dem seine Büste konturiert und kontrastiert sich abzeichnet. Nicht der Kamera des (Porträt-) Fotografen, nur dem Zeichner und Karikaturisten als kritischem Beobachter ist es vorerst möglich, Distanz zu wahren, das Verhältnis zu überwachen, im Bild der Lächerlichkeit preiszugeben und abzustrafen – leere Gesten, gekünstelte Mimik, hohles Pathos eines nur mehr sich selbst repräsentierenden Repräsentanten[11], der sich in manieriert-antikisierender Pose in ein »fotografisches Zeige-Objekt«[12] verwandelt.

Der *Charivari*-Karikatur ist jedoch mehr als nur die Kritik an der bühnenreifen Inszenierung eines Volksvertreters zu entnehmen. Indem sie decouvrierend auf diese Metamorphose vor aufnahmebereiten Kameras eindringlich verweist und dabei auf jene Funktion aufmerksam macht, die Kleidung und Haltung, Körper- und Gestensprache, Licht und Hintergrund, kurz, den Inszenierungsmitteln und -techniken in diesem Rollenspiel zukommt, nimmt sie gleichermaßen Bezug auf den Umstand, daß politische Macht mit dem Privileg der Zurschaustellung, der Sichtbarkeit und der theatralischen Inszenierung dieser Sichtbarkeit historisch eng verbunden ist und daß ihre Wirkung und Akzeptanz auf diesem Faktor wesentlich beruht.[13] Bild- und Bedeutungsmacht sind, einander wechselseitig stützend, aufeinander bezogen – ein Zusammenhang, der im Begriff der Repräsentation angesprochen ist. Die Pose des Redners zeigt diesen nicht nur bei dem Versuch über »Leihgesten aus der Antike«[14] sich

Abb. 2 H(enri) Meyer, »L'Empereur d'Allemagne en voyage«, Titelblatt von *Le Petit Journal*, No. 416, 6. November 1898, farbige Lithographie

zu nobilitieren und selbst Bedeutung zuzusprechen, sondern zugleich im Bemühen, über das stellvertretende Bildnis der Fotografie wirkungsvoll aus dem physischen Körper in den politischen Körper umzusteigen, der unabhängig von der konkreten Situation im fotografisch generierten Abbild fortleben und zur Geltung kommen soll. Die Karikatur hält den Augenblick dieser coram publico angestrebten Transsubstantiation fest, um sie politisch aufzuhalten. Als teilnehmender Beobachter auf der Gegentribüne unterbricht der Zeichner das Experiment und liefert die allzu schwer lastende Physis des Kandidaten als nicht-repräsentatives und nicht-repräsentierendes Gegenbild dem Urteil des Betrachters aus. Das Unternehmen, den Körper als soziales Repräsentations- und Distinktionsmedium bildspezifisch einzusetzen, durchkreuzt das lithographierte Blatt dadurch, daß es Kleidung und Gebärden persiflierend ihrer diesbezüglich semiotischen Funktionen beraubt. Dieser Miniatur-Kaiser, frei nach dem Märchen von H. C. Andersen, hat zwar etwas an, doch sein bürgerlicher Rock ist zu knapp bemessen, die Pose gestelzt, die Miene überzogen, so daß der politische Körper vor dem Auge des Betrachters nackt bleibt und auch das individuierte Gesicht, das zwar als Porträt den Redner vor der Menge der ›Masken‹ im Saal auszeichnet, ihm aber als Grimasse zugleich wieder verlorengeht.

2

Längst ist die in der *Charivari*-Karikatur geforderte Pressetribüne zur ständigen Einrichtung bei allen politischen Akten geworden, die öffentlich vollzogen werden. Sie ist dabei nicht nur zur Institution, sondern auch zur Instanz geworden, vor der Politik nicht allein vollzogen, zelebriert und inszeniert wird, sondern vor der sie sich auch zu verantworten hat. In dieser Funktion vertritt sie weitgehend den Zuschauer in der Rolle des Augenzeugen, dessen Anwesenheit vor Ort sich erübrigt hat. An die Stelle realen Gegenwärtigseins ist seine Rolle als Betrachter von Zeitungs- und Illustriertenfotos und seine ständige Präsenz als Zuschauer vor dem Bildschirm getreten. Nähe hat sich in Ferne, unmittelbare Nahsicht in vermittelte Fernsicht gewandelt. Unter dieser Maßgabe setzt die Politik entschieden aufs Bild und auf Bildwirkung, und es verwundert nicht festzustellen, daß als ein Signum des Medienzeitalters gelten kann, daß Gesten, Politikergesten und, weiter gefaßt, politische Gesten offenbar verstärkt zur (Bild-)Sprache kommen. Bilder regieren zwar nicht die Welt, sie haben aber entschieden teil am Regierungsgeschäft, bevorzugt an seiner Vermittlung und Legitimation. Die vielfältigen Möglichkeiten und Techniken einer politischen *Beredsamkeit des Leibes*[15] tragen dazu bei, gerade auch die stummen Bilder der Pressefotografie politisch sprechen zu lassen.

Einen seltenen Blick auf die Tribüne der Bildberichterstatter und zugleich in die Kulissen politischer Inszenierung gewährt eine Fotografie aus dem amerikanischen Wahlkampf (Abb. 3). Rund hundert Jahre nach der Karikatur von Cham entstanden, bietet sie ein ähnliches Bild: Ein Politiker stehend am Rednerpult, nicht von der Seite, sondern von hinten, über den Rücken gesehen, so daß die direkt vor der Bühne errichtete, steil aufragende und voll besetzte Pressetribüne ins Bild kommt. Andere Zuschauer als die professionellen Beobachter sind nicht auszumachen. Das Foto aus dem Jahr 1960 zeigt John F. Kennedy während seiner Ansprache auf dem Parteikonvent der Demokraten in Los Angeles, wo er als Präsidentschaftskandidat nominiert wurde. Der linke, nach klassisch-rhetorischem *actio*-Muster untätige Arm ruht mit der Hand auf einem Haltegriff des Podiums, der rechte Arm ist angewinkelt erhoben, die Hand sprechend geformt – eine bereits der *Institutio oratoria* Quintilians geläufige Gestikulation,[16] die gemäß der Devise und Wahlparole (»New Frontiers«) mahnend den Aufbruch zu »neuen Grenzen« beschwört.

Deutlicher noch als das Pressefoto gibt eine Aufnahme von Garry Winogrand Einblick in eben diese Situation und ihre technischapparativ gestützte und medial vermittelte Konstruktion (Abb. 4). Über den im Rücken des Redners gezeigten Monitor liefert die Fo-

Abb. 3 John F. Kennedy auf dem Parteikonvent der Demokraten, Los Angeles, Juli 1960, Pressefoto

tografie als zeitparalleles Bild-im-Bild eben jenen Ausschnitt der Szene, die dem Zuschauer zugedacht ist: der Politiker in Nahsicht, den Körper leicht zur Seite gedreht, der Kopf etwas gehoben und zurückgeneigt, die sprechende Hand eben noch im Bild, der Hintergrund verschwommen. Die Rede geht gewissermaßen zum Fenster hinaus, ist aber nicht in den Wind, sondern in den Äther gesprochen, über den sie in Wort und Bild, gemodelt nach den technischen und ästhetischen Bedingungen der Apparaturen, ihre Adressaten erreicht. Der Durchgang durch die elektronischen Kommunikationsstationen und -netze und die Rückverwandlung der elektrischen Impulse ins Bild auf dem Monitor verändern Status und Aggregatzustand der Rede. Als Bild übermittelt, unterliegt sie den Gesetzen des (Fern-)Sehens und den mannigfaltigen Strategien der Bildinszenierung. Redebegleitende Gebärden werden zu bildstrategischen Handzeichen, Körperrhetorik wird zu Bildrhetorik umgeformt. Vor den Worten rangiert jetzt das Bild, die Seiten sind getauscht. Die Worte begleiten nur mehr die Bilder, die Körpersprache wird in die Sprache der Bilder übersetzt und transformiert. Den Ausschlag für die Wahl der Gesten gibt bevorzugt ihre Foto- und Telegenität, die Wirksamkeit *im* Bild und *als* Bild, für dessen Regie jetzt zwei Parteien verantwortlich zeichnen, auf der einen Seite die des Redners und seiner Mannschaft und auf der anderen Seite der Kameramann und die jeweilige Sendeanstalt.

An die Stelle der Kopfhalter-Apparatur, die in den Anfängen der Fotografie das Stillsitzen der Klientel und damit das technische Gelingen eines Porträts garantieren sollte, ist eine andere Maschinerie getreten, die dafür bürgen soll, daß der Protagonist angemessen präsentiert wird, und die dabei selbst wiederum zuverlässig verborgen bleiben muß. Eine Ausnahme von dieser Versteck-Regel macht das Winogrand-Foto, indem es gerade dieses komplexe technische

Abb. 4 John F. Kennedy auf dem Parteikonvent der Demokraten, Los Angeles, Juli 1960, Foto von Garry Winogrand

Gerüst der Inszenierung ins Bild bringt: Pressetribüne, Kameras, Scheinwerfer, Podium samt Haltegriff, Mikrofongalgen und Zeitmesser, Kontrollbildschirm etc. Möglicherweise als ein kritischer Kamerablick [17] hinter die Kulissen angelegt, wie er analog in der Cham-Karikatur ausgewiesen ist, ist die Fotografie von einer Aufklärungsenergie beseelt, die im Jahr 1789 ähnlich auch den Freiherrn zu Racknitz beflügelt hat, das Geheimnis des Schachautomaten des Barons von Kempelen durch eine ausführliche Beschreibung sowie beigegebene Kupferstich-Illustrationen, die Aufschluß über den geheimen, den Blicken verborgenen Puppen-Mechanismus geben, zu lüften.[18] Wo dort mechanische Armbewegungen eines Schachtürken zu erkunden waren, die von einem dem Publikum nicht sichtbaren Spieler im Maschinenraum der Apparatur dirigiert wurden, waren hier die Instrumente eines Apparates darzustellen, der einem Redner, dessen Armbewegungen nicht Schachzüge, sondern Appell-Gesten vollziehen, zu adäquater Bildschirmpräsenz und -wirkung verhalf und damit nicht zuletzt zu jener Ausstrahlung, die als ›Zauber‹ oder Charisma seine Person begleiten und seine Politik überzeugend zu machen hatte.

3

Das Kennedy-Foto zeigt den Politiker in der klassischen Berufsrolle als Redner. Die der Rede zu- und beigeordneten Gesten von Arm, Hand und Fingern (*gestus*) und mimischen Gebärden (*vultus*) dienen seit der Antike vor allem dazu, die Glaubwürdigkeit des Gesagten wie der Person zu unterstreichen. Als redebegleitende, außersprachliche Kommunikation paraphrasiert, akzentuiert, kommentiert und visualisiert das Spiel der Gesten und Gebärden das gesprochene Wort. Indem Redegesten dazu beitragen, die Überzeugungskraft eines Sprechers zu erhöhen, den diskursiven Worten in analoger Kommunikationsform Ausdruck und Nachdruck zu verleihen, rechnen sie als allgemeine Politikergesten – und ferner als ein den jeweiligen Politiker speziell kennzeichnender Gestenapparat – zum Katalog politischer Gesten.

Noch heute zählt die Rede, das Halten von Ansprachen zu den vornehmlichen und vornehmsten Formen politischen Handelns. Politik als diplomatisches Geschäft ist vor allem ein Metier des gesprochenen oder geschriebenen Wortes. Diskussionen, Debatten, Aussprachen, Unterredungen, Beratungen, Konsultationen, Konferenzen, Vorträge und Interviews bestimmen ebenso wie Akten, Niederschriften, Protokolle, Depeschen, Briefe, Verträge, Abkommen, Kontrakte oder Artikel ihren Alltag. Doch die Ära des Bildes und das Regiment der Bildmedien verlangt zusätzliche, andere Rollen, und zwar die des Politikers als geschäftig Handelndem, des Politikers in Aktion, jedenfalls in Bewegung und nicht nur im Stillstand der Rede oder in der Ruheposition auf einem Sitzungssessel befindlich. So hat sich die Politik – historisch seit je aufs Bild verwiesen und verpflichtet, da sie auf dessen Attraktivität und Einfluß setzt[19] – darauf eingerichtet, auf Schritt und Tritt aufzeichnend beobachtet zu werden. Folglich ist die Öffentlichkeit zugegen, wenn sich etwa Verhandlungspartner treffen, begrüßen, einander demonstrativ die Hände schütteln oder umarmen, ehe sie sich dann, nicht ohne sich von den Umstehenden winkend verabschiedet zu haben, zum Wort-Geschäft hinter verschlossenen Türen zurückziehen.

Solche Aktionen des Alltags, die unter ständiger Beobachtung der Hofhistorio*photo*graphen vonstatten gehen und gestisch reich, wenn auch meist eher konventionell instrumentiert sein können, werden zunächst durch die politischen Sonntags- und Feiertagsaktionen unterbrochen, bei denen Politiker Bäume pflanzen, Denkmäler einweihen, Schiffe taufen, Kränze niederlegen, Truppenbesuche abstatten oder Paraden abnehmen – Aktivitäten allesamt, bei denen ein abwechslungsreiches Gestenprogramm, teils förmlich, teils formlos zu absolvieren ist.

Schließlich gibt es die Haupt- und Staatsaktionen, für die aus diplomatischer Veranlassung in der Regel ein peinlich einzuhaltendes Gestenzeremoniell vorgeschrieben ist. Anlässe dieses Ranges geben aber bisweilen auch Gelegenheit, die etablierte Ordnung der Gesten zu überdenken, neue zu erfinden oder alte wieder ins Recht, zumal ins Bildrecht zu setzen.

4

Über das Dreiecksverhältnis von Politik, Gestus und Bild hat lehrreich und anschaulich eine Begebenheit der jüngsten Geschichte unterrichtet. Zu den herausragenden Ereignissen der internationalen Politik des Jahres 1993 zählt die Begegnung zwischen Israels Ministerpräsident Jitzhak Rabin und dem Vorsitzenden der Palästinensischen Befreiungsorganisation Jassir Arafat am 13. September in Washington. Dieses Treffen, zugleich die erste persönliche Zusammenkunft der beiden Repräsentanten, diente der Unterzeichnung des Gaza-Jericho-Abkommens, das als Nahost-Grundlagenvertrag dazu beitragen soll, die seit Jahrzehnten währenden politischen und militärischen Konflikte zwischen den Parteien zu beenden. Daß es den Verhandlungspartnern durch Vermittlung des norwegischen Außenministers Johan Joergen Holst gelungen war, ein beiderseits annehmbares, unterschriftsreifes Papier zu erarbeiten, ließ sich bereits als großer diplomatischer Erfolg verbuchen; daß es darüber hinaus möglich war, Rabin und Arafat anläßlich der Ratifizierung durch Außenminister Schimon Peres und PLO-Unterhändler Machmud Abbas an einen Tisch zu bitten, wurde als entschiedener Fortschritt im Abbau der Fronten und als »Durchbruch« gewertet. Doch was schließlich die Begegnung spezifisch auszeichnen sollte, sie zusätzlich aufwertete und zum historischen, in den Augen vieler Beobachter gar zum epochemachenden Ereignis werden ließ, war eine Geste, die, wiewohl in Vorgesprächen bereits erwogen, sich aber als Teil des Protokolls nicht hatte verbindlich machen lassen, demnach für die Öffentlichkeit weitgehend unerwartet kam. Die knappe Schilderung eines Berichterstatters macht diese Einschätzung als dramatischen Höhepunkt deutlich: »Sie begegneten einander zum allerersten Mal und reichten sich die Hände. Der eine tat es mit Schwung und breitem Grinsen. Für den Palästinenser Jassir Arafat war der Händedruck ein Triumph. Der andere zögerte und fühlte sich sichtlich unwohl. Für den Israeli Jitzhak Rabin war der Handschlag eine schwere Pflicht. Doch das Bild mit der Versöhnungsgeste im Rosengarten des Weißen Hauses ging um die Welt. Mit ›Amen‹ schloß Rabin seine Rede, mit ›Danke‹ Arafat. Was Wochen zuvor noch schieres Wunschdenken war, wurde Wirklichkeit. Der 13. September 1993 ist damit Geschichte.«[20]

Der Handschlag der einstigen Kontrahenten avancierte als Pressefoto umgehend zum Sinnbild dieser Begegnung (Abb. 5). Im Rückblick auf 1993 gehört die Szene für die Nachrichtenmagazine und Illustrierten zu den »Bildern des Jahres«[21], parallel dazu wurden die handelnden Personen zu »Männern des Jahres«[22] gewählt. Auf der Suche nach einem einprägsamen Ausdruck eines in seinem übrigen Verlauf eher gewohnt arrangierten politischen Staatsaktes konnte die meist en passant verwendete Geste des Handschlags im Kontext dieser Begegnung zweier bis dato erbitterter politischer Gegenspieler nobilitiert als politischer Gestus eingesetzt werden, als ein körpersprachlicher Akt, der nicht nur symbolisch Versöhnung anzeigte, sondern bei Gelegenheit einer Vertragsunterzeichnung zugleich pragmatisch das Interims-Abkommen juristisch bekräftigte und vor der internationalen Öffentlichkeit besiegelte. Die Geste faßt den Mittelteil des Zeremoniells – die Unterzeichnung – zusammen, bringt ihn pointiert zum Abschluß und verleiht dem Vorgang Dignität. Gerade durch dieses Handzeichen wurde den Protagonisten eine bindende Verpflichtung auferlegt: »Sie haben«, so ein Kommentar, »einander die Hände gereicht. Seither sind sie zum Frieden verdammt – für ihr politisches Überleben und für ihre Völker.«[23]

Der Handschlag ist nicht nur eine Alltags-, sondern seit alters vor allem eine Rechtsgeste. Bereits Athen und Rom kannten den Brauch der Handreichung und die *dextrarum iunctio* als juristischen Akt. Nach Grimm galt der *handschlag* als eine »allgemeine Bekräftigung aller Gelübde und Verträge, denen die Sitte kein feierliches Symbol vorschrieb«.[24] Der Anwendungsbereich ist groß, er umfaßt das kirchliche Verlöbnis ebenso wie das Schuldgelöbnis, den Kaufvertrag und die Bürgschaft, die Wette und das Versprechen und auch staatliche

Abb. 5 Der »historische« Handschlag zwischen Jitzhak Rabin und Jassir Arafat, Washington, 13. September 1993, Pressefoto

Verträge, darunter den Kampf- und den Friedensvertrag: »Sie strakten den fride mit ir handen«, heißt es im Kudrun-Epos.[25] Ebenso reich wie die Rechtstradition des Handgelübdes ist die ikonographische Überlieferung des Handschlags und Händedrucks als politischer Geste[26]: Ineinandergelegte Hände zeigen auf einem Relief des 4. Jahrhunderts v. Chr. die Erneuerung des Vertrages zwischen Athen und Samos an (Abb. 6), kündigen auf römischen Münzen unter dem Motto »concordia« von Eintracht und Freundschaft, besiegeln im Emblem ein Bündnis oder sprechen als Verbrüderungs- und Bruderhände auf Plakaten, Fahnen und Abzeichen der Arbeiterbewegung von Solidarität und Treue.[27] Auch als Begrüßungsgeste hat der Handschlag im öffentlichen Bereich eine reiche Bildüberlieferung, nicht zuletzt im Rahmen des Zeremoniells von Herrscherbegegnungen.[28]

So wird man schlechterdings nicht davon sprechen können, daß mit dem in Washington als Medienereignis vollzogenen und gefeierten Handschlag zwischen Arafat und Rabin dem politischen Gestenhaushalt ein neues wirkmächtiges Körperzeichen hinzugefügt worden sei.

Doch ist vermutlich kaum je zuvor ein Handschlag mit vergleichbarem Aufwand choreographisch vorbereitet, inszenatorisch und bildstrategisch aufbereitet und medienpolitisch nachbereitet worden wie eben jener im Garten des Weißen Hauses.[29] Politik, Gestus und Bild sind im Zeichen dieser gestischen »Manipulation« in höchstem Grad aufeinander bezogen, so daß der Händedruck als politischer Konsens-Akt neu ins öffentliche Bewußtsein getreten ist. Ihn wieder mit Symbolkraft auszustatten, ihn vor allem über das Bild als Symbol der Verständigung – und damit vom Erfolg der Diplomatie – sprechen zu lassen, war die Intention der verantwortlichen Regisseure.

Abb. 6 Der Vertrag zwischen Athen
und Samos, griechisches Relief,
4. Jh. v. Chr., Athen, Akropolis-Museum

Über den Verlauf, aber auch über die Planung der Zeremonie durch den Stab des Weißen Hauses hat die Presse ausführlich berichtet.[30] Als Modell, auf das sich die Protokollbeamten während der Vorbereitungen explizit bezogen, diente die für Washington legendäre Zeremonie von Camp David. Dort war im September 1978 das Friedensabkommen zwischen Israel und Ägypten ausgehandelt worden. Im Beisein des amerikanischen Präsidenten Jimmy Carter hatten sich der israelische Ministerpräsident Menachem Begin und das ägyptische Staatsoberhaupt Anwar as-Sadat auf den Entwurf geeinigt, der schließlich modifiziert im März des folgenden Jahres in Washington in einen Vertrag umgewandelt wurde. Damals hatten sich die beiden Unterzeichner zunächst *umarmt*, gleich darauf war Carter dann in seiner Rolle als »Vermittler, Garant und Schutzpatron«[31] hinzugetreten, um »durch einen denkwürdigen dreifachen Händedruck« die Triple-Allianz zu kennzeichnen. Eben dieser Akt der Verbrüderung stand auch den zuständigen Washingtoner Protokollbeamten vierzehn Jahre später während der Vorbereitung des neuen Gipfels über eine Video-Aufzeichnung vor Augen.[32] Eine solche Umarmung als besonders freundschaftliches, von Enthusiasmus getragenes Zeichen der Verbrüderung, einer Art Superlativ politischer Gebärdensprache, war jedoch im vorliegenden Fall nicht zu erwarten. In Anbetracht der andauernden heftigen politischen Spannungen zwischen den Abkommenspartnern und der erheblichen, auch persönlichen Reserven insbesondere Rabins, verbot sich die Hoffnung auf einen vergleichbar deutlich sprechenden Versöhnungsgestus, zumal der israelische Ministerpräsident im Vorfeld selbst einem Handschlag als Geste recht distanziert gegenüberstand.[33]

So hatte man sich jetzt in Washington zu bescheiden. Da aber auch der Händedruck als Schlußakzent nicht garantiert, sondern von den Protokollführern nur vorgesehen und erwünscht war, legte man alles darauf an, ihn möglich werden zu lassen, und probte daher mit Statisten en détail jeden einzelnen Schritt.[34] Als zentrales Requisit griff man auf das bereits in Camp David als Verhandlungstisch verwendete, inzwischen von historisch-symbolischer Aura umgebene Möbelstück zurück, für das im Garten des Weißen Hauses ein Podest gezimmert wurde. Hinzu kam ferner für die Mitte der Längsseite des Tisches ein einzelner Stuhl, der, so wußten die zuständigen Beamten, keine allzu hohe Lehne haben durfte, damit den Zuschauern und vor allem den Fotografen und Kameraleuten der Blick auf den in Aussicht genommenen Handschlag nicht versperrt werde. Die Entscheidung für nur einen Stuhl, auf dem die Signatare der Reihe nach Platz zu nehmen hatten, fiel angesichts der Bilder von Camp David, wo die Hauptakteure an der Seite Carters zur Unterzeichnung am langen Tisch gleichzeitig Platz genommen hatten, aber eben dadurch auch daran gehindert waren, ohne Mittelsmann miteinander zu kommunizieren; darüber hinaus, dies das Kalkül, sollte der einzelne Stuhl für einen Bewegungsablauf gegenüber der im anderen Fall eher statischen Szenerie sorgen. Ferner bot der Vollzug im Stehen bessere Aussicht darauf, den geplanten Handschlag gewissermaßen aus dem beweglicheren, leichter veränderlichen Stand heraus einzuleiten. Wie aber konnte, so die wichtigste Frage für das Protokoll, der Handschlag aus der Situation heraus nahegelegt, ja provoziert werden? »But then, how to stage the handshake? [...] Rabin could not be forced to shake hands. No one could coerce the actors. The handshake had to appear natural. Yet, clearly, the President, as the master of ceremonies, was responsible for making it happen [...]: Clinton should first shake Rabin's hand, then Arafat's. And then [Clinton should, standing back, lift up] his arms in [...] a ›benediction-like gesture‹.«[35]

Das Programm des Festaktes umfaßte am Ende 27 Seiten und lief schließlich planmäßig vor 3000 geladenen Gästen und Journalisten unter freiem Himmel ab (Abb. 7): »The ceremony began with the entrance of Tipper Gore. Clinton was the last to enter, with Rabin on the right and Arafat on the left. Underlying the movements on the platform was a deliberate

Abb. 7 Die Unterzeichnung des Nahost-Grundsatzabkommens zwischen Israel und der PLO, Washington, 13. September 1993, Pressefoto

narrative structure: Clinton, Shimon Peres, and Mahmoud Abbas were followed by the signing by four foreign ministers. Each moved from his standing position to sit in the chair. John Podesta handled the documents and the pens. When Warren Christopher finished signing, Podesta pushed the chair forward to set the shot. – Rabin was facing the crowd, but Clinton drew his attention by offering his hand. Rabin shook it. He had now turned and was facing the President – and Arafat. Clinton swivelled to shake Arafat's hand. Without pausing, he took a half step back while raising his arms, silently coaxing Rabin and Arafat together. Arafat stretched out his hand. Rabin tilted his head slightly, hesitated for a split second, and then, feeling the inexorability of the moment, extended his hand too. Thus, they shook. Now that they had been drawn closer together, an open hand appeared behind each man's back. Click-click-click-click! And Clinton withdrew his hands, applauding in approval. The crowd rose in an ovation. Arafat did not end his handshaking: he walked toward the Israeli side, shook Shimon Peres's hand, and then shook everybody else's. – After Rabin and Arafat spoke, Clinton led them down the platform toward a grand receiving line – a progress that had been carefully arranged by the President's aides to make points about the difficult process that lay ahead and the history that flows through it.«[36]

Was hier als politisches Ballett vor der Kulisse des Präsidentensitzes erscheint, erinnert nicht zufällig an das Zeitalter des Absolutismus und an höfisches Zeremoniell. Auch der Enthusiasmus, der aus dem (Hof-)Bericht des dem Weißen Haus offenbar nahestehenden Autors spricht, bestärkt diesen Eindruck, nicht zuletzt der Umstand, daß alles auf ein »lasting image«[37], ein Historienbild hin zugeschnitten war (vgl. Abb. 5). Nach allen Regeln der Kunst und ihrer Geschichte wurde dieses *eine*, zentrale Bild des *political human touch* konzipiert, als *tableau vivant* vor den Augen der Weltöffentlichkeit, sprich: vor der Pressetribüne arrangiert und aus einem starren, szeneparallelen, frontalen Blickwinkel heraus fotografiert, so daß die *eine* Fotografie in zahllosen Varianten mit jeweils nur geringfügig aus der Mittelachse verlegter Perspektive und kaum merklicher Phasenverschiebung existiert. Während die Fernsehbilder der Live-Übertragungen die Szene in ihrem Gesamtverlauf dokumentieren und nacherzählen (»wie es gewesen ist«), kommt erst im Pressefoto die Gesten-Szene (und die Geschichte) zum denkmalwürdigen Stillstand und zu ihrem (Sinn-)Bild- und Bedeutungsrecht (»so war es, und dies besagt es«). Allein die Fotografie stellt den historischen Augen-Blick, die kurze Sequenz des Handschlags, im Standfoto auf Dauer, das seither seinen publizistisch-propagandistischen Dienst leistet, ganz so wie dies Historienbilder von jeher getan haben.

Aus der Fülle der Beispiele sei nur der nach Entwürfen von Charles Le Brun gefertigte Wandbehang mit der Schilderung der Zusammenkunft Philipps IV. und Ludwigs XIV. herangezogen, ein Treffen, das am Sonntag, dem 6. Juni 1660, auf dem neutralen Boden der Fasaneninsel des Grenzflusses Bidassoa stattfand und den im Vorjahr von den Verhandlungsdelegationen ebendort geschlossenen *Pyrenäenfrieden* durch einen Friedensschwur der Regenten bestärken sollte. Der Behang zeigt die feierliche Begegnung der Herrscher (Abb. 8): »Dargestellt ist der Moment, in dem die beiden Könige mit dem engsten Gefolge gleichzeitig von beiden Seiten in die ›Salle d'Entrevue‹ treten und sich die Reverenz erweisen. [...] Ludwig XIV. [überragt] alle anderen, und sein Gruß wirkt wie ein Herabbeugen. Philipp IV. ist ihm einen Schritt näher an die Demarkationslinie entgegengekommen, übergreift sie sogar, indem er den Hut zur Reverenz vorstreckt, die er mit zierlicher Körperdrehung erweist. Wie genau diese Details beachtet wurden, belegt eine Aufzeichnung Colberts zu dem Ereignis: ›le roy d'Espagne observa de ne jamais mettre le pied sur la ligne du milieu de la salle de la conférence‹. Der Standpunkt des Betrachters ist etwas rechts der Mitte, so daß sich auch die Spiegelung des Fensters etwas nach rechts verschiebt und genau über dem Kopf Philipps IV. erscheint. Es entsteht der Eindruck, Philipp IV. durchschreite die Raummitte und trete vor Ludwig XIV., der ihn in der

Abb. 8 Charles Le Brun, L'Entrevue des Rois, Tapisserie aus der Folge der »Histoire du Roy«, 1665 / 1668, Paris, Mobilier National

französischen Hälfte erwarte. Auf diese Weise wird die Situation eines Empfanges suggeriert und französische Herablassung angedeutet, obwohl es sich um eine Zusammenkunft Gleichrangiger handelt.«[38] Der Darstellung, die dem Bildtypus der Fürstenbegegnung folgt, ist als ikonographisches Motiv das Concordia-Sinnbild aus dem *Emblematum liber* des Alciatus eingeschrieben: Wo sich im Holzschnitt (Abb. 9) die beiden Heerführer im Beisein ihrer Gefolgsleute die Rechte reichen und auf diese Weise nach römischem Brauch der Eintracht versichern, tauschen hier die beiden Könige ihre Komplimente aus, indem sie in leicht vorgebeugter Haltung voreinander den Hut ziehen. Wenn auch der Gestencodex jeweils ein anderer ist, so hält sich Le Brun doch an den Aufbau der Emblemvorlage und bringt die Szene so ins Bild, »daß die beiden rechten Hände, die die Hüte halten, sich überschneiden. So ist es möglich, streng an den historischen Gegebenheiten zu bleiben und doch das sinnbildliche Motiv zu evozieren.«[39]

Anders als der Hofkünstler Le Brun hatten die Fotografen in Washington kaum Freiheiten bei der Ausgestaltung des Sujets. Sie hatten abzulichten, was sich ihren Kameraobjektiven vom festgelegten Standpunkt aus darbot. So bekräftigt das Washingtoner Pressefoto als Wiedergabe des choreographisch streng strukturierten Händedruck-Rituals die dem Zeremonie-Tableau bereits eingeschriebene, der Tradition entliehene Sinn-Bildrhetorik und -semantik. Überkommene Ordnungssysteme ebenso wie klassische ikonographische Muster bestimmen das Bild. Als Würdeformel ist ihm das Schema des klassischen Dreiecks unterlegt, dessen Seiten das agierende Triumvirat umschließen. Alles ist auf den harmonischen Zusammenklang dieses Triangulums ausgerichtet. Die Gestikulation der Hände verläuft in etwa auf der Grundseite des rechtwinkligen Dreiecks, die seitlich von den Fingerspitzen der im Patronatsgestus ausgestreckten Arme des Präsidenten be-

70 AND. ALC. EMBLEM. LIB.

Concordia. XXVII.

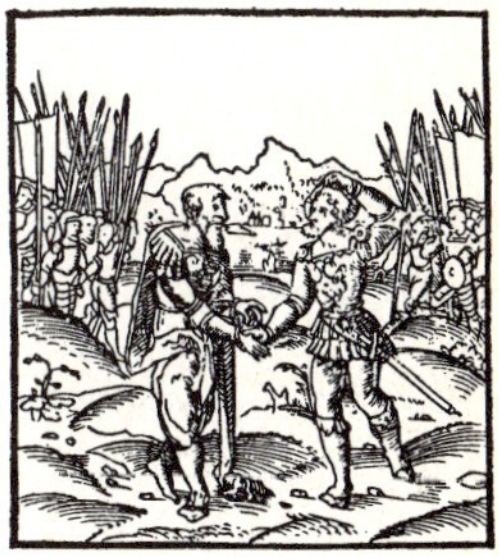

In bellum ciuile duces cùm Roma pararet,
Viribus & caderet Martia terra suis:
Mos fuit in partes turmis coëuntibus easdem,
Coniunctas dextras mutua dona dari.
Fœderis hæc species, id habet Concordia signum,
Vt quos iungit amor, iungat & ipsa manus.

Abb. 9 Concordia-Emblem, aus Andreas Alciatus, *Emblematum libellus*, Paris 1542, Holzschnitt grenzt wird. Über die Schultern und die leicht geneigten, dem Betrachter im Profil gezeigten Köpfe der beiden einander zugewandten, seitlich stehenden Politiker, welche die von vorn gesehene Mittelfigur des Schirmherrn rahmen, verlaufen die Schenkel der geometrischen Figur, die sich über dem Haupt des Offizianten schneiden. Die ineinandergeschlagenen Hände des Aussöhnungsgestus teilen die Basis exakt in zwei Hälften und geben den Verlauf der Mittelsenkrechten an, die durch die Krawatte Clintons akzentuiert ist. Alles ist darauf angelegt, die Symmetrie und das Gleichgewicht zu behaupten.

Der geometrisch-harmonischen Ordnung des Bildes, das einem Weltbild entspricht, korrespondiert die politische Ordnung der Gesten. Clintons ausgebreitete Arme dienen als Klammer des Handschlags; dieser übergeordneten antwortet die beigeordnete Geste, die von einem Ausgleich spricht, der nur durch den Mann in der Mitte, den Mittelsmann möglich geworden und garantiert ist. Eine ergänzende symbolische Ordnung stellt das gewählte Seitenschema dar. An der Seite rechts vom Präsidenten steht Rabin, links, also auf der traditionell weniger nobilitierten Seite, Arafat. Im Foto allerdings verkehrt sich die Platzordnung. Vom Betrachter aus gesehen steht der Palästinenser rechts, folglich nach gewohntem Lese- und Blickschema auf der das Bild abschließenden, kulminierenden Seite, dort, wo »gewissermaßen [...] das letzte Wort gesprochen«[40] wird. Die Rang-Ordnung der Plätze kehrt gespiegelt noch einmal wieder in der Kleider-Ordnung und -Symbolik, wenn den beiden Zivilisten in Anzügen und ohne Kopfbedeckung ein militärisch Uniformierter mit Kufija-Kopftuch gegenübersteht, eine Gewandung, die auch ein politisches Abzeichen ist und Arafat als einen Vertreter des Nahen, aber zugleich Fernen und exotischen Ostens erscheinen läßt.

Die Stellung der drei Agierenden zueinander und der Händedruck als Friedenszeichen verweist darüber hinaus durch das sakrale Bildschema auf die christliche Darstellungsformel des Sposalizio, wie sie in Gemälden mit Schilderungen des Verlöbnisses Mariens begegnet, eine Verbindung qua Handversprechen, die vom zentral postierten Zelebranten initiiert und mit der über den verschränkten Händen erhobenen Rechten segnend geheiligt wird.[41]

So huldigt denn auch das Washingtoner Zeremonie-Bild, indem es die Macht der Mitte betont und den Vorrang der Gesten regelt, nicht nur den Friedenspartnern, sondern mindestens in gleichem Maß auch dem Friedensstifter. Der körperlich überragenden Gestalt Clintons entspricht im Foto eine konvergente Bedeutungsgröße. Im Konzert der versammelten drei Mächte vertritt er die Weltmacht. Seine speziell für diesen Anlaß gewählte Krawatte, von einem Trompetenornament geziert[42], scheint neben der Anspielung auf die Jericho-Posaunen emblematisch zugleich als Fanfare der Clio den historischen Fortschritt preisen zu wollen. Das Pressefoto feiert den bilateralen Handschlag als außenpolitischen Erfolg der US-Regierung und kündet vom Ruhm des Präsidenten. Wenn darin über Hierarchie-, Symmetrie- und Dignitätsformeln eine Bildsprache anklingt, die in der bildenden Kunst bereits seit langer Zeit zur Trivialformel geronnen ist, so scheint sie in der zeitgenössischen Ästhetik der Politik(er)bilder durchaus noch nicht angestaubt und abgelegt zu sein, vielmehr – und möglicherweise gerade deshalb – erfolgreich und überzeugend eingesetzt werden zu können. Im Zusammenspiel von Gesten- und Bildrhetorik hat das Foto den Status einer Ikone erlangt, die vorerst nur die Chroniken, demnächst vielleicht auch die Schulbücher zieren wird. Fotos wie diese sind das Telos der Politik im Medienzeitalter. Das Pathos der politischen Gesten im Verein mit dem des Bildes erbringt der Politik gleichsam teleologisch den Legitimationsbeweis. Auch diesem Umstand könnte das Lächeln des Präsidenten gelten.

5

»Ich weiß, welche Bilder in die Welt gehen oder nicht. Deswegen weiß ich auch, wie ich mich zu verhalten habe.«[43] Mit dieser Einlassung rechtfertigte Bundeskanzler Helmut Kohl im Juni 1993 sein Fernbleiben von der Trauerfeier in Köln, die für die fünf türkischen Opfer des Solinger Mordanschlags anberaumt worden war. Die Anwesenheit Kohls hätte, so die Presse, als eine Geste der Versöhnung angesehen werden können, doch der Kanzler befürchtete, von der

Menge »ausgepfiffen« zu werden. Nur der Triumph krönt die politische Figur, die Niederlage verformt ihr Bild. Politik ist auf Zeichen und Symbole angewiesen, öffentliche Zeichensetzung ist wesentlicher Bestandteil einer Politik, die sich verständlich mitteilen und Erwartungshaltungen der Öffentlichkeit erfüllen will und muß. Die politische Maxime, daß man, wie es etwa im 13. Jahrhundert hieß, »den Laien alles sinnlich und anschaulich vor Augen führen [muß]«[44], hat am Ende des 20. Jahrhunderts unter anderen Vorzeichen ihre Geltung wiedererlangt: »Selbst die internationale Politik setzt unter dem Gesetz der allgegenwärtigen Medien auf Gesten, Zeichen und Bilder«[45], war 1993 in einem Zeitungsartikel zu lesen. Aber es ist wohl nicht nur die Vorherrschaft der Medien, die der Politik Bilder abverlangt, womit sich das in der zitierten mittelalterlichen Quintessenz angesprochene Kommunikationsverhältnis von autoritativem Sender auf der einen und servilem Empfänger auf der anderen Seite verkehrt und jetzt die Medien als Agenten des ›Volkes‹ die Federführung übernommen hätten. Ebensosehr scheint die Politik selbst weiterhin aufs Bild zu bauen und sich der Medien zu bedienen, um sich propagandistisch mitzuteilen, wobei sie auf einen bestens gegründeten Bildervorrat und Instrumentarienschatz zurückgreifen kann. Demnach bestimmt kein einseitiges, sondern eher ein Wechsel- und Interdependenzverhältnis die Beziehung zwischen Politik und Bild. Jedenfalls liegt historisch die eine der anderen Maßgabe voraus, die Funktionalisierung und Instrumentierung des Bildes durch die Politik jener der Instrumentalisierung der Politik durch die Medien.

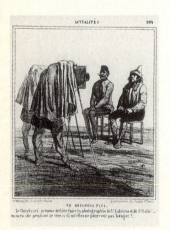

Daß man allerdings mittels Pressefotografie Politiker lenken, ja in Schach halten kann, darauf hat zeitig der eingangs zitierte Satiriker Cham im *Charivari* hingewiesen. Seine Karikatur »Ne bougeons plus« (Abb. 10) verpflichtet die kriegsstreitenden Parteien Österreich und Italien zum Stillhalteabkommen, wenn auch nur

Abb. 10 Amédée de Noé, gen. Cham, »Ne bougeons plus«, *Le Charivari*, Serie: Actualités, No. 309, 17. Mai 1861, Lithographie

vor der Kamera und für den Zeitraum einer Sitzung beim Fotografen – und im Optativ des politischen Spottbildes. Das Blatt erschien 1861 in der Serie »Actualités«, und aktuell scheint es geblieben zu sein.[46]

Anmerkungen

1 Die Abbildung ist dem anregenden Buch von Rolf H. Krauss, *Die Fotografie in der Karikatur*, Seebruck 1978, entnommen; desgleichen die Abb. 2 u. 10.

2 Die Kamera in der unteren Reihe rechts ist mit »THIERRY« beschriftet; dies vielleicht als Hinweis auf den seit den vierziger Jahren namhaften Pariser Porträtfotografen I. Thierry, den Helmut Gernsheim, *Die Fotografie*, Wien/München/Zürich 1971, 77 erwähnt; auffällig ferner, daß dem Mann hinter eben diesem Apparat als einzigem auf der Tribüne Porträtzüge verliehen sind; über Jean Pierre Thierry (»the Lyons daguerreotypist«, Verfasser der Schrift *Instruction photographique*, Paris 1844) und sein Atelier siehe jetzt vor allem auch die Angaben bei Elizabeth Anne McCauley, *Industrial Madness. Commercial Photography in Paris*, 1848–1871, New Haven/London, 1994, 29, 86 u. 363.

3 Gemeint ist die recht bekannte Daumier-Lithographie »Position réputée la plus commode…« (aus *Le Charivari*, Serie: Les bons bourgeois, No. 49, 1847); Abb. z. B. in Krauss (Anm. 1), 23. Dies eine damals geläufige Atelierpose, wie z. B. auch in der verbreiteten Porträtfotografien Nadars (*Baudelaire*, um 1855; *Delacroix*, 1859) ausweisen; auch in der verbreiteten Alltagsfassung scheint sie immer ein Zitat der populären »Napoleon«-Ikonographie zu bleiben.

4 Siehe dazu das entsprechende Kapitel bei Vilém Flusser, *Gesten. Versuch einer Phänomenologie*, Düsseldorf/Bensheim 1991, 127 ff.

5 Marcus Fabius Quintilianus, *Ausbildung des Redners. Zwölf Bücher*, hg. u. übers. von Helmut Rahn, Darmstadt ²1988, 679–681 (= XI, 3, 181–184).

6 Vgl. dazu Ulrich Raulff, »Image oder Das öffentliche Gesicht«, in: Dietrich Kamper und Christoph Wulf (Hg.), Das Schwinden der Sinne, Frankfurt/M. 1984, 46–58.

7 Zur Geschichte der Pressefotografie (vornehmlich in Deutschland) siehe Bernd Weise, »Pressefotografie«, I–III, in: *Fotogeschichte* 9, 1989, H. 31, 15–40; H. 33, 27–62; 10, 1990, H. 37, 13–36. – Erst seit 1883 war es durch Verwendung der Autotypie im Zeitungsbilderdruck möglich, Fotografien in der Presse (ohne weitere Umsetzung als Holzstich o. ä.) zu veröffentlichen.

8 Raulff (Anm. 6), 46. – Erinnert sei in diesem Zusammenhang auch an die historisch erhellenden Darlegungen Walter Benjamins in seiner Studie »Das Kunstwerk im Zeitalter seiner technischen Reproduzierbarkeit« (1936), wo es zunächst im Text heißt: »Das Befremden des Darstellers vor der Apparatur, wie Pirandello es [in seinem Roman *On tourne*] schildert, ist von Haus aus von der gleichen Art wie das Befremden des Menschen vor seiner Erscheinung im Spiegel. Nun aber ist das Spie-

gelbild [mittels Fotografie und Film] von ihm ablösbar, es ist transportabel geworden. Und wohin wird es transportiert? Vor das Publikum.« Die zugehörige Anmerkung erläutert anschließend den Einfluß, den dieser Prozeß der Visualisierung auf die Politik hat: »Die hier konstatierte Veränderung der Ausstellungsweise durch die Reproduktionstechnik macht sich auch in der Politik bemerkbar. Die heutige Krise der bürgerlichen Demokratien schließt eine Krise der Bedingungen ein, die für die Ausstellung der Regierenden maßgebend sind. Die Demokratien stellen den Regierenden unmittelbar in eigener Person, und zwar vor Repräsentanten aus. Das Parlament ist sein Publikum! Mit den Neuerungen der Aufnahmeapparatur, die es erlauben, den Redenden während der Rede unbegrenzt vielen vernehmbar und kurz darauf vielen sichtbar zu machen, tritt die Ausstellung des politischen Menschen vor dieser Aufnahmeapparatur in den Vordergrund. Es veröden die Parlamente gleichzeitig mit den Theatern. Rundfunk und Film verändern nicht nur die Funktion des professionellen Darstellers, sondern genauso die Funktion dessen, der, wie es die Regierenden tun, sich selber vor ihnen darstellt. Die Richtung dieser Veränderung ist, unbeschadet ihrer verschiedenen Spezialaufgaben, die gleiche beim Filmdarsteller und beim Regierenden. Sie erstrebt die Aufstellung prüfbarer, ja übernehmbarer Leistungen unter bestimmten gesellschaftlichen Bedingungen. Das ergibt eine neue Auslese, eine Auslese vor der Apparatur, aus der der Star und der Diktator als Sieger hervorgehen.« (in: *Gesammelte Schriften*, Bd. I,2 hg. von Rolf Tiedemann und Hermann Schweppenhäuser, Frankfurt/M. 1980 (= Werkausgabe), 1980, 491 f.)

9 Vgl. etwa das 1890 entstandene Staatsporträt Wilhelms II. von Max Koner, das die Karikatur offenbar zitiert (Abb. in: Ausst.-Kat. *Fragen an die deutsche Geschichte. Ideen, Kräfte, Entscheidungen von 1800 bis zur Gegenwart*, Historische Ausstellung im Reichstagsgebäude in Berlin, hg. vom Deutschen Bundestag, [16]1990, IV/152).

10 Der engen Beziehung zwischen Redner- und Denkmalposen geht auch eine Karikatur von Adolf Schrödter in dem von ihm illustrierten, von Johann Hermann Detmold verfaßten Band *Thaten und Meinungen des Herrn Piepmeyer, Abgeordneten zur constituirenden Nationalversammlung Frankfurt am Mayn* aus dem Jahr 1849 nach (Heft 4, 30); leicht zugänglich in der als Taschenbuch erschienenen Faksimileausgabe (Dortmund 1979).

11 Vgl. den Titel der großen »Volksvertreter«-Porträtfolge »Les Représentants représentés« von Honoré Daumier, die ab 1848 im *Charivari* erschien.

12 Raulff (Anm. 6), 49.

13 Vgl. zu diesem Aspekt die Studie über das englische Königtum im 16. Jahrhundert in dem Buch von Stephen Greenblatt, *Verhandlungen mit Shakespeare. Innenansichten der englischen Renaissance*, Berlin 1990.

14 Martin Warnke, »Goyas Gesten«, in: Werner Hofmann, Edith Helman u. Martin Warnke, *Goya – »Alle werden fallen«*, Frankfurt/M. 1981, 135.

15 An die dem 18. Jahrhundert geläufige Wendung »Beredsamkeit des Leibes« hat in kunsthistorischem Kontext zuerst Wolfgang Kemp wieder erinnert; vgl. seinen Aufsatz unter diesem Titel in: *Städel Jahrbuch* N. F. 5, 1975, 118ff.; siehe neuerdings den Ausst.-Kat. *Die Beredsamkeit des Leibes. Zur Körpersprache in der Kunst*, hg. von Ilsebill Barta Fliedl und Christoph Geissmar, Salzburg und Wien 1992 (mit ausführlicher Bibliographie).

16 Zu dieser Geste bei Quintilian siehe Ursula Maier-Eichhorn, *Die Gestikulation in Quintilians Rhetorik*, Frankfurt/M., Bern u. a. 1989, 94 f. sowie Abb. 17.
17 So die Einschätzung von Ulrich Keller, »Bibel bis Bildschirm. Zur medialen Legitimation von Macht in Amerika«, in: Wissenschaftszentrum Nordrhein-Westfalen, Kulturwissenschaftliches Institut (Hg.), *Bericht 1991*, Essen 1992, 170 ff.
18 Vgl. dazu den Band *Der Schachautomat des Baron von Kempelen. Mit einem Essay von Marion Faber*, Dortmund 1983, ein Nachdruck der Schrift *Ueber den Schachspieler des Herrn von Kempelen* von J. F. Frhr. zu Racknitz.
19 Siehe dazu Martin Warnke, »Politische Ikonographie«, in: Andreas Beyer (Hg.), *Die Lesbarkeit der Kunst. Zur Geistesgegenwart der Ikonologie*, Berlin 1992, 23–28.
20 Fredy Gsteiger, »Zwei Einsame, die sich durchsetzen«, in: *Die Zeit* Nr. 1 vom 31. Dezember 1993, 2.
21 So etwa für die Magazine *Der Spiegel* und *Time*; vgl. auch Günther Gillessen (Hg.), *1993 – Eine Jahres-Chronik*, Frankfurt/M. 1993, wo es als Umschlagfoto gewählt ist.
22 *Time* Nr. 1 vom 3. Januar 1994.
23 Gsteiger (Anm. 18), 2.
24 Rechtsaltertümer, zit. nach *Handwörterbuch zur deutschen Rechtsgeschichte*, Bd. I, Sp. 1974.
25 Zit. nach Lutz Röhrich, *Das große Lexikon der sprichwörtlichen Redensarten*, Freiburg/B. 1992, Bd. II, 657.
26 Zahlreiche Belege bietet der von Martin Warnke am Kunstgeschichtlichen Seminar der Universität Hamburg aufgebaute »Index zur politischen Ikonographie«, dessen Fundus der Vf. dankbar benutzt hat; über diese Sammlung und ihren Aufbau nach Stichworten informiert jetzt die Broschüre *Bildindex zur politischen Ikonographie*, hg. von der Forschungsstelle Politische Ikonographie, Privatdruck Hamburg 1993.
27 Gottfried Korff, »Hand«, in: Ausst.-Kat. *13 Dinge. Form – Funktion – Bedeutung*, Museum für Volkskultur in Württemberg, Waldenbuch Schloß, Stuttgart 1992, 52–61.
28 Vgl. dazu in kunsthistorischem Zusammenhang u. a. Herman Roodenburg, »The ›Hand of Friendship‹: Shaking Hands and Other Gestures in the Dutch Republic«, in: Jan Bremmer und Herman Roodenburg (Hg.), *A Cultural History of Gesture*, Ithaca, N. Y. 1992, 152–189; ferner Corine Schleif, »Hands that Appoint, Anoint and Ally: Late Medieval Donor Strategies for Appropriating Approbation through Painting«, in: *Art History* 16, No. 1, 1993, 1–32; zum Zeremoniell von Herrscherbegegnungen siehe Werner Kolb, *Herrscherbegegnungen im Mittelalter*, Bern u. a. 1988.
29 Siehe dazu den Artikel von Marion G. Müller, »Die Choreographie eines politischen Händedrucks«, in: *Frankfurter Allgemeine Zeitung* Nr. 268 vom 18. November 1993, N 5.
30 Siehe u. a. die nachfolgend herangezogene Literatur.
31 Leo Wieland, »Aus der Abstellkammer der Zeitgeschichte geholt«, in: *Frankfurter Allgemeine Zeitung* Nr. 212 vom 13. September 1993, 3.
32 Dies berichten Wieland (Anm. 31) und Sidney Blumenthal, »The Handshake«, in: *The New Yorker*, October 4, 1993, 74–76.
33 »Wenn es sein muß, drücke ich ihm auch die Hand«, so Rabins Stellungnahme vor der Presse; zit. nach *Die Welt* Nr. 214 vom 14. September 1993, 1; Blumenthal (Anm. 32), 75 zitiert die Wendung: »If it will be needed.«

34 Als Nachbericht ausführlich Blumenthal (Anm. 32).
35 Blumenthal (Anm. 32), 75.
36 Ebenda (Blumenthal), 75.
37 Blumenthal (Anm. 32), 75.
38 Fabian Stein, *Charles Le Brun – La Tenture de l'Histoire du Roy*, Worms 1985, 25–27.
39 Ebenda, 29.
40 Heinrich Wölfflin, »Über das Rechts und Links im Bilde«, in: Ders., *Gedanken zur Kunstgeschichte*, Basel 1941, 83.
41 Siehe z. B. die spätgotische Tafel mit der Darstellung des Marien-Verlöbnisses von Michael Pacher, Wien, Unteres Belvedere, Museum mittelalterlicher österreichischer Kunst; Abb. in *Kindlers Malerei Lexikon*, Bd. 10, München 1976, 30.
42 Bei Blumenthal (Anm. 32), 75 erwähnt.
43 Zit. nach *Der Tagesspiegel* vom 8. Juni 1993.
44 So der Bischof von Vitry, zit. nach Warnke (Anm. 19), 23.
45 Gustav Seibt, »Die Begriffe führen das Volk«, in: *Frankfurter Allgemeine Zeitung* Nr. 75 vom 30. März 1993, L 13.
46 Als Nachtrag seien zwei Zitate angefügt, die vom Einfluß der Kamera auf die (Darstellung der) Politiker handeln: »Warum wird bei großen Anlässen im amerikanischen Kongreß so oft und anhaltend applaudiert? Der Applaus gilt nicht dem Redner, sondern den Fernsehkameras, die sich nur vom Sprecher ab- und den Zuhörern zuwenden, wenn sie geräuschvoll auf sich aufmerksam machen. Im [deutschen] Bundestag gehen die Kameras nicht gern ins Auditorium, weil so viele Plätze leer sind und die Abgeordneten noch nicht gelernt haben, daß sie in einer Fernsehgesellschaft leben.« Johannes Gross, »Notizbuch, N. F. 99«, in: *Frankfurter Allgemeine Magazin* H. 728 vom 11. Februar 1994, 22. – »Wissen Sie, viele halten die Politiker längst für bloßes Zubehör der Fernsehshows und reine Statisten bei Phototerminen. Wir schütteln einander die Hände, wir lächeln in die Kameras, wir lassen uns photographieren, doch die Menschen denken sich im stillen: Zum Teufel mit allen Politikern. (...) Man kann (...) dem Fundamentalismus [als Beispiel] nicht mit Phototerminen beikommen.« Der israelische Außenminister Schimon Peres in einem Interview, veröffentlicht in *DIE ZEIT* Nr. 43 vom 21. Oktober 1994, 2.

Einbandlektüre
Zu Walter Benjamins Briefsammlung *Deutsche Menschen*

Je näher man ein Wort ansieht,
desto ferner sieht es zurück. Deutschland.

Karl Kraus / Alexander Kluge

Walter Benjamins einzige Buchveröffentlichung im Exil, zugleich seine letzte zu Lebzeiten, stellt die von ihm herausgegebene und kommentierte Klassikerbrieffolge dar, die 1936 unter dem Titel *Deutsche Menschen* in dem kleinen, von einem deutschen Emigranten gegründeten Vita Nova Verlag in Luzern herauskam.[1] In einem Vorwort bestimmte Benjamin das Briefbuch dazu, den Lesern jene »Haltung zu vergegenwärtigen, die sich als humanistisch im deutschen Sinne bezeichnen läßt und die wieder hervorzurufen um so angezeigter erscheint, je entschiedener diejenigen sie preisgeben, die heute in Deutschland das Wort führen.«[2] Seine Einleitungen zu den fünfundzwanzig Briefen aus dem bürgerlichen Jahrhundert zwischen 1783 und 1883 unternehmen es, deren programmatischen Zeugnischarakter für eine »umfassende deutsche Bildungsgeschichte des fraglichen Zeitraumes«[3] herauszustellen.

Der Plan, die Anthologie als Buch zu publizieren, reicht in die frühen dreißiger Jahre zurück, scheiterte jedoch damals, so daß Benjamin die Briefausgabe bereits unter seine »zerschlagenen Bücher«[4] rechnete. Erst im Sommer des Jahres 1936 gelang es Benjamin von Paris aus durch Vermittlung von Karl Thieme in der Schweiz in Rudolf Rößler einen Verleger zu finden. Dieser muß sich ziemlich rasch zur Veröffentlichung der Sammlung entschlossen haben, da sie bereits Anfang November desselben Jahres als Buch vorlag.

Die Editionsgeschichte der *Deutschen Menschen* ist nur zum Teil erhellt, da der Briefwechsel zwischen Autor, Vermittler und Verleger bislang nur in Auszügen bekannt ist.[5] Ersichtlich ist vor allen Dingen, daß Benjamin wie Rößler das Briefbuch von Anfang an weniger für

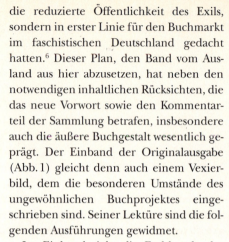

die reduzierte Öffentlichkeit des Exils, sondern in erster Linie für den Buchmarkt im faschistischen Deutschland gedacht hatten.[6] Dieser Plan, den Band vom Ausland aus hier abzusetzen, hat neben den notwendigen inhaltlichen Rücksichten, die das neue Vorwort sowie den Kommentarteil der Sammlung betrafen, insbesondere auch die äußere Buchgestalt wesentlich geprägt. Der Einband der Originalausgabe (Abb. 1) gleicht denn auch einem Vexierbild, dem die besonderen Umstände des ungewöhnlichen Buchprojektes eingeschrieben sind. Seiner Lektüre sind die folgenden Ausführungen gewidmet.

Im Einband sieht die Fachkunde das »Kleid des Buches« – will man im Bild bleiben, so läßt sich das der Briefsammlung als ein Tarnmantel bezeichnen, wobei diese Metapher den Sachverhalt aufs genaueste trifft. Angesichts der längst mit inquisitorischer Schärfe waltenden polizeilichen Grenz- und Zensurbehörden mußte, wenn auch nur die leiseste Hoffnung bestehen sollte, das in der Schweiz verlegte Buch eines jüdischen Autors auf den NS-Buchmarkt einzuschleusen, seine Aufmachung mit einer Sorgfalt, wie sie für das Präparieren eines Kassibers nötig ist, gewählt werden. Anders jedoch als im Fall jener illegalen politischen Schriften, die während dieser Jahre von antifaschistischen Organisationen, allen voran von der KPD, unter Lebensgefahr verbreitet wurden, war man nicht gezwungen, auf einen völlig beziehungslosen, möglichst harmlosen und unverfänglichen Umschlag zur Tarnung zurückzugreifen (Abb. 2).[7] Der

Abb. 1 *Deutsche Menschen*, Luzern 1936. Einband
Abb. 2 *Deutsch für Deutsche*, Paris 1935 (= Tarnschrift), Umschlag

Briefband sollte ja nicht für den Weg durch den Untergrund zum Schutz der Verteiler und auch der Leser maskiert werden, sondern offiziell, über den Buchhandel, vertrieben werden. Hierzu mußte man auf eine offene Tarnung, auf eine Camouflage durch Mimikry setzen, die einerseits gerade soviel Anpassung an das Stereotyp des »deutschen« Buches übte wie für die Täuschung notwendig, andererseits aber zugleich den wahren, widerständigen Charakter des Buches unter diesem Schutzkleid für diejenigen nicht verdeckte, an die es sich wandte. Während die politische Tendenz der Briefsammlung unter der Oberfläche vermeintlich durch Bildungsbetriebsamkeit stillgelegter Klassikertexte verborgen lag und sich nur einer Leserschaft erschließen konnte, die sich darauf verstand, Texte mit jener »Akribie« zu lesen, auf die Benjamin als eingeübte Lesetechnik hoffte[8], hatte die Aufmachung zwei Funktionen zu erfüllen: zu kaschieren und zugleich in der Anpassung auch die Abweichung zu signalisieren.

Vonnöten war zum einen ein Pseudonym für den Autor bzw. Herausgeber der Sammlung, sodann ein unauffälliger Titel, der dennoch wie eine Kennmarke fungieren konnte, schließlich ein Gewand, das sich dem typisch einheitlichen Erscheinungsbild der Bücher des deutschen Sortiments zumindest nicht widersetzte. Als Decknamen wählte Benjamin das schon Anfang der dreißiger Jahre gelegentlich verwendete Pseudonym Detlef Holz, bei der Titelsuche schloß man sich wie selbstverständlich den damals inflationär gebrauchten »Deutsch«-Titeln an, und für den Einband kam die von den Nationalsozialisten als »deutsche Schrift« propagierte Fraktur zur Anwendung.

Wie im Fall einer Anthologie üblich, konnte die Nennung des Autornamens auf dem Einbanddeckel unterbleiben. So ziert diesen denn auch, in zwei Zeilen gebrochen und auf eine senkrechte Mittelachse gesetzt, nur der Titelschriftzug sowie – abgerückt, wiederum zentriert und in kleinerer Schriftgröße – ein dreizeiliges Motto: »Von Ehre ohne Ruhm/Von Größe ohne Glanz/Von Würde ohne Sold.«

Der gewählte Titel und das gleich eingangs auf dem Einband ausgestellte Motto gehören wie die besondere Fassung der Schriftzüge der Inszenierung der Briefsammlung als Tarnschrift an. Wenn heute bisweilen gegenüber Motto und Titel in Äußerungen leichtes Befremden spürbar ist, so rührt dies jedesmal an die spezifische Geschichte des Buches, die ihre Spuren am Einband der Erstausgabe am deutlichsten hinterlassen hat, weil das Äußere dieser Ausgabe vieles zu versprechen scheint, was der NS-Buchmarkt erwarten konnte. Diese Übereinstimmung und zugleich die Sonderstellung läßt sich durch den Vergleich des Briefbuches mit einer Publikation aufzeigen, die in Titel und Einbandgestaltung (Abb. 3) fast bis zur Verwechslung verwandte Züge trägt, wobei deren ideologische Stellung über jeden NS-Zweifel erhaben ist. Eine buchphysiognomische Kritik der beiden Bände belegt die Nähe, dann auch die Distanz, die das Benjaminbuch mittels Tarnung zu dem gängigen Typus des reichsdeutschen Buches gesucht hat.[9]

Ein Jahr vor den *Deutschen Menschen*, 1935, war in der Deutschen Verlags-Anstalt Stuttgart/Berlin ein Buch mit dem Titel *Der deutsche Mensch* erschienen. Es handelt sich um einen Sammelband mit Vorträgen namhafter Geisteswissenschaftler. Beide Bände haben Oktavformat, für beide Einbände wurde helles Leinen und für den Titelaufdruck eine Frakturschrift gewählt. Auch die Seitenumfänge weichen nicht wesentlich voneinander ab, und für beide Bände konnte schließlich auf die Autorangabe auf dem Einband verzichtet werden. Dies die Summe der buchkundlichen Gemeinsamkeiten. Die Unterschiede rücken die beiden Bände deutlich voneinander ab, wenn auch erst auf den zweiten, den gezielten Blick, mit dem das Benjaminbuch rechnete.

Abweichend von der Norm der bis zum Widerruf durch einen offiziösen Schrifterlaß[10] aus dem Jahr 1941 als National- und Normal-Schrift apostrophierten Fraktur ist die spezifische Fassung der Titelzeichnung der *Deutschen Menschen*, die laut Impressum Max von Moos[11] entworfen hat, ein Frakturzwitter: eine nur gemäßigt gebrochene Schrift, die sich mit untypischen Rundungen von der eckig

Abb. 3 *Der deutsche Mensch*,
Stuttgart/Berlin 1935, Einband

scharf konturierten Zeichnung der halbfetten Gotisch des Vortragsbandes abhebt. Unterschiedlich sind auch die verwendeten Druckfarben: hier tiefes Schwarz, und das D-Initial wie auch das stützende Liniensystem, das die beiden im englischen Zeilenfall seitlich verschoben angeordneten Titelzeilen einkästelt, in Braunrot, dort einheitlich ein Graublau, auch für das Motto. Der derbere Bezugsstoff im Fall des Vortragsbandes streicht das bodenständige Gepräge heraus, das feiner gewebte Büchertuch im anderen Fall verleiht dem Band eine elegante Note. Das Zusammenspiel von Einband- und Druckfarbe sowie vor allem die Schriftzeichnung des Briefbuches unterlaufen die markige Ästhetik einer Normschrift, die ein »Stück des Nationalcharakters« [12] sein wollte. Dies um so mehr, als gegen die Hauptforderung nach typographischer Einheitlichkeit verstoßen wird, wenn der Benjaminband schon mit Vortitel und Titelblatt die Antiqua einführt und diese damit spannungsreich gegen die gewählte Schrift auf dem Einband setzt. Der Vortragsband hingegen folgt der Regel und wählt auch für den gesamten Textsatz eine Frakturschrift (Abb. 4 u. 5).

Die erwähnte Abweichung wird als signifikanter Regelverstoß besser deutlich, wenn die Vehemenz bedacht wird, welche die Nationalsozialisten im »Kampf um die Schrift« an den Tag gelegt haben. In einem politischen System, das eine bestimmte Schriftgattung gleich der Sprache zum »Ursprünglichen« eines Volkes bestimmt und konsequent die Alternative, die lateinische Antiqua, als fremd ausbürgert und weithin aus dem offiziellen Gebrauch ausgliedert, fällt selbstverständlich schon bei der Schriftwahl eine ideologische Entscheidung, allemal im Fall der seit der zweiten Hälfte des 18. Jahrhunderts immer wieder auch nationalistisch mißbrauchten Entgegensetzung von Fraktur und Antiqua, die zu Parteienformierung und Frontstellung im Schriftstreit führte und etwa als »Schriftfrage« auch während

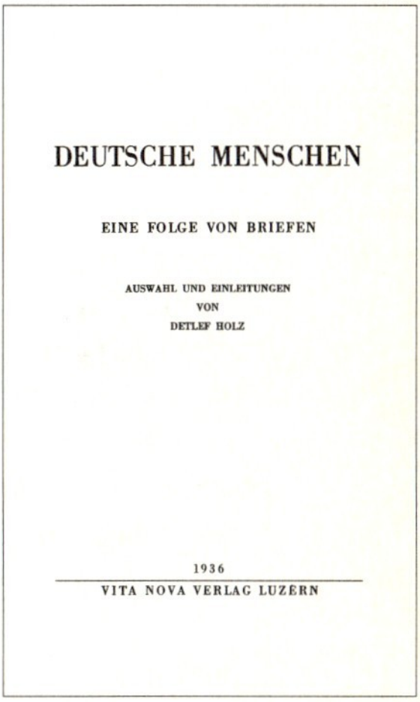
DEUTSCHE MENSCHEN

EINE FOLGE VON BRIEFEN

AUSWAHL UND EINLEITUNGEN
VON
DETLEF HOLZ

1936
VITA NOVA VERLAG LUZERN

Abb. 4 ***Deutsche Menschen*****,**
Luzern 1936, Titelblatt

Der deutsche Mensch

5 Vorträge von

Hans Naumann, Willy Andreas, Adolf Feulner,

Gerhard Fricke, Erich Rothacker

Deutsche Verlags-Anstalt

Stuttgart Berlin

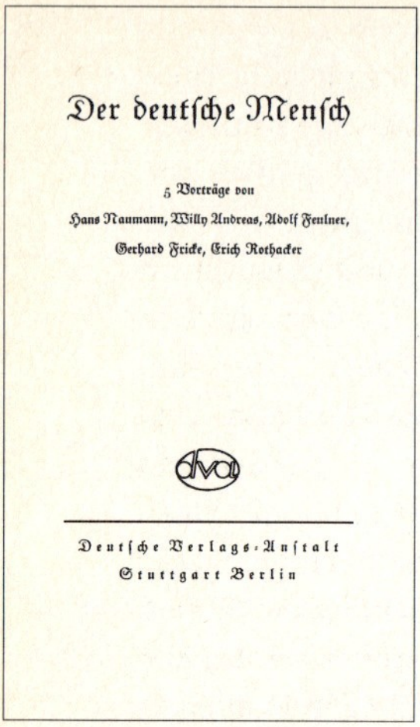

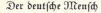

des Ersten Weltkrieges die Nation spaltete.[13] Um so abgründiger wirkt der Umstand, daß die bevorzugte Stellung der Fraktur von den Nationalsozialisten durch den bereits erwähnten Schrifterlaß, der als Geheimsache gehandelt wurde, später durch einen Federstrich geräumt wurde, als man entdeckt zu haben wähnte, daß gerade die Fraktur jüdischen Ursprungs und Charakters sei. Per Presse-Rundschreiben vom 13. Januar 1941 erklärte man »vertraulich« die Antiqua-Schrift zur Normalschrift und zog die Konsequenzen: »Da für die Zukunft mit einer schrittweisen Umstellung von der sogenannten gotischen Schrift zur Antiquaschrift, die als Normalschrift anzusehen ist, zu rechnen sein wird, ist von jeder Art Bezeichnung der gotischen Schrift als deutscher Schrift Abstand zu nehmen. Eine solche Bezeichnung ist historisch auch nicht haltbar.«[14] Wo der Schriftzug auf dem Einband des Vortragsbandes sich historistisch gebärdet und wichtig macht durch Anlehnung an mittelalterliche liturgische Schrift – deutlich in der verschrobenen Formung des Initials, das von einem schräggestellten Längsstrich wie von einer Nadel durchstoßen wird, wie etwa auch am rahmenden Liniensystem, das vorgibt, hier werde nach dem Vorbild einer Handschrift verfahren –, da steht er von heute aus gesehen als Beispiel für den krampfhaften Versuch, plündernd altfränkische Tradition zu stiften.

Entschiedener noch als durch die bislang behandelten Akzidenzien treten die beiden Bücher über die jeweils gewählte Titelformulierung zueinander in Opposition. Zur Verdeutlichung sei ein knapper Exkurs eingeschoben, der die Titelgebung ideologiekritisch beleuchtet.

Seinen Essay »über den uneinheitlichen, zerbrochenen und unzufriedenen geistigen Zustand unserer Zeit«[15] hatte Robert Musil zunächst unter dem Titel *Der deutsche Mensch* geplant.[16] Während der Niederschrift verschiedener Fassungen des erst aus dem Nachlaß ver-

Abb. 5 ***Der deutsche Mensch*****,**
Stuttgart/Berlin 1935,
Titelblatt

öffentlichten Fragments aus dem Jahr 1923 wurde dem Autor dieser Titel jedoch fragwürdig. Weil die Wahl eines Titels, so Musil in einer Begleitnotiz, »irgendwie Standpunkt ist, von dem aus aufgerollt, Gesichtspunkt, von dem aus gesehen wird«,[17] erweiterte er die Überschrift unter dieser Maßgabe um den Zusatz »als Symptom« und stellte die Diskussion der Titelkorrektur seinen Überlegungen erkenntnisleitend voran: »Trügen die folgenden Gedanken einfach die Überschrift ›Der deutsche Mensch‹, so wüßte man im Typus, was von ihnen zu erwarten sei: eine gewisse Anzahl erwünschter oder unerwünschter Eigenschaften würde dann als deutsch behauptet, und eine Reihe mehr oder weniger brillanter Scheinbeweise würde aus ihnen hervorstechende und bekannte Einzelzüge unseres Lebens ableiten.«[18] Begriffen gegenüber, die wie »Rasse und Kultur, Volk und Nation«[19] durch den ursprünglich geplanten Titel beim Leser hätten evoziert werden können, weil sie längst zum Bedeutungshaushalt der bereits oft gehaltenen Rede vom »deutschen Menschen« zählten, wollte Musil auf Distanz gehen. Von diesen könne man »vernünftigermaßen keinen anderen Gebrauch machen, als daß man in ihnen Fragen und nicht Antworten sieht«.[20] Eben diese Fragehaltung sollte die Titeländerung unterstreichen helfen: »Den deutschen Menschen für ein Symptom betrachten, heißt, m. a. W. die Problematik der Zivilisation aufwerfen.«[21]

Zehn Jahre später avancierte die Rede vom »deutschen Menschen« zur staatstragenden Phrase im Dritten Reich, mit der sich nicht mehr Kritik, sondern ausschließlich dekretierte Antwort verband. Antworten dieser Art lieferten dem System beflissen auch die Geisteswissenschaftler in großer Zahl. So etwa in dem hier zum Vergleich herangezogenen Sammelband aus dem Jahr 1935, der den von Musil verworfenen Titel programmatisch auf seinem Einband präsentiert, ohne Zusätze, dafür mit charakteristischen Schnörkeln. Programm waren denn auch die Vorträge, die der Band versammelt, Referate, die im Winterhalbjahr 1934/35 im Berliner Harnack-Haus der Kaiser-Wilhelm-Gesellschaft von renommierten Wissenschaftlern vor Mitgliedern und Freunden gehalten worden waren.[22] Es referierten der Germanist Hans Naumann, der Historiker Willy Andreas, der Kunsthistoriker Adolf Feulner, der Literarhistoriker Gerhard Fricke und der Philosoph Erich Rothacker. Sie alle hatten keine Mühe, den germanisch-deutschen resp. den deutschen Menschen vom Mittelalter bis ins 19. Jahrhundert hinein aus der Perspektive ihrer Fächer dingfest zu machen. Sämtlich erbrachten sie die erforderlichen Belege – denn schließlich ging das Ergebnis den Recherchen ideologisch wie politisch voraus. Den Abschluß eines jeden Vortrages bildete, sofern nicht einleitend schon abgelegt, eine Art Huldigungseid an die Adresse des Statthalters des deutschen Wesens.

Im »Kampf um die deutsche Selbstverwirklichung«, wie die zwanghafte Identitätssuche bei Fricke genannt wird, waren Begriffe wie Rasse und Kultur, Volk und Nation dieser »Wissenschaft vom deutschen Menschen«[23] unverzichtbar. Musils gewissermaßen auch prospektive Kritik an einer Hypostasierung des Begriffs »deutscher Mensch« stand jetzt die Staatspropaganda gegenüber, die ihn zu einem ideologischen Passepartout umformte. Die unter dem Titel *Der deutsche Mensch* angezeigten wissenschaftlichen Vorträge lieferten den nötigen Nachdruck und prompt auch all jene »mehr oder weniger brillanten Scheinbeweise«, die Musil Jahre zuvor in seiner Kritik bloßgestellt hatte.

Sosehr der Benjamin-Titel wie eine Adaption und – unter Titelschutzaspekten – fast wie ein Plagiat erscheinen könnte, so entschieden ist er in der Pluralfassung abgerückt von dem Konstrukt, das der andere Band unter dem Rubrum *des* deutschen Menschen verheißt. Ohne den Auftakt des bestimmten Artikels, der ja im anderen Fall gerade das Skandalon des Stammesangehörigen zur Sprache bringen hilft, weist der Plural eben nicht auf Genetik und Rassetypus, sondern auf Geschichte und Individuen hin, denen in den Briefzeugnissen das Wort gegeben und in den Kommentaren selbstverständlich auch gelassen wird. Es geht eben nicht um »wahrhafte Fruchtbarmachung der wirklichen mächtigen seelischen und geistigen Kräfte unseres Volkstums für eine *nationale Kultur*«[24], die ungefragt besitzanzeigend einvernimmt, sondern um die »deutsche Misere«, die Benjamin im Kommentar zum Büchnerbrief seiner Sammlung so beschreibt: »Es ist ein grelles Licht, das aus solchen Briefen auf die lange Prozession deutscher Dichter und Denker fällt, die an die Kette einer gemeinsamen Not geschmiedet, am Fuße jenes weimarerischen Parnasses sich dahinschleppt, auf dem die Professoren gerade wieder einmal botanisieren gehen.«[25] Unschwer ließen sich hinter der angesprochenen Not auch das Exil des Verfassers und in den Professoren auch die Referenten des Berliner Vortragszyklus erkennen.

Auf die besondere Bewandtnis, die es vor allem mit dem Titel auf sich hat, hat Benjamin in Briefen an Freunde, denen er das Buch sofort nach Erscheinen übersandte, hingewiesen. An Gershom Scholem in Jerusalem schrieb er im voraus: »Noch merke ich an, daß der Titel des Buchs ›Deutsche Menschen‹ unter meiner Feder nur aus dem Interesse, die Sammlung, die vielleicht in Deutschland einigen Nutzen stiften könnte, zu tarnen, zu erklären ist.«[26] Und ähnlich äußerte er sich gegenüber Max Horkheimer nach New York: »Zu dem Brief, mit dem ich Ihnen am 5. November mein Buch geschickt habe, möchte ich noch hinzufügen, daß nicht nur sein Pseudonym sondern auch sein Titel bestimmt ist, seine Verbreitung zu erleichtern.«[27] Offenbar sah sich Benjamin zu diesen Kommentaren veranlaßt, weil er befürchtete, der national tönende Titel könne bei den Freunden fernab von Deutschland möglicherweise Verwirrung über seine Haltung stiften, weil sie die besonderen Vorzeichen und den Kontext vielleicht nicht genügend zu berücksichtigen wüßten.

Der zitierten »deutschen Misere« ist auch das auf den Einband der Erstausgabe geprägte Motto gewidmet, dem zudem gleich im Anschluß an den Titel nochmals eigens ein Blatt reserviert ist, wo es in Versalien abgesetzt wie ein Epigramm zu lesen steht:

VON EHRE OHNE RUHM
VON GRÖSSE OHNE GLANZ
VON WÜRDE OHNE SOLD

Dies sind große Worte, aus ebenso großen Wörtern gefügt, sechs Begriffe, von denen jeder einzelne lastend schwere Bedeutung hat, und um wieviel mehr erst in der knapp drängenden Aufeinanderfolge, die kein Satzzeichen, nur das Zeilenende kurz unterbricht. Ehre, Ruhm, Größe, Glanz, Würde und Sold – ein Katalog, der auch der NS-Rhetorik vertraute Begriffe umfaßt, mit denen die faschistischen Demagogen zu rechnen wußten. Bei Benjamin wird abgerechnet: Jeweils zwei Begriffe treten in ein durch die Präposition bestimmtes Subtraktionsverhältnis, wodurch mögliches falsches Pathos gebrochen und den Einzelwörtern abgezogen wird. Das Ergebnis dieser Rechenoperation, ihre Summe, bleibt für den Einzel- wie für den Dreischritt unausgesprochen und vor und für den Leser dahingestellt – sprachlich wie dem Gehalt nach eine Ellipse, die die Lösung ausspart. Anders als die nationalsozialistische Großsprecherei, die den Klassikervorrat plündert, um die entwendeten Vokabeln gegen ihre historische Substanz zu instrumentalisieren und zu einem Einsatz zu bringen, der jedesmal »Kampf« heißt, ist das Motto des Briefbuches darauf bedacht, die »Losungsworte« so zueinander zu stellen, daß sie im Kontrast eine historische Erfahrung ansprechen, die von Leid und Not, echtem Pathos also, geprägt ist. Scholem befürchtete in seinem Dankesbrief, mit dem er den Erhalt des Buches bestätigt, daß vielleicht »die ja doch wohl polemisch zu verstehende Inschrift ›Von Würde ohne Sold usw.‹ (...) veranlassen könnte, daß das Buch bei Hitler trotz allem verboten wird«,[28] und rechnet damit das Motto zu den wesentlichen Vorkehrungen, die die Tarnung ausmachen.

Wie hingegen die NS-Prägung großer Worte aussieht, kann am Beispiel einer Passage von der Eingangsseite des Vortragsbandes gezeigt werden, wo es heißt: »Es wird sich ergeben, daß wir dann [beim Durchgang durch die Geschichte] nacheinander vom *Großen Sinn*, vom *Hohen Mut* und (...) vom *Freien Gemüte* und vom *Großen unverzagten Gemüt* [des germanisch-deutschen Menschen] sprechen müssen.«[29] Dieser Satz mit seinen Hervorhebungen liefert dem Vortragsband das auf dem Einband ausgesparte Motto gewissermaßen nach.

Titel und Motto sind im Einband der Benjamin-Erstausgabe wie Inscriptio und Subscriptio zu einem Emblem verbunden, dem die Pictura nur scheinbar fehlt. Deren Stelle nimmt das spezifische Schrift*bild* ein, in dem bereits gleichsam figürlich jene Opposition zu erkennen ist, für die Benjamin als Zeugen die versammelten Briefe des anderen, »geheimen« Deutschland anführt.[30] Die Schriftzeichnung des Einbandes scheint mit eben jener »intensivsten Aufmerksamkeit« gestaltet, die Benjamin in seiner Abhandlung über den *Ursprung des deutschen Trauerspiels* an der Vorliebe der Barockdichter und -drucker für »Schriftfiguren« hervorgehoben hat.[31] Mit dem

Aufdruck eines Mottos knüpft der Band schließlich an eine längst verschüttete Tradition des Spätmittelalters und der Frühen Neuzeit an, die durch die sogenannten Inschrifteneinbände repräsentiert wird, denen Widmungen, Devisen oder auch religiöse Sentenzen in Gold- oder Blinddruck auf die Deckel aufgeprägt waren.[32] Dieser Einbandtypus, der noch bis zum Ende des 16. Jahrhunderts begegnet, findet sich etwa unter den für den französischen Bibliophilen Jean Grolier gebundenen Büchern, wenn diese auf dem Rückdeckel die in Versalien geprägte Psalmvers-Inschrift »Portio mea, Domine, sit in terra viventium« tragen (Abb. 6). Wie diese Grolier-Bände mittels Wahlspruch schon nach außen dem Betrachter eine besondere Einstellung kundtun, so kündigt sich ähnlich auch das Benjaminbuch dem Leser gleich auf dem Einband mit einer Botschaft an.

Während dieser Einband in Typus, Titel- und Mottoformulierung sowie Schriftzeichnung die Intention des Briefbuches in aesopischer Sprache formuliert, paßt sich der dem Band als Passierschein vorausgeschickte Prospekttext dem herrschenden zeitgenössischen Jargon ziemlich unverhohlen an: »Diese glänzend zusammengestellte und vorzüglich kommentierte Sammlung von Zeugnissen echten und tiefen deutschen Menschentums – fast durchweg kaum bekannten – ist ein hohes Lied auf jenes menschlich so groß gefühlte, in Haltung und geistigem Anspruch so imponierende Deutschtum, das für immer an die Werte von Freiheit und Würde der Person, Wahrhaftigkeit des Ausdrucks und Adel der Empfindung gebunden ist.«[33] Diese Titel- und Motto-Paraphrase des Werbezettels, der als Entreebillett bei den Verlagsauslieferungen und Sortimentern fungieren sollte, verdeutlicht noch einmal im Kontrast die besondere Sorgfalt, mit der der Text des Einbandes gewählt ist.

Die Hoffnungen, die Benjamin und ohne Zweifel auch der Verleger,[34] der großen Anteil am Buchkonzept der *Deutschen Menschen* hatte, aus politischen Gründen an den Absatz

Abb. 6 Einband für Jean Grolier, um 1535. Wien, Österreichische Nationalbibliothek

des Bandes auf dem deutschen Buchmarkt geknüpft haben, wurden enttäuscht. Der Plan, das Buch in Deutschland zu verbreiten, scheiterte weitgehend. Bis Ende 1937 wurden laut Auskunft des Verlages, die Benjamin in einem Brief an Karl Thieme zitiert,[35] insgesamt nur zweihundert Exemplare, ein Zehntel der Auflage also, verkauft. Es erübrigt sich, nach dem in dieser Zahl enthaltenen Anteil der in Deutschland abgesetzten Bücher zu fragen. In den folgenden Jahren wird der Verkauf kaum angestiegen sein, denn der größte Teil der Auflage, wie es heißt,[36] wurde Anfang der sechziger Jahre, nachdem im Suhrkamp Verlag eine Neuausgabe der *Deutschen Menschen* erschienen war, in einem Keller einer Buchhandlung in Luzern – dem Verlagsort – entdeckt. Ein Indiz dafür, daß der Band in Deutschland überhaupt eingetroffen ist – zugleich als ein kleiner Erfolg des Projektes zu werten –, stellt die bibliographische Anzeige des Buches dar, die in den von der Deutschen Bücherei herausgegebenen *Jahresberichten des Literarischen Zentralblattes über die wichtigsten Neuerscheinungen des deutschen Sprachgebietes* im Jahr 1937 unter der Sigle 1142 erschienen ist. Dort lautet die Aufnahme in dem üblichen Katalogstenogrammstil: »Holz, Detl.: Deutsche Menschen. Eine Folge von Briefen. Ausw. u. Einltg. Luzern (Vonmattstr. 36): Vita Nova Verl. '36. 116 S. 8°. 2.-; geb. 2.60.«[37]

Diese Empfehlung in den *Jahresberichten* weist zumindest soviel aus, daß das Buch die Zensurstellen unerkannt passieren konnte. Damit war der Band jedenfalls für dieses eine Jahr den seit 1935 geführten Indizierungslisten der zu Zensur und Ausschluß »schädlichen Schrifttums« verpflichteten Deutschen Bücherei entkommen. Aber schon mit der erweiterten »Liste des schädlichen Schrifttums« von 1938 wurden sämtliche Bücher des Vita Nova Verlages indiziert.[38]

Erst mit der bereits erwähnten Neuausgabe im Jahr 1962 gelangten die *Deutschen Menschen* mit der Verspätung eines Vierteljahrhunderts nach Deutschland. Und nur im Gefolge dieser Ausgabe gelangte auch die Erstausgabe in größerer Zahl und in »bester Erhaltung« auf den antiquarischen Buchmarkt. Nochmals bietet sich rückblickend auf die »vergangene Zukunft«[39] der *Deutschen Menschen* ein Vergleich an: Wo die Erstausgabe sich tarnte, kann die Neuausgabe sämtliche Tarnelemente abstreifen. Der Einbanddecke ohne

Titelaufdruck ist ein weißer Schutzumschlag (Abb. 7) umgelegt, der den Autor – eigentlich: Herausgeber – beim richtigen Namen nennt, der für die Typographie wie selbstverständlich eine Antiquaschrift wählt und der als das vielleicht auffälligste Unterscheidungsmerkmal das Motto fortläßt, an dessen Stelle hier der Untertitel und, notabene, der Verlagsname treten. Die gesamte Titelei wird wie beiläufig ins untere Drittel der Umschlagseite gerückt und damit der Programmplatz am Kopf aufgegeben. Das Motto findet der Leser auf einer im übrigen freien Seite zwischen Inhaltsverzeichnis und Vorwort – es hat, wenn man so will, in seiner ersten, zeitbedingten Funktion ausgedient. Nur die italienische Übersetzung der *Deutschen Menschen* aus dem Jahr 1979 fügt das Motto dem Einband als Bauchbinde noch einmal lose bei.⁴⁰ Zum Verwechseln ähnlich sehen sich jetzt, 1962, die beiden Titelblätter von Neu- und Erstausgabe. Wo dies 1936 im emphatischen Sinn Programm war, bestimmen 1962 eher Geschmacksfragen die Gestalt (Abb. 8), hinter denen allerdings – es sei an den Schrifterlaß erinnert – die politischen Konturen sichtbar bleiben werden.

Das Briefbuch, von Benjamin in Widmungen an Freunde als eine Arche bezeichnet, von ihm gebaut, als die faschistische Sintflut zu steigen begann,⁴¹ hat überdauert und ist bis heute als ein Manifest des Humanismus zu lesen. Den ursprünglich geplanten schlichten Titel »Briefe« hat die deutsche Geschichte kassiert. Wenn seit geraumer Zeit die »Deutsch«-Titel⁴² bei Verlagen und in der Öffentlichkeit wieder einmal reihumgehen – offenbar, um einer neuerlichen nationalen

Abb. 7 *Deutsche Menschen*, **Frankfurt/M. 1962. Umschlag von Willy Fleckhaus**
Abb. 8 *Deutsche Menschen*, **Frankfurt/M. 1962. Titelblatt**

Identitätskrise ein Ende bereiten zu helfen –, könnte der Titel der Briefsammlung als Denkbild daran erinnern, wie indessen mit dem fraglichen Adjektiv auch als politischem Attribut zu verfahren wäre. Dazu genügt vielleicht ein Rückblick auf den Einband.

Anmerkungen

1 *Deutsche Menschen. Eine Folge von Briefen.* Auswahl und Einleitungen von Detlef Holz [d.i. Walter Benjamin], Luzern, Vita Nova Verlag 1936. Eine als »2. Auflage« bezeichnete Titelauflage erschien im Jahr darauf. – Zur allgemeinen Bedeutung des Briefbuches siehe den Aufsatz von Albrecht Schöne, »›Diese nach jüdischem Vorbild erbaute Arche‹: Walter Benjamins *Deutsche Menschen*«, in: Stéphane Moses u. Albrecht Schöne (Hg.), Juden in der deutschen Literatur. Ein deutsch-israelisches Symposion, Frankfurt/M. 1986, 350–365.
2 Walter Benjamin, *Gesammelte Schriften*, Bd. IV, 2, hg. von Tillman Rexroth, Frankfurt/M. 1980 (= Werkausgabe 12), 955; im folgenden zit. *GS* IV, 2 und Seitenzahl.
3 Ebenda, 950.
4 Walter Benjamin, *Briefe*, hg. u. mit Anmerkungen versehen von Gershom Scholem und Theodor W. Adorno, Frankfurt/M. 1978, Bd. II, 695 (= Brief an Scholem vom 24. Oktober 1935: »Manchmal träume ich den zerschlagenen Büchern nach – der berliner Kindheit um neunzehnhundert und der Briefsammlung«).
5 Siehe insbesondere die Anmerkungen des Herausgebers Tillman Rexroth in *GS* IV, 2, 924–954, sowie die Nachbemerkung von Klaus-Peter Noack zur DDR-Ausgabe der *Deutschen Menschen*, Leipzig/Weimar 1979, 111–120; Noack zieht Teile des unveröffentlichten, in DDR-Archiven verwahrten Briefwechsels zwischen Benjamin, Thieme und dem Verleger Rößler heran, ohne jedoch die Quellen im einzelnen nachzuweisen. – Momme Brodersen, Palermo, bereitet eine dokumentierte und kommentierte Edition von Benjamins Briefbuch vor; diese Publikation wird erstmals alle erreichbaren Dokumente zur Entstehungs- und Rezeptionsgeschichte versammeln; ich danke dem Autor für den Hinweis auf dieses Projekt (Brief an den Vf. vom 20. August 1994).
6 Benjamin an Karl Thieme am 4. August 1936: »Ich glaube, daß das Buch in Deutschland einen weiten Kreis von Lesern (…) gewinnen kann« (zit. nach *GS* IV, 2, 948), oder: »Ich hoffe, daß das Buch auch in Deutschland (…) nutzen kann. Die Rücksicht auf Deutschland bestimmte das Pseudonym.« Benjamin an Max Horkheimer am 5. November 1936, zit. nach ebenda.
7 Die Standardbibliographie von Heinz Gittig, *Illegale antifaschistische Tarnschriften 1933 bis 1945*, Leipzig 1972 definiert diese Sondergattung der »Verkleideten Literatur« wie folgt: »Man bezeichnet als Tarnschriften jene Druckerzeugnisse, die unter einem harmlosen, unverfänglichen Umschlagtitel, zum Teil mit fingiertem Impressum (Verlag, Drucker, Druckort und -jahr) als Absicherung gegen polizeilichen Zu-

griff und zum Schutze der Verbreiter und Leser antifaschistische Schriften enthalten.« (11).
8 Benjamin im Brief an Horkheimer vom 17. Dezember 1936: »Das Buch hat in seinen Einleitungen einige Kennmarken, die bei der Akribie, mit der heute drüben gelesen wird, leicht auf die wahre Bedeutung des Titels führen. Wenigstens möchte ich das erhoffen.« Zit. nach *GS* IV, 2, 948.
9 Hingewiesen sei in diesem Zusammenhang auch auf den Verlagsalmanach des Eugen Diederichs Verlages, Jena, für das Jahr 1933/34, der ebenfalls den Titel »Der deutsche Mensch« (Untertitel: Gestalt und Idee) trägt; in graublauen Lettern prangt die Titelzeile auf dem blaßbeigefarbenen Umschlag; dieser »Arbeitsbericht« nimmt Bezug auf eine Klassikeranthologie gleichen Titels (»Der deutsche Mensch. Bekenntnisse und Forderungen unserer Klassiker. geb. 1.-«), auf die ebenda Seite 41 mit der Zeile »Was deutsches Menschentum heißt, hier ist es gültig ausgesprochen.« hingewiesen wird. Es ist wohl nicht auszuschließen, daß Benjamin dieser Prospekt, der einleitend programmatisch die neue Zeit einläutet (»Die kommenden Jahre«), oder auch die betreffende Klassikerblütenlese bekannt gewesen ist.
10 »Rundschreiben« der NSDAP, gezeichnet von Martin Bormann, vom 3. Januar 1941; als Faksimile wiedergegeben im Ausst.-Kat. *Klassiker in finsteren Zeiten, 1933–1945*. Eine Ausstellung des Deutschen Literaturarchivs im Schiller-Nationalmuseum, Marbach a. N. 1983 (= Marbacher Kataloge 38), Bd. I, 112; siehe ferner etwa die bei Joseph Wulf, *Literatur und Dichtung im Dritten Reich. Eine Dokumentation*, Reinbek b. Hamburg 1966, 380–383 abgedruckten Dokumente zum Schrifterlaß.
11 Max von Moos, schweizer. Maler und Graphiker, 1903 in Luzern geboren; war Lehrer an der Kunstgewerbeschule in Luzern; siehe Hans Vollmer (Hg.), Allgemeines Lexikon der bildenden Künstler des 20. Jahrhunderts, München 1992, Bd. 3, 419.
12 So der Kunsthistoriker Heinrich von Weizsäcker, zit. nach *Graphische Nachrichten* 15, H. 3, 1936 (= Offenbacher Sonderheft), 122; siehe auch hier die Abb. 4.
13 Der Schriftstreit vom Ende des 18. Jahrhunderts, der die Frage diskutierte, ob auch für deutsche Texte die Verwendung der Antiqua angemessen sei, wandelte sich im Verlauf der zweiten Hälfte des 19. Jahrhunderts insbesondere durch die Aktivitäten des Schriftreformers und -pädagogen Friedrich Soennecken, der leidenschaftlich mit seinem Deutschen Altschrift-Bund für die Antiqua als Normalschrift stritt, zur »Schriftfrage«, die auch den Reichstag (1911) beschäftigen sollte. Im Ersten Weltkrieg wurde die Antiqua von ihren Gegnern propagandistisch als »englische Schrift« bezeichnet, wodurch ihre Anhänger in die Nähe von Vaterlandsverrätern gerückt wurden. Vgl. auch den Artikel »Antiqua« im *Lexikon des Buchwesens*, hg. von Joachim Kirchner, Bd. I, Stuttgart 1952, 33 f. – Von der zeitgenössischen Verwendung von Antiqua und Fraktur auf dem Buchumschlag handelt der Aufsatz von Walter Hofmann, »Der Buchumschlag und seine Geschichte«, in: *Archiv für Buchgewerbe* 76, 1939, 585–594; dort heißt es auf S. 578: »Während bis 1933 vorwiegend die Antiqua auf dem Umschlag Verwendung fand und die Fraktur nur zu kaum einem Drittel Anteil hatte, änderte sich dieses Verhältnis nach dieser Zeit grundlegend. Der Buchumschlag mit Fraktur hat heute eine größere Bedeutung.«
14 »Presse-Rundschreiben« des Reichspropagandaamtes Berlin vom 13. Januar 1941; zit. nach Wulf (Anm. 10), 380 f.
15 Robert Musil, *Der deutsche Mensch als Symptom*, Reinbek b. Hamburg 1967, 43.

16 Ebenda, 13.
17 Robert Musil, *Gesammelte Werke*, hg. von Adolf Frisé, Reinbek bei Hamburg 1978, Bd. II (Prosa), 1352.
18 Musil, *Der deutsche Mensch als Symptom* (Anm. 15), 67.
19 Ebenda, 14.
20 Ebenda.
21 Ebenda, 68.
22 *Der deutsche Mensch*. 5 Vorträge von Hans Naumann, Willy Andreas, Adolf Feulner, Gerhard Fricke, Erich Rothacker, Stuttgart/Berlin 1935; die Angaben über die Veranstaltungsreihe lt. Vermerk ebenda, 4.
23 Als »Losung« zitiert von Karl Otto Conrady, »Deutsche Literaturwissenschaft und Drittes Reich«, in: *Germanistik – eine deutsche Wissenschaft.* Beiträge von Eberhard Lämmert, Walter Killy, K. O. Conrady u. Peter von Polenz, Frankfurt/M. 1967, 80.
24 Erich Rothacker, »Der deutsche Mensch des 19. Jahrhunderts und das Problem des Lebensstils«, in: *Der deutsche Mensch* (Anm. 22), 179 f. Hervorhebung im Original.
25 Benjamin, *Deutsche Menschen* (Anm. 1), 92.
26 Walter Benjamin u. Gershom Scholem, *Briefwechsel 1933–1940*, hg. von Gershom Scholem, Frankfurt/M. 1980, 228 (= Brief vom 18. Oktober 1936).
27 Brief an Horkheimer vom 17. Dezember 1936, zit. nach *GS* IV, 2, 948.
28 Benjamin/Scholem, *Briefwechsel* (Anm. 26), 234.
29 Hans Naumann, »Der germanisch-deutsche Mensch des frühen Mittelalters«, in: *Der deutsche Mensch* (Anm. 22), 9.
30 *GS* IV, 2, 945.
31 Walter Benjamin, *Ursprung des deutschen Trauerspiels*, Frankfurt/M. 1969, 242 f.
32 Siehe den Artikel »Inschrifteneinbände« im *Lexikon des Buchwesens* (Anm. 11), 353.
33 Zit. nach Ausst.-Kat. *Klassiker in finsteren Zeiten* (Anm. 10), Bd. II, 38.
34 Über Rudolf Rößler als Verleger und insbesondere als »Kundschafter im Kampf gegen den Faschismus« informiert ein Abschnitt bei Werner Mittenzwei, *Exil in der Schweiz*, Frankfurt/M. 1981 (= Kunst und Literatur im antifaschistischen Exil 1933–1945, 2), 175–177. Rößler arbeitete neben seiner Tätigkeit als Verleger als Informant der Roten Kapelle und wurde später als »Meisterspion« gewürdigt. Sein Verlag besaß, so Mittenzwei, »ein exquisites, aber zugleich operativ kämpferisches antifaschistisches Profil, das hauptsächlich von katholisch gesinnten Theoretikern und Schriftstellern bestimmt wurde« (175).
35 Benjamin, *Briefe* (Anm. 4), 745 (= Brief vom 9. März 1938).
36 So die Angabe bei Gershom Scholem, »Walter Benjamin«, in: *Über Walter Benjamin*, Frankfurt/M. 1968, 146.
37 *Jahresberichte* 13/1936, Leipzig 1937, 627.
38 Diese Angabe folgt dem Hinweis bei F. C. Weiskopf, *Unter fremden Himmeln. Ein Abriß der deutschen Literatur im Exil 1933–1947*, Berlin/Weimar 1981, 76; siehe auch Volker Dahm, *Das jüdische Buch im Dritten Reich*. Erster Teil: Die Ausschaltung der jüdischen Autoren, Verleger und Buchhändler, Frankfurt/M. 1979, 204. – Die zitierte »Liste des schädlichen Schrifttums. Stand vom 31. Dezember 1938« erschien Leipzig 1939.
39 Diese Wendung ist mit dem Nachwort von Jürgen Habermas zur Neuausgabe der *Dialektik der Aufklärung* von Max Horkheimer und Theodor W. Adorno, Frankfurt/M.

1986, 278 entnommen, in dem er »die Entstehungsgeschichte des Buches aus der Perspektive einer vergangenen Zukunft« vergegenwärtigt.
40 Walter Benjamin, *Uomini tedeschi. Una scelta di lettere*, Milano: Adelphi Edizioni 1979 (= Piccola Biblioteca 85).
41 Zit. nach Scholem, *Walter Benjamin* (Anm. 36), 145.
42 Als »Nachweis« sei nur auf eine Glosse in *DIE ZEIT* Nr. 24 vom 5. Juni 1987 verwiesen, die den Buchhändlern rät, in ihren Regalen Platz für eine »deutsche Ecke« zu schaffen, da hier in der nächsten Zeit einiges an »Deutsch«-Titeln aus »nationalen« Buchprogrammen unterzubringen sei.

Melancholie nach Tschernobyl
Statt eines Nachworts

> Noch heult der Bildermann über den Zustand der Welt.
>
> Felix Droese

Schlicht *Zahlen* hat Felix Droese einen Holzdruck aus dem Jahr 1986 betitelt, der als ein »Nachbild« im Ausschnitt Dürers *Melencolia I* (1514) zitiert (Abb. 1 u. 2). Das diesem Meisterstich entlehnte Detail des Zahlenquadrates galt dem astrologischen Verständnis der Renaissance als ein Symbol der genialen Erfindungskraft des saturnischen Menschen. Andererseits wurde es als Jupiter-Amulett gedeutet, dessen Anblick vor den negativen Nebeneinflüssen ebendieses Saturnregimentes schützen sollte.

Diese Ambivalenz der »mensula Iovis«, deren spielerische Arithmetik die sechzehn Zahlen ins Quadrat mit der vielfach geltenden Kreuz- und Quersumme 34 spannt und auf diese Weise »magisch« in

Abb. 1 Felix Droese, *Zahlen*. Holzdruck 1986, Privatsammlung
Abb. 2 Albrecht Dürer, *Melencolia I*, Kupferstich 1514, Detail. Hamburger Kunsthalle

Schach hält, nutzt Droese in seinem »Abdruck« zur Probe aufs Exempel für einen Anwendungsfall des Tschernobyl-Zeitalters: Indem er als Druckträger eine Zeitungsseite – und zwar die Seite »Natur und Wissenschaft« der Ausgabe der *Frankfurter Allgemeinen Zeitung* vom 7. Mai 1986 (Abb. 3) – wählt, unterlegt er dem Zahlenquadrat gewissermaßen das Katastrophen-Kurzinventar seiner Epoche. In der schematischen Zeichnung, die das Quadrat gleichsam krönt, erkennt man die Darstellung des Reaktors von Tschernobyl, zu dem der hier überdruckte Kommentar in Kurzfassung die technischen Daten liefert, ohne an diesem Tag bereits eine Ursachenerklärung für den Reaktorunfall, der sich eben eine Woche zuvor ereignet hatte, anführen zu können. Da ist auf der Seite ferner von der »unheilbaren Krankheit« Krebs die Rede, welche die Medizin in Grenzbereiche auch der ethischen Verantwortung führe. Schließlich ist im Text unten rechts von der »Schwermutbehandlung« des modernen Menschen durch Antidepressiva die Rede, jener medizinischen Variante eines Antidots, das Dürer seiner Allegorie in Form eines Kranzes aus bittersüßem Nachtschattengewächs, der klassischen Heilpflanze gegen die Melancholie, aufs Haupt gesetzt hatte.

Der von Droese erprobte Fall von Kunstverstehen mittels Kunst macht aus dem Kunstwerk ein Organon der Geschichte, in dem er ganz nach der Forderung Benjamins verfährt, das Kunstwerk nicht im Zusammenhang seiner Zeit zu belassen, sondern in der Zeit, da es entstand, die Zeit, die es erkennt – die eigene nämlich –, zur Darstellung zu bringen.

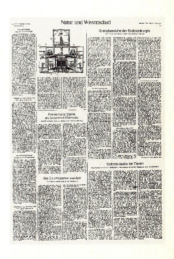

Abb. 3 *Frankfurter Allgemeine Zeitung* Nr. 105 vom 7. Mai 1986, »Natur und Wissenschaft«

Drucknachweise

Das öffentliche Bild
Teilabdruck (Kafka-Passage) in: *Neue Zürcher Zeitung* Nr. 269 vom 18./19. November 1995, 49

Kunst im Kanzleramt
in: Horst Bredekamp, Michael Diers und Charlotte Schoell-Glass (Hg.), *Aby Warburg. Akten des internationalen Symposions Hamburg 1990*, Weinheim 1991, 179–198

Ewig und drei Tage
in: Michael Diers (Hg.), *MO(NU)MENTE. Formen und Funktionen ephemerer Denkmäler*, Berlin 1993, 1–10

Nagelmänner
in: Michael Diers (Hg.), *MO(NU)MENTE. Formen und Funktionen ephemerer Denkmäler*, Berlin 1993, 113–135

Politik und Denkmal
in: *Zeitschrift für Kunsttechnologie und Konservierung* 9, 1995, H. 1, 5–17

Die Mauer
in: *kritische berichte* 20, 1992, H. 3, 58–74

Volk im Schafspelz
in: Hilmar Frank (Hg.), *Montage als Kunstprinzip. Internationales Colloquium, 16. und 17. Mai 1991, John Heartfield zum 100. Geburtstag*, Akademie der Künste zu Berlin, Berlin 1991, 114–124

Schwarz, Weiß, Rot und Gelb
in: *Im Blickfeld. Jahrbuch der Hamburger Kunsthalle* I, 1994, 187–204

Handzeichen der Macht
in: *Rhetorik. Ein internationales Jahrbuch* 13, 1994, 32–58

Einbandlektüre
in: *IDEA. Jahrbuch der Hamburger Kunsthalle*
VII, 1988, 109–120

Melancholie nach Tschernobyl
in: *Frankfurter Allgemeine Zeitung* Nr. 93 vom 22. April 1987, 33 (»Geisteswissenschaften«)

Bildnachweise

Das öffentliche Bild
1 aus *Unser Jahrhundert im Bild*, Gütersloh 1964, 160; 2 The Warburg Institute, London; 3 aus Alexander Dückers (Hg.), *Das Berliner Kupferstichkabinett. Ein Handbuch zur Sammlung*, Berlin 1994, 331, Kat.-Nr. VI.31; 5 aus Kate Linker, *Love for Sale*, New York 1990, 86; 8 aus *Der öffentliche Blick* (= *Jahresring* 39), München 1991, Umschlag; übrige: Archiv d. Vfs.

Kunst im Kanzleramt
Die genannten Museen und Sammlungen, ferner 1 aus *Hamburger Abendblatt* vom 15. Februar 1990; 9 aus H. Straube, *Alte und neue Gobelins*, Königsberg 1944; 10 *Belvedere* IX/1, 1930, Abb. 35; übrige: Archiv d. Vfs.

Ewig und drei Tage
1 aus *International Herald Tribune* vom 19./20. Januar 1991; 2 *Frankfurter Allgemeine Zeitung* Nr. 140 vom 20. Juni 1990, 11; 3 H. Bohrmann (Hg.), *Politische Plakate*, Dortmund 1984, 282

Nagelmänner
1 Landesbildstelle Wien, 4 Braunschweigisches Landesmuseum, Braunschweig, 5 Museum Folkwang, Essen, übrige Archiv d. Vfs.

Politik und Denkmal
2 aus M. Warnke, *Politische Landschaft*, München 1992; 3 Zentralbibliothek Berlin; 5 aus *Frankfurter Allgemeine Zeitung* vom 3. September 1993 Nr. 204, Foto W. Fricke; 6, 8–11 aus: Akademie der Künste, Berlin, (Hg.), *Streit um die Neue Wache*, Berlin 1993]; 7 aus Chr. Stölzl (Hg.), *Die Neue Wache*, Berlin 1993, 76; 12–13 aus *Das Denkmal*, Tübingen 1993; übrige Vorlagen: Archiv d. Vfs.

Die Mauer
1 aus *stern* H. 46, 1990, 73; 2 aus Auktionskatalog *Die Mauer*, Monaco 1990; 3 aus *Berlin '86*, 158; 4, 8 aus P. Möbius u. H. Trotnow (Hg.), *Mauern sind nicht für ewig gebaut*, Frankfurt/M. u. Berlin 1990, Abb. 62, 71; 5, 7, 9, 10 aus R. Hildebrandt, *Die Mauer spricht*, Berlin 1990; 6 aus R. Hildebrandt, *Es geschah an der Mauer*, Berlin 1990, 28

Volk im Schafspelz
5, 6, 8, 9 u. 10 aus A. Henkel/A. Schöne, Emblemata, Stuttgart 1976; übrige: Archiv d. Vfs.

Schwarz, Weiß, Rot und Gelb
2 Ausst.-Kat. *Titian*, Washington, National Gallery of Art 1990/91, Kat. 46; 3 De Bry, *Americae*, München 1970; 4 F. Saxl, *Lectures*, London 1957; 5 Ausst.-Kat. *Exotische Plakate*, Stuttgart 1987, Tf. 53; 8 Ausst.-Kat. *Exotische Welten – Europäische Phantasien*, Stuttgart 1987, 468; 10 Ausst.-Kat. *L'Amérique vue par l'Europe*, Paris, Grand Palais 1976/77, Kat. 318; übrige: Archiv d. Vfs.

Einbandlektüre
1, 2, 10 Rolf H. Krauss, *Die Fotografie in der Karikatur*, Seebruck 1978; 3 Wissenschaftszentrum NRW, Kulturwissenschaftliches Institut, *Bericht 1991*; 4 J. Szarkowski, *Winogrand*, New York 1988; 5 *Frankfurter Allgemeine Zeitung*, Pressefoto, 6 Ernst H. Gombrich, *Meditations on a Hobby Horse*, London 1963, 7 G. Gillessen (Hg.), *1993 – Eine Chronik des Jahres*, Frankfurt/M. 1993, Pressefoto, 8 F. Stein, *Charles Le Brun*, Worms 1985.

Melancholie nach Tschernobyl
1–3 Archiv d. Vfs.